2022 개정 교육과정에 맞춰
백점 사회는 이렇게 바뀌었어요.

<table>
<tr><td>## 2022 교육과정 주요 변화</td><td>## 백점 사회</td></tr>
</table>

자기주도학습 강조

학생 스스로 공부 계획을 세워 실천하고 평가할 수 있도록 자기주도성을 키웁니다.

하루 4쪽 학습 구성

하루 4쪽 학습으로 학생 스스로 계획을 세우고 학습을 관리할 수 있습니다.

기초 소양 교육 강화

미래 변화에 대응하기 위해 필요한 역량으로 언어 소양, 수리 소양, 디지털 소양 교육을 강화합니다.

어휘와 문해력 학습 제공

과목별 교과 어휘 학습과 디지털 문해력 학습으로 언어 소양과 디지털 소양 역량을 키웁니다.

언어 소양

텍스트의 맥락을 이해하여 글쓰기 등으로 표현하고 소통하는 능력

수리 소양

다양한 상황에서 수학적 정보를 이해하고 해석하며 활용하는 능력

디지털 소양

디지털 도구를 사용하여 정보를 수집하고 분석하여 문제를 해결하는 능력

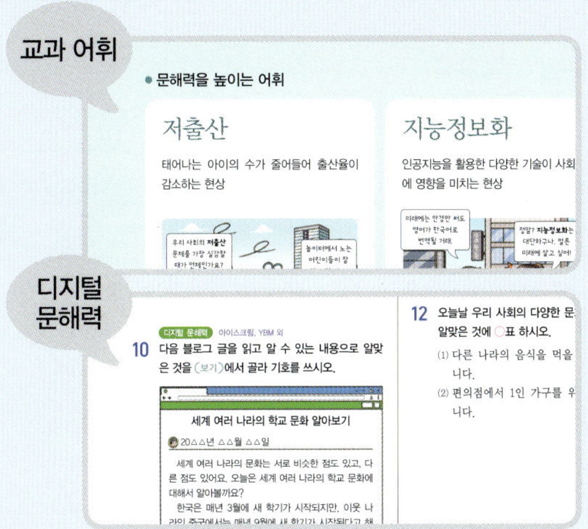

평가 방식 다양화

학생들의 학습 성취도에 따라 개인별 맞춤형 평가 및 서술형 평가를 확대합니다.

수행 평가 및 수준별 단원 평가 제공

다양한 서술형 유형 및 수행 평가 비중을 확대하였습니다.

맞춤형 평가에 대비하여 수준별 단원 평가를 단원별 A단계, B단계로 제공합니다.

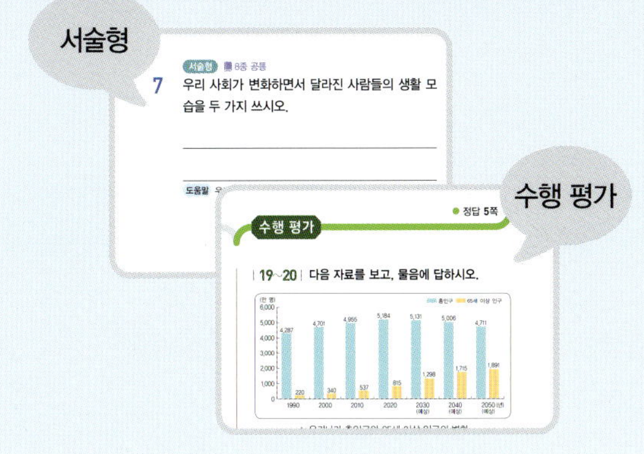

백점 사회 3·2
학습 진도표

이용 방법

- 계획한 날짜를 쓰기
- 학습을 끝낸 후 색칠하기

9회 (40~43쪽)

기출
마무리 평가

월   일

8회 (36~39쪽)

다양한 문화를
존중하는 방법

월   일

7회 (32~35쪽)

다양한 문화의 확산으로
나타난 문제

월   일

---

2. 옛날과 오늘날의 생활

10회 (44~47쪽)

실전
마무리 평가

월   일

평가북

단원 평가

월   일

1회 (50~53쪽)

옛날의
일상생활 속 풍습

월   일

10회 (86~89쪽)

옛날의
통신수단

월   일

9회 (82~85쪽)

교통의 변화와
미래의 생활 모습

월   일

8회 (78~81쪽)

교통의 발달로
달라진 생활 모습

월   일

11회 (90~93쪽)

오늘날의
통신수단

월   일

12회 (94~97쪽)

통신수단의 발달로
달라진 생활 모습

월   일

13회 (98~101쪽)

통신수단의 변화와
미래의 생활 모습

월   일

백점 사회와 내 교과서 비교하기

활용 방법

1. 오늘 공부할 단원과 내용을 찾습니다.
2. 내가 배우는 교과서의 출판사명에서 공부할 내용에 해당하는 쪽수를 찾습니다.
3. 찾은 쪽수와 해당하는 백점 사회는 몇 쪽인지 확인합니다.

단원명		1. 사회 변화와 다양한 문화		2. 옛날과 오늘날의 생활 모습		
주제명		(1) 사회 변화로 나타난 일상생활의 모습	(2) 다양한 문화에 대한 이해와 존중	(1) 옛날과 오늘날의 풍습	(2) 교통의 변화로 달라진 생활 모습	(3) 통신수단의 변화로 달라진 생활 모습
백점 사회 쪽수		8~23	24~39	50~65	66~85	86~101
교과서별 쪽수	동아출판	10~33	34~51	60~79	80~101	102~121
	미래엔	12~33	34~53	64~85	86~109	110~131
	비상교육	8~27	28~53	60~85	86~109	110~129
	아이스크림 미디어	12~33	34~55	66~93	94~119	120~141
	지학사	8~31	32~53	60~81	82~105	106~129
	천재교과서 (김정인)	10~33	34~55	62~87	88~109	110~131
	천재교과서 (박기범)	12~37	38~59	68~89	90~115	116~137
	YBM	10~31	32~53	62~87	88~113	114~137

백점

사회 3·2

개념북

구성과 특징

개념북 자기주도학습을 위한 **"하루 4쪽"** 구성

개념 학습 + 문제 학습

| 개념 학습 | 핵심 개념을 학습한 후 핵심 문장 쓰기를 통해 개념을 쉽게 이해할 수 있습니다.

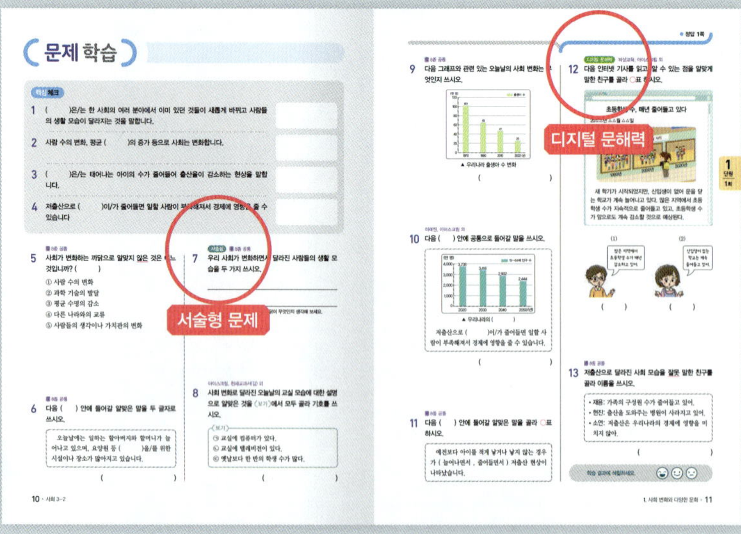

| 문제 학습 | 핵심 체크 문제와 서술형 문제 등 다양한 유형의 문제를 통해 실력을 쌓을 수 있습니다.

디지털 문해력: 디지털 매체 소재를 활용한 문제

문해력을 높이는 어휘
교과서 어휘의 뜻과 그림 속
이야기를 통해 문해력 향상

맞춤형 평가 대비
수준별 단원 평가

(마무리 평가)

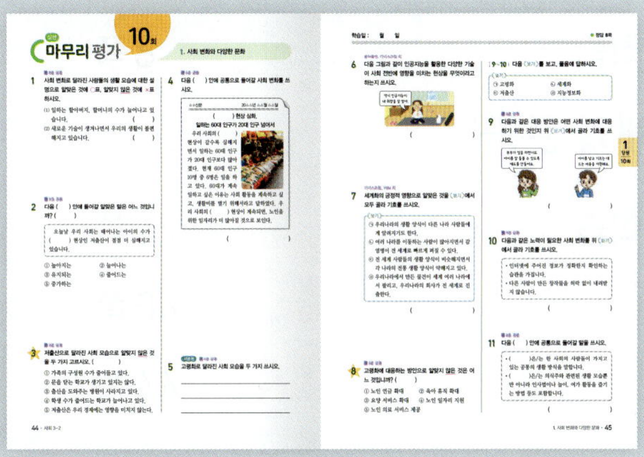

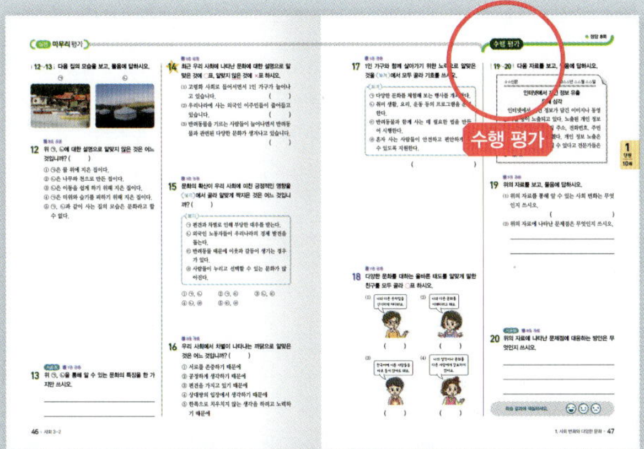

한 단원을 마무리하며 실력을 점검할 수 있습니다.
수행 평가: 학교 수행 평가에 대비할 수 있는 문제

단원 핵심 개념

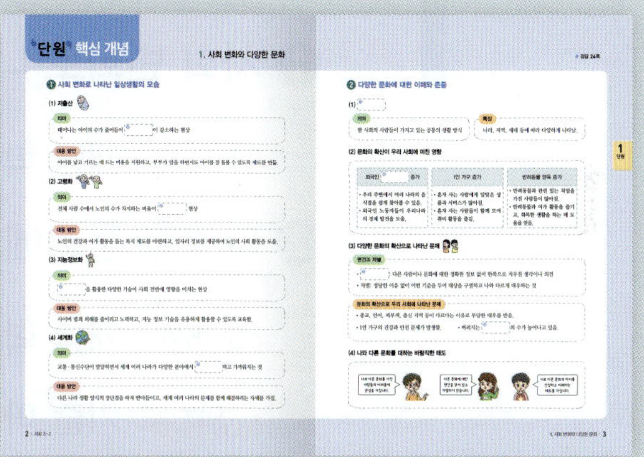

단원 핵심 개념을 정리하고, 배운 내용을 확인할 수
있습니다.

단원 평가 A단계, B단계

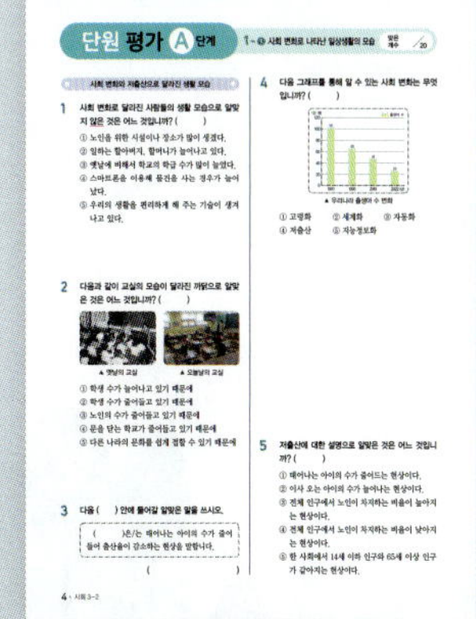

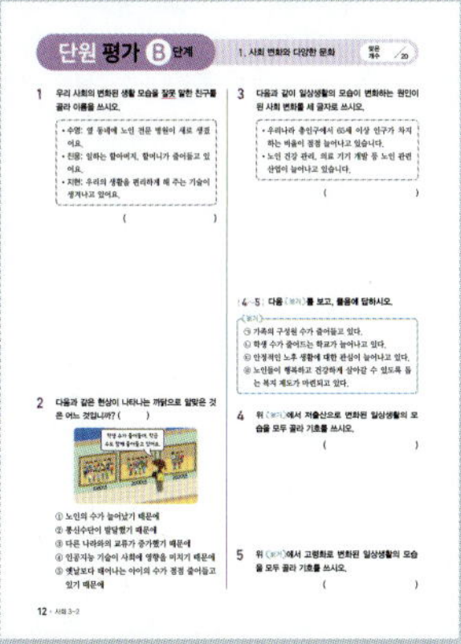

단원별 학습 성취도를 확인하고, 학교 단원 평가에 대
비할 수 있도록 수준별로 A단계, B단계로 구성하였습
니다.

1 사회 변화와 다양한 문화

❶ 사회 변화로 나타난 일상생활의 모습

❷ 다양한 문화에 대한 이해와 존중

● **이번에 배울 내용**

회차	단원	쪽수	학습 내용	학습 주제
1회	❶ 사회 변화로 나타난 일상생활의 모습	8~11쪽	개념+문제 학습	사회 변화와 저출산으로 달라진 생활 모습
2회		12~15쪽	개념+문제 학습	고령화로 달라진 생활 모습
3회		16~19쪽	개념+문제 학습	지능정보화와 세계화로 달라진 생활 모습
4회		20~23쪽	개념+문제 학습	사회 변화에 대응하는 방안
5회	❷ 다양한 문화에 대한 이해와 존중	24~27쪽	개념+문제 학습	우리 사회의 다양한 문화
6회		28~31쪽	개념+문제 학습	문화의 확산이 우리 사회에 미친 영향
7회		32~35쪽	개념+문제 학습	다양한 문화의 확산으로 나타난 문제
8회		36~39쪽	개념+문제 학습	다양한 문화를 존중하는 방법
9회	단원 마무리	40~43쪽	기출 마무리 평가	단원 마무리 문제, 수행 평가
10회		44~47쪽	실전 마무리 평가	단원 마무리 문제, 수행 평가

● 문해력을 높이는 어휘

저출산

태어나는 아이의 수가 줄어들어 출산율이 감소하는 현상

지능정보화

인공지능을 활용한 다양한 기술이 사회 전반에 영향을 미치는 현상

문화

의식주뿐만 아니라 언어, 미술, 음악, 종교 등을 포함하는 한 사회의 사람들이 가지고 있는 공통의 생활 방식

편견

다른 사람이나 문화에 대한 정확한 정보 없이 한쪽으로 치우친 생각이나 의견

개념 학습 

1회

사회 변화와 저출산으로 달라진 생활 모습

➕ 사회가 변화하는 까닭

- 사람 수의 변화
- *평균 수명의 증가
- 과학 기술의 발달
- 다른 나라와의 교류
- 사람들의 생각이나 *가치관의 변화

➕ 신문 기사로 살펴보는 사회 변화

> 1968년 △△월 △△일
>
> **학교는 포화 상태,**
> **한 교실에 90명이 수업 들어**
>
> 서울의 한 국민학교는 전교생의 수가 1만명이 넘는다. 2학년이 21반, 3학년이 22반 등 총 120학급이 있다. 1학년부터 4학년까지는 오전반과 오후반으로 나누어서 수업한다.

- 옛날에는 초등학교를 국민학교라고 불렀습니다.
- 옛날 학교는 오전반과 오후반으로 나누어 수업했지만, 오늘날 학교에는 오전반과 오후반이 없습니다.

용어 사전

- ✱ **분야** 여러 갈래로 나누어진 범위나 부분.
- ✱ **평균 수명** 한 나라나 한 사회에서 사람이 태어나서 몇 년을 살 수 있는가를 평균으로 나타낸 수.
- ✱ **가치관** 사람이 살아가면서 무엇이 옳고, 바람직하며, 무엇을 해야 하고, 하지 말아야 하는지 등을 판단하는 관점.
- ✱ **포화** 더 들어가거나 더 넣을 수 없이 가득 차 있거나 한도에 이른 상태.

---

1 사회 변화 ➕

(1) 사회 변화의 의미: 한 사회의 여러 *분야에서 이미 있던 것들이 새롭게 바뀌고 사람들의 생활 모습이 달라지는 것을 말합니다.

(2) 사회 변화로 달라진 사람들의 생활 모습

일하는 할아버지, 할머니가 늘어나고 있음.

학생 수가 줄어들며, 학급 수도 함께 줄어들고 있음.

┌ 인공지능은 인간이 생각하고 이해하는 활동을 컴퓨터로 대신할 수 있게 하는 기능이에요.

우리의 생활을 편리하게 해 주는 새로운 기술이 생겨나고 있음.

노인을 위한 시설이나 장소가 많아지고 있음.

(3) 옛날과 오늘날의 교실 모습 비교하기 ➕

공통점	옛날과 오늘날 모두 칠판 앞에서 선생님께서 수업하고 계심.
차이점	• 옛날과 달리 오늘날에는 한 반의 학생 수가 적음. • 옛날 교실에는 텔레비전이 없지만, 오늘날 교실에는 컴퓨터와 텔레비전, 전자 칠판 등이 있음.

2 저출산

(1) 저출산의 의미: 태어나는 아이의 수가 줄어들어 *출산율이 감소하는 현상을 말합니다. ⊕

(2) 저출산의 원인: 예전보다 아이를 적게 낳거나 낳지 않는 경우가 늘어나고 있습니다. → 결혼하지 않거나, 결혼 후 아이를 기르는 것에 부담을 느끼는 사람이 늘어났어요.

교과서 **대표 자료**　우리나라 출생아 수 변화 그래프 ⊕

(만 명)
- 1970: 101
- 1990: 65
- 2010: 47
- 2022(년): 25

(통계청, 2023)

→ 그래프의 가로축은 연도, 세로축은 인구를 나타내요.

▲ 우리나라 출생아 수 변화

- 우리나라에서 1990년에 태어난 아이의 수는 65만 명입니다.
- 우리나라에서 2010년에 태어난 아이의 수는 47만 명입니다.
- 우리나라에서 태어나는 아이의 수가 점점 줄어들고 있습니다.

---

(3) 저출산으로 달라진 사회 모습

① 가족의 *구성원 수가 줄어들고 있습니다.
② 출산을 도와주는 병원이 사라지고 있습니다.
③ 학생 수가 줄어들고, 문을 닫는 학교가 생기고 있습니다.
④ 계속된 저출산으로 일할 사람이 줄어들고 있으며, 경제에도 영향을 미치고 있습니다.

⊕ **우리나라의 *생산 가능 인구**

(만 명)　　　　　　15~64세 인구 수
- 2020: 3,738
- 2030: 3,416
- 2040: 2,902
- 2050(년): 2,444

(통계청, 2023)

저출산으로 생산 가능 인구가 줄어들면 일할 사람이 부족해져서 경제에 영향을 줄 수 있습니다.

⊕ **그래프 읽는 방법**

❶ 그래프가 무엇을 나타내는지 제목을 확인합니다.
❷ 그래프에서 가로와 세로가 무엇을 나타내는지 확인합니다.
❸ 각각의 막대가 나타내는 수를 확인합니다.

용어 사전

★ **출산율**　아기를 낳는 비율. 일정 기간에 태어난 아기가 전체 인구에 차지하는 비율.

★ **구성원**　어떤 조직이나 단체를 이루고 있는 사람.

★ **생산 가능 인구**　생산 활동을 할 수 있는 15~64세에 해당하는 인구.

핵심만 한번 더 쓰면서 정리 !

한 | 사 | 회 |의 여러 분야에서 이미 있던 것들이 새롭게 바뀌고 사람들의 | 생 | 활 | | 모 | 습 |이 달라지는 것

⟶ 사회 변화

저출산 ⟶ 태어나는 아이의 수가 줄어들어 | 출 | 산 | 율 |이 감소하는 현상

핵심 체크

1 (   )은/는 한 사회의 여러 분야에서 이미 있던 것들이 새롭게 바뀌고 사람들의 생활 모습이 달라지는 것을 말합니다.

2 사람 수의 변화, 평균 (   )의 증가 등으로 사회는 변화합니다.

3 (   )은/는 태어나는 아이의 수가 줄어들어 출산율이 감소하는 현상을 말합니다.

4 저출산으로 (   )이/가 줄어들면 일할 사람이 부족해져서 경제에 영향을 줄 수 있습니다

📖 8종 공통

5 사회가 변화하는 까닭으로 알맞지 <u>않은</u> 것은 어느 것입니까? (   )

① 사람 수의 변화
② 과학 기술의 발달
③ 평균 수명의 감소
④ 다른 나라와의 교류
⑤ 사람들의 생각이나 가치관의 변화

📖 8종 공통

6 다음 (   ) 안에 들어갈 알맞은 말을 두 글자로 쓰시오.

> 오늘날에는 일하는 할아버지와 할머니가 늘어나고 있으며, 요양원 등 (   )을/를 위한 시설이나 장소가 많아지고 있습니다.

(   )

서술형   📖 8종 공통

7 우리 사회가 변화하면서 달라진 사람들의 생활 모습을 두 가지 쓰시오.

____

____

도움말 우리 사회가 변화하는 까닭이 무엇인지 생각해 보세요.

아이스크림, 천재교과서(김) 외

8 사회 변화로 달라진 오늘날의 교실 모습에 대한 설명으로 알맞은 것을 〈보기〉에서 모두 골라 기호를 쓰시오.

〈보기〉
㉠ 교실에 컴퓨터가 있다.
㉡ 교실에 텔레비전이 있다.
㉢ 옛날보다 한 반의 학생 수가 많다.

(   )

9 다음 그래프와 관련 있는 오늘날의 사회 변화는 무엇인지 쓰시오.

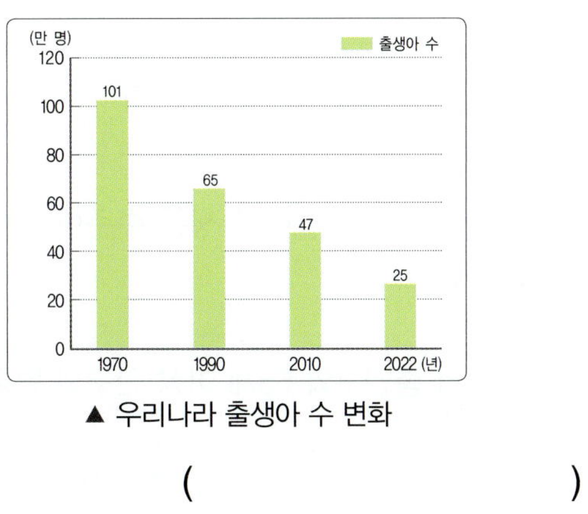

▲ 우리나라 출생아 수 변화

(   )

10 다음 (   ) 안에 공통으로 들어갈 말을 쓰시오.

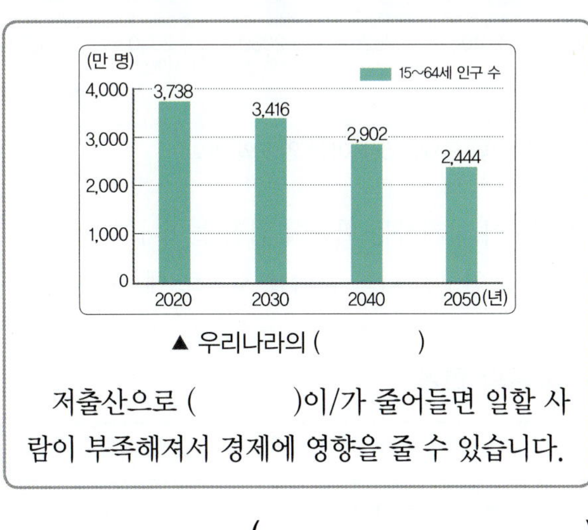

▲ 우리나라의 (   )

저출산으로 (   )이/가 줄어들면 일할 사람이 부족해져서 경제에 영향을 줄 수 있습니다.

(   )

11 다음 (   ) 안에 들어갈 알맞은 말을 골라 ○표 하시오.

예전보다 아이를 적게 낳거나 낳지 않는 경우가 (늘어나면서 , 줄어들면서) 저출산 현상이 나타났습니다.

12 다음 인터넷 기사를 읽고, 알 수 있는 점을 알맞게 말한 친구를 골라 ○표 하시오.

초등학생 수, 매년 줄어들고 있다

20△△년 △△월 △△일

새 학기가 시작되었지만, 신입생이 없어 문을 닫는 학교가 계속 늘어나고 있다. 많은 지역에서 초등학생 수가 지속적으로 줄어들고 있고, 초등학생 수가 앞으로도 계속 감소할 것으로 예상된다.

(1)   (2)

(   )   (   )

13 저출산으로 달라진 사회 모습을 <u>잘못</u> 말한 친구를 골라 이름을 쓰시오.

- 재용: 가족의 구성원 수가 줄어들고 있어.
- 현진: 출산을 도와주는 병원이 사라지고 있어.
- 소연: 저출산은 우리나라의 경제에 영향을 미치지 않아.

(   )

학습 결과에 색칠하세요.     

개념 학습 — 2회

고령화로 달라진 생활 모습

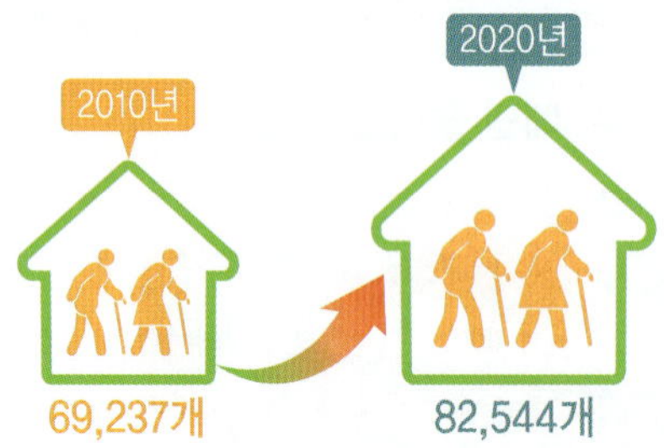

➕ 노인 복지 생활 시설 수의 변화

노인 대학, 노인 복지관 등 노인을 위한 전문 시설이 늘어나고 있습니다.

➕ 우리나라의 65세 이상 노인 인구 변화

- 1960년에는 65세 이상 노인 인구 비율이 100명 중 약 3명이었습니다.
- 2020년에는 65세 이상 노인 인구 비율이 100명 중 약 16명으로 늘었습니다.

---

1 고령화

(1) **고령화의 의미**: 전체 사람 수에서 노인의 수가 차지하는 비율이 높아지는 현상을 말합니다. ➕

(2) **고령화의 원인**: 오늘날 *의료 기술이 발달하고 생활 수준이 높아지면서 65세 이상 노인 인구가 많아지고 있습니다.

교과서 대표 자료 ┃ 우리나라 *총인구와 65세 이상 인구의 변화 그래프 ➕

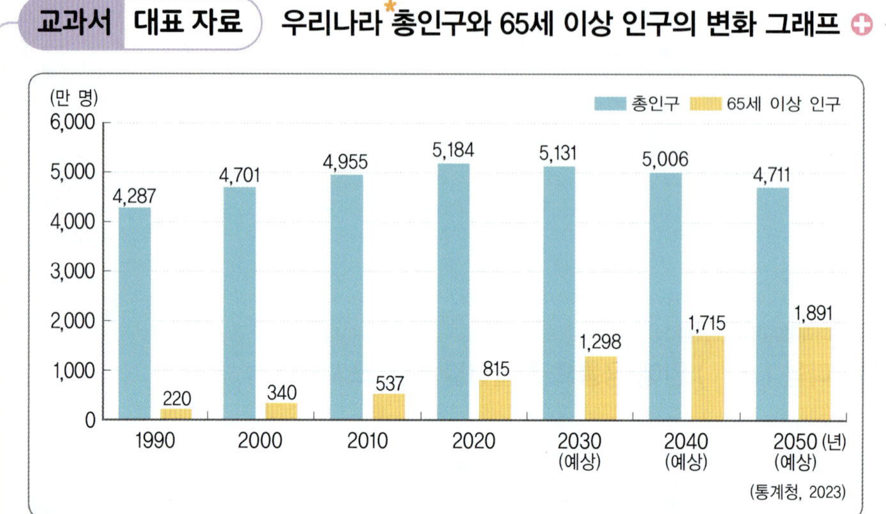

▲ 우리나라 총인구와 65세 이상 인구의 변화
└ 그래프의 가로축은 연도, 세로축은 인구를 나타내요.

- 총인구에서 65세 이상 인구가 차지하는 비율이 점점 늘어나고 있습니다.
- 2030년 이후에는 65세 이상 인구는 더욱 늘어날 것으로 예상됩니다.

(3) **신문 기사로 살펴보는 고령화 현상**

☆☆신문   20△△년 △△월 △△일

고령화 현상 *심화, 일하는 60대 인구가 20대 인구 넘어서

우리 사회의 고령화 현상이 갈수록 심해지면서 일하는 60대 인구가 20대 인구보다 많아졌다. 현재 60대 인구 10명 중 6명은 일을 하고 있다. 60대가 계속 일하고 싶은 이유는 사회 활동을 계속하고 싶고, 생활비를 벌기 위해서라고 답하였다. 우리 사회의 고령화 현상이 계속되면, 노인을 위한 일자리가 더 많아질 것으로 보인다.

① 우리 사회의 고령화 현상이 심해지고 있습니다.
② 고령화의 영향으로 노인을 위한 일자리가 늘어납니다.

용어 사전

- ✱ **의료** 의술로 병을 고침. 또는 그런 일.
- ✱ **총인구** 어떤 나라나 지역에 사는 사람의 수.
- ✱ **심화** 어떤 것의 정도가 더욱 길어지거나 커지거나 심하게 되는 것.

② 고령화로 달라진 사회 모습

노인이 건강하게 살아갈 수 있도록 돕는 복지 제도가 마련되고 있음.

노인 건강 관리, 의료 기기 개발 등 노인 관련 산업이 늘어나고 있음.

일하는 노인이 많아지고 있음.

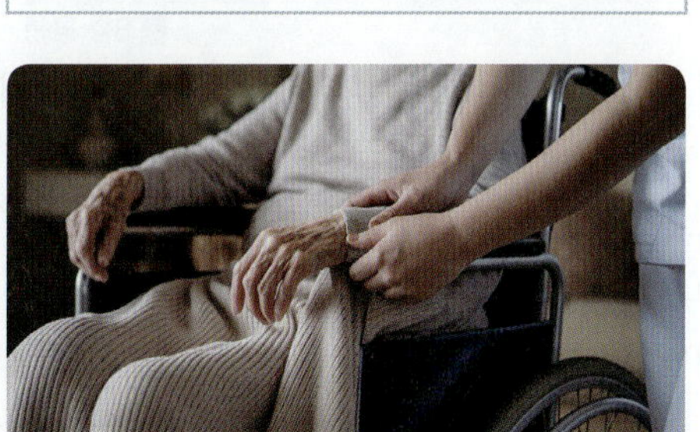
노인이 생활에 어려움을 겪기도 함. ➕

안정적이고 행복한 노후 생활에 대한 관심이 늘어나고 있음.

노인 전문 병원이나 요양 시설 등 노인을 위한 시설이 늘어나고 있음.

➕ **노인이 생활 속에서 겪는 어려움**

- 다시 일을 하면서 활기를 찾고 싶지만, 일자리를 구하기 쉽지 않습니다.
- 몸을 움직이는 것이 불편해서 혼자 생활하기 어렵습니다.
- 일을 하지 않아 시간은 많지만, 무엇을 하며 보내야 할지 몰라서 고민입니다.

용어 사전

✲ **복지** 사람들이 건강하고 편안하고 행복하게 살 수 있게 갖추어진 사회 환경.

✲ **산업** 사람이 살아가는 데 필요한 것을 만들거나 제공하는 농업·목축업·공업·운수업·서비스업 등을 말함.

✲ **노후 생활** 늙은 뒤의 생활.

✲ **요양 시설** 편히 쉬면서 병을 치료하는 시설.

핵심만 **한번 더 쓰면서 정리 !**

의미

전체 사람 수에서 [노][인]의 수가 차지하는 비율이 높아지는 현상

원인

의료 기술 발달, 높아진 생활 수준

 **고령화**

고령화로 달라진 사회 모습

[일][하][는] 노인의 증가

노인을 위한 [시][설]의 증가

노인 관련 [산][업]의 증가

핵심 체크

1 전체 사람 수에서 노인의 수가 차지하는 비율이 높아지는 현상은 무엇입니까?

2 총인구에서 65세 이상 인구가 차지하는 비율이 점점 (늘어나고 , 줄어들고) 있습니다.

3 노인 인구가 증가하면서 안정적이고 행복한 (　　　) 생활에 대한 관심이 늘어나고 있습니다.

4 노인 전문 병원이나 요양 시설 등 (　　　)을/를 위한 시설이 늘어나고 있습니다.

📖 8종 공통

5 다음과 같이 우리 사회의 모습이 달라진 원인이 된 사회 변화를 세 글자로 쓰시오.

> • 일하는 노인이 많아지고 있습니다.
> • 노인 건강 관리, 의료 기기 개발 등 노인 관련 산업이 늘어나고 있습니다.

(　　　　　　　　　　)

📖 8종 공통

6 고령화에 대한 설명으로 알맞은 것에 ○표, 알맞지 않은 것에 ×표 하시오.

(1) 오늘날 우리 사회에는 65세 이상 노인 인구가 많아지고 있습니다. (　　)

(2) 고령화는 전체 사람 수에서 노인의 수가 차지하는 비율이 낮아지는 현상입니다. (　　)

📖 8종 공통

7 다음 표에 대해 알맞게 말한 친구를 골라 이름을 쓰시오.

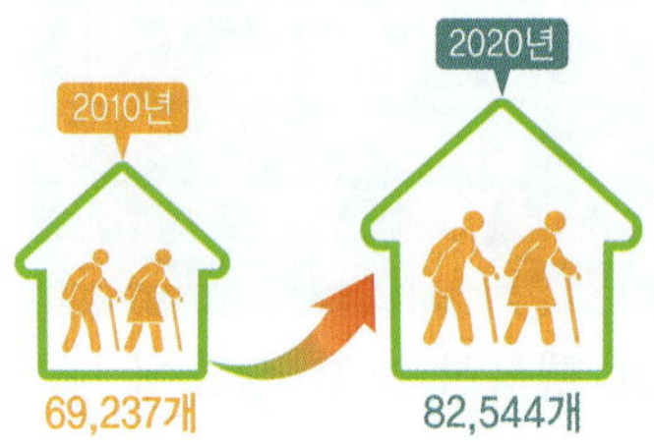

▲ 노인 복지 생활 시설 수의 변화

> • 수연: 2020년보다 2010년에 노인 복지 생활 시설의 수가 더 많습니다.
> • 진영: 노인을 위한 시설이 늘어나고 있습니다.

(　　　　　　　　　　)

📖 8종 공통

8 다음 (　　) 안에 들어갈 알맞은 말을 골라 ○표 하시오.

> 오늘날 의료 기술이 발달하고 생활 수준이 높아지면서 65세 이상 노인 인구가 (많아지고 , 적어지고) 있는 것이 고령화의 원인입니다.

| 9~10 | 다음 그래프를 보고, 물음에 답하시오.

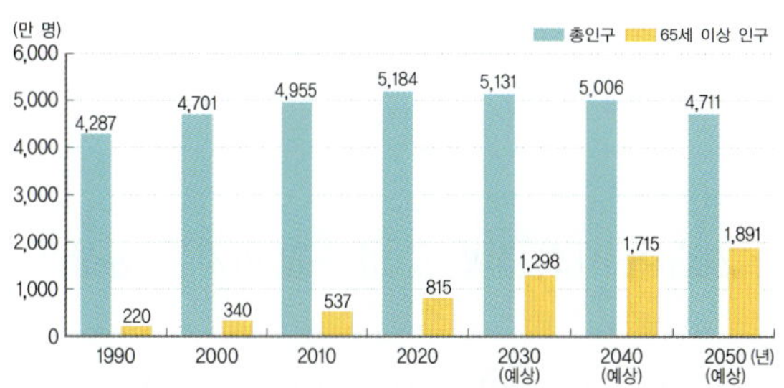

▲ 우리나라 총인구와 65세 이상 인구의 변화

📙 8종 공통

9 위 그래프의 가로축과 세로축이 나타내는 것을 각각 쓰시오.

(1) 가로축: (   ), (2) 세로축: (   )

📙 8종 공통

10 위 그래프를 보고, (   ) 안에 들어갈 알맞은 말을 골라 ○표 하시오.

> 2030년 이후에 우리나라의 65세 이상 인구는 계속 (줄어들 , 늘어날) 것으로 예상됩니다.

디지털 문해력 미래엔, 비상교육 외

11 다음 인터넷 기사를 읽고 알 수 있는 내용이 <u>아닌</u> 것은 어느 것입니까? (   )

> ☆☆ 인터넷 신문
>
> 우리 사회의 고령화 현상이 갈수록 심해지면서 일하는 60대 인구가 20대 인구보다 많아졌다. 현재 60대 인구 10명 중 6명은 일을 하고 있다. 60대가 계속 일하고 싶은 이유는 사회 활동을 계속하고 싶고, 생활비를 벌기 위해서라고 답하였다. 우리 사회의 고령화 현상이 계속되면, 노인을 위한 일자리가 더 많아질 것으로 보인다.

① 일하는 60대 인구가 20대 인구보다 많다.
② 60대 인구 10명 중 6명은 일을 하고 있다.
③ 고령화로 변해가는 사회 모습을 알 수 있다.
④ 노인을 위한 일자리는 갈수록 줄어들 것이다.
⑤ 우리 사회의 노인 인구는 계속 늘어나고 있다.

📙 8종 공통

12 고령화로 달라진 사회 모습을 <u>잘못</u> 말한 친구를 골라 이름을 쓰시오.

> • 유정: 노인 관련 산업이 늘어나고 있어.
> • 단아: 모든 노인이 생활에 어려움을 겪고 있어.
> • 정원: 안정적이고 행복한 노후 생활에 대한 관심이 늘어나고 있어.

(   )

서술형 📙 8종 공통

13 다음 대화의 밑줄 친 부분에 들어갈 알맞은 내용을 쓰시오.

도움말 노인들이 생활 속에서 어떤 어려움을 겪을지 떠올려 보세요.

학습 결과에 색칠하세요.   

개념 학습

지능정보화와 세계화로 달라진 생활 모습

➕ **지능 정보 기술의 발달로 변화한 일상 생활**

- 디지털 교과서로 수업을 합니다.
- 인터넷으로 필요한 물건을 구매합니다.
- 스마트폰을 이용해 자전거를 빌려 탑니다.
- 길도우미가 실시간으로 빠른 길을 찾고 길을 안내합니다.
- 인공지능과의 대화로 필요한 정보를 빠르게 얻을 수 있습니다.

➕ **인공지능(AI)**

- 사람처럼 정보를 익히고 처리하여 다양한 상황에 적용할 수 있는 기능을 가진 컴퓨터 시스템입니다.
- 인공지능은 많은 양의 정보를 빠르고 정확하게 처리합니다.

① 지능정보화

(1) 지능정보화의 의미

① 인공지능을 활용한 다양한 기술이 사회 전반에 영향을 미치는 현상을 말합니다.

② 지능 정보 기술의 발달로 정보가 중심이 되어 사회의 발전을 이끌어 나가는 현상을 말합니다.
→ 지능 정보 기술은 인공지능 기술로 많은 양의 정보를 처리하고, 이를 통해 새로운 지식과 정보를 만들어 활용하는 것을 말해요.

(2) 지능정보화로 달라진 생활 모습 ➕

집 밖에서 가전제품을 켜거나 끌 수 있음.

인공지능이 사용자의 취향을 분석하여 좋아할 만한 음악을 추천해 줌.

운전자가 운전하지 않아도 자율 주행 기술로 목적지에 도착할 수 있음.

박물관에 직접 가지 않고 집에서 메타버스를 통해 전시물을 볼 수 있음.

(3) 지능정보화의 영향 → 지능정보화로 편리해진 점도 있지만, 예전에는 보기 어려웠던 새로운 문제가 나타나기도 해요.

긍정적 영향	• 사용자에게 맞춤화된 정보를 빠르게 얻을 수 있음. • 가상 현실 기술을 통해 다양한 경험을 해 볼 수 있음. • 사람이 하던 일을 대신하거나 도우면서 생활이 편리해짐.
부정적 영향	• 개인 정보가 새어나가서 사생활을 침해당할 수 있음. • 인공지능으로 거짓 정보를 만들고 퍼뜨려서 사람들에게 피해를 줌. • 지능 정보 기술을 잘 다루는 사람들과 어려워하는 사람들 간에 격차가 생길 수 있음. • 인공지능이 사람의 일자리를 대신하여, 사람들이 일자리를 구하지 못하는 경우가 생김.

⭐ **사물 인터넷** 사물을 인터넷으로 연결하여 사물이 정보를 모으고 관리할 수 있도록 하는 것.

⭐ **메타버스** 현실 세계와 같이 사회적 활동을 하는 가상의 공간.

⭐ **가상 현실** 컴퓨터를 이용해서 실제 상황처럼 느껴지게 만든 세계.

⭐ **격차** 서로 벌어진 차이.

  지능정보화로 나타난 문제점

20△△년 △△월 △△일

**인터넷에서 개인 정보
유출* 문제 심각**

인터넷에서 개인 정보가 담긴 이미지나 동영상 파일 등이 노출되고 있다. 노출된 개인 정보는 이름, 나이, 성별, 집 주소, 전화번호, 주민 등록 번호 등으로 다양했다. 개인 정보 노출은 여러 가지 문제를 일으킬 수 있다고 전문가들은 경고했다.

20△△년 △△월 △△일

**인공지능 기술을 활용해
만든 가짜 뉴스**

인공지능을 활용한 사진과 영상으로 만든 가짜 뉴스가 많아지고 있다. 하지만 사진과 영상이 만들어진 것으로 밝혀져도 이미 퍼진 잘못된 정보를 바로잡기 위한 시간과 노력이 많이 든다는 점이 문제로 지적된다.

지능정보화로 인해 개인 정보가 유출되어 사생활 침해를 당하거나, 인공지능 기술로 만든 가짜 뉴스가 퍼지는 등의 문제가 발생하고 있습니다.

> 지능정보화로 사이버 범죄, 거짓 정보 확산, 스마트폰 과의존, 일자리 감소, 디지털 사용 격차 등의 문제가 발생해요.

1단원 / 3회

2 세계화

(1) **세계화의 의미**: 교통·통신수단이 발달하면서 세계 여러 나라가 다양한 분야에서 교류하고 가까워지는 것을 말합니다.

(2) **세계화의 영향** ➕

긍정적 영향	• 교통수단이 발달하면서 세계 곳곳을 빠르게 갈 수 있음. • 우리나라의 생활 양식이 다른 나라 사람들에게 알려지기도 함. • 우리나라에서 만든 물건이 세계 여러 나라에서 팔리고, 우리나라의 회사가 전 세계로 진출*함.
부정적 영향	• 여러 나라를 이동하는 사람이 많아지면서 감염병이 전 세계로 빠르게 퍼질 수 있음. • 전 세계 사람들의 생활 양식이 비슷해지면서 각 나라의 전통 생활 양식이 약해지고 있음.

➕ **우리 주변에서 볼 수 있는 세계화의 모습**

• 한국 요리를 배우는 외국인들
• 한국 음식을 즐겨 먹는 외국인들
• 다른 나라에서 온 식품이나 물건을 파는 마트
• 학교에서 세계 여러 나라에 관한 내용을 배우는 모습

용어 사전

* **유출** 귀중한 물품이나 정보 따위가 불법적으로 나라나 조직의 밖으로 나가 버림. 또는 그것을 내보냄.
* **진출** 어떤 방면으로 활동 범위나 세력을 넓혀 나아감.
* **사이버 범죄** 사이버 공간을 이용한 해킹, 정보의 불법적 이용, 악성 프로그램의 유포 등의 불법 행위.
* **스마트폰 과의존** 스마트폰을 지나치게 이용하여 문제가 되는 상태.

핵심만 한번 더 쓰면서 **정리 !**

인 공 지 능 을 활용한 다양한 기술이 사회 전반에 영 향 을 미치는 현상

지능정보화

세계화

세 계 여러 나라가 다양한 분야에서 교 류 하고 가까워지는 것

핵심 체크

1 ( )은/는 인공지능을 활용한 다양한 기술이 사회 전반에 영향을 미치는 현상을 말합니다.

2 (사물 인터넷 , 자율 주행)을 이용하여 집 밖에서 가전제품을 켜거나 끌 수 있습니다.

3 ( )은/는 교통·통신수단이 발달하면서 세계 여러 나라가 다양한 분야에서 교류하고 가까워지는 것을 말합니다.

4 세계화의 영향으로 전 세계 사람들의 생활 양식이 비슷해지면서 각 나라의 ( ) 생활 양식이 약해지고 있습니다.

📕 8종 공통

5 다음에서 설명하는 사회 변화는 무엇인지 쓰시오.

> 지능 정보 기술의 발달로 정보가 중심이 되어 사회의 발전을 이끌어 나가는 현상을 말합니다.

( )

📕 8종 공통

6 지능정보화로 달라진 생활 모습에 대한 설명으로 알맞은 것에 ○표, 알맞지 <u>않은</u> 것에 ×표 하시오.

(1) 인공지능이 사람의 모든 일자리를 대신합니다.

( )

(2) 운전자가 운전하지 않아도 자율 주행 기술로 목적지에 도착할 수 있습니다. ( )

📕 8종 공통

7 지능 정보 기술의 발달로 변화한 생활 모습으로 알맞지 <u>않은</u> 것은 어느 것입니까? ( )

① 디지털 교과서로 공부한다.
② 세계 곳곳을 빠르게 갈 수 있다.
③ 스마트폰을 이용해 자전거를 빌려 탄다.
④ 인공지능과의 대화로 필요한 정보를 얻을 수 있다.
⑤ 길도우미가 실시간으로 빠른 길을 찾고 길을 안내한다.

서술형 📕 8종 공통

8 지능정보화의 부정적 영향을 두 가지 쓰시오.

____

____

도움말 우리 주변에서 볼 수 있는 지능 정보 기술의 발달로 나타난 문제점을 생각해 보세요.

1
단원
3회

디지털 문해력 동아출판, 아이스크림 외

9 다음 인터넷 신문 기사의 제목으로 알맞은 것은 어느 것입니까? (   )

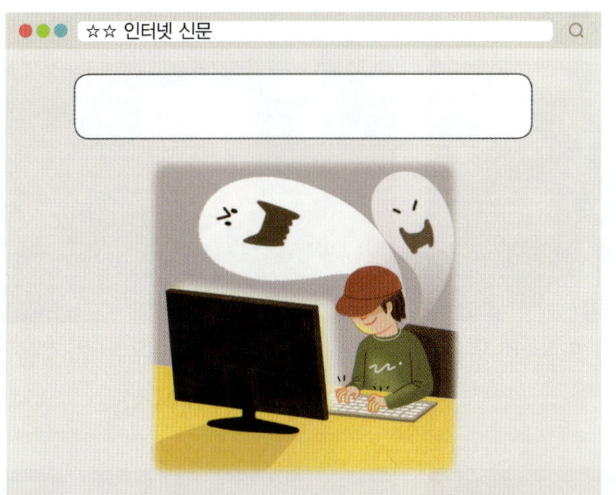

인공지능을 활용한 사진과 영상으로 만든 가짜 뉴스가 많아지고 있다. 하지만 사진과 영상이 만들어진 것으로 밝혀져도 이미 퍼진 잘못된 정보를 바로잡기 위한 시간과 노력이 많이 든다는 점이 문제로 지적된다.

① 개인 정보 유출과 사생활 침해
② 세대 간 디지털 사용 격차 갈수록 커져
③ 인공지능 기술을 활용해 만든 가짜 뉴스
④ 사람들의 일자리를 빼앗아 가는 인공지능
⑤ 사용자 맞춤 정보를 제공하는 똑똑한 인공지능

8종 공통

10 지능정보화로 인한 문제점으로 알맞지 <u>않은</u> 것은 어느 것입니까? (   )

① 사이버 범죄
② 일자리 증가
③ 거짓 정보 확산
④ 스마트폰 과의존
⑤ 디지털 사용 격차

아이스크림, YBM 외

11 다음 (   ) 안에 들어갈 알맞은 말을 골라 ○표 하시오.

우리나라에서 만든 물건이 세계 여러 나라에서 팔리고, 우리나라의 회사가 전 세계로 진출하는 것은 (세계화 , 지능정보화)의 긍정적 영향입니다.

아이스크림, YBM 외

12 우리 주변에서 볼 수 있는 세계화의 모습으로 알맞은 것을 (보기)에서 모두 골라 기호를 쓰시오.

(보기)
㉠ 디지털 교과서로 수업을 한다.
㉡ 외국인들이 한국 요리를 배운다.
㉢ 학교에서 세계 여러 나라에 관한 내용을 배운다.
㉣ 다른 나라에서 온 식품이나 물건을 마트에서 판매한다.

(   )

아이스크림, YBM 외

13 세계화의 부정적 영향으로 알맞은 것은 어느 것입니까? (   )

① 가족의 구성원 수가 줄어들고 있다.
② 인공지능이 사람의 일자리를 대신한다.
③ 감염병이 빠르게 전 세계로 퍼질 수 있다.
④ 학생 수가 줄어드는 학교가 늘어나고 있다.
⑤ 출산을 도와주는 병원이 점점 사라지고 있다.

학습 결과에 색칠하세요.   

개념 학습

4회

사회 변화에 대응하는 방안

⊕ 저출산을 해결하기 위한 노력

- 육아 휴직 제도를 운영합니다.
- 아이 돌봄 서비스를 지원합니다.
- 아이가 태어나면 축하금을 줍니다.
- 어린 자녀가 있거나 자녀가 많은 가정에 전기, 가스, 수도, 주차 요금 등을 할인해 줍니다.

⊕ 고령화에 대비하기 위한 노력

- 노인 일자리 설명회를 개최합니다.
- 노후 준비 지원 센터를 만듭니다.
- 노인을 위한 교육 프로그램을 마련합니다.
- 노인을 대상으로 하는 다양한 물건을 개발합니다.

✱ **비용** 어떤 일을 하는 데 드는 돈.

✱ **임산부** 아기를 밴 여자나 아기를 갓 낳은 여자.

✱ **여가** 일을 하는 가운데 잠시 생기는 자유로운 시간.

✱ **육아 휴직** 근로자가 어린 자녀의 양육을 위해 일정 기간 쉴 수 있는 제도.

---

1 저출산에 대응하는 방안 ⊕

→ 아이를 기르는 책임이 부부 모두에게 있다는 생각을 널리 알려요.

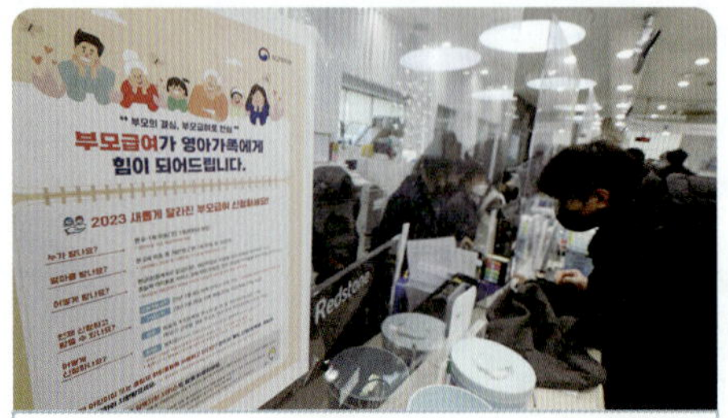

아이를 낳고 기르는 데 드는 비용을 지원함.
└→ 양육비라고도 해요.

임산부와 아이를 키우는 가정을 배려하는 태도를 가져야 함.

아이가 안전하게 생활할 수 있는 시설을 마련함.

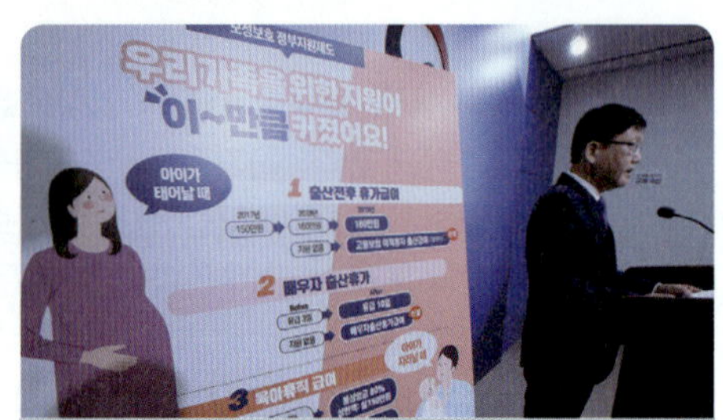

부부가 일을 하면서도 아이를 잘 돌볼 수 있도록 제도를 만듦.

2 고령화에 대응하는 방안 ⊕

노인의 건강과 여가 활동을 돕는 복지 제도를 마련함.

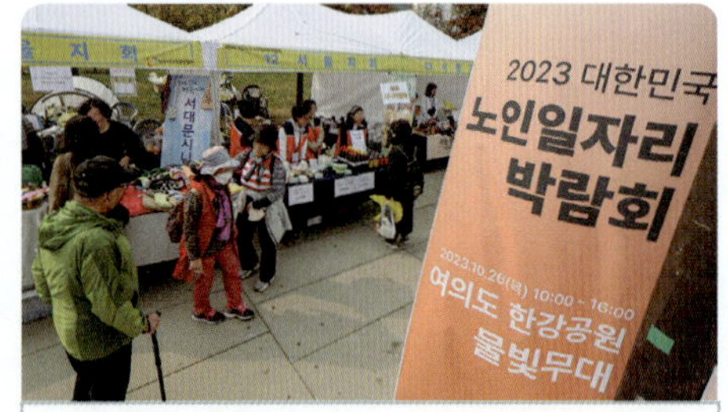

일자리 정보를 제공하여 노인의 사회 활동을 도움.

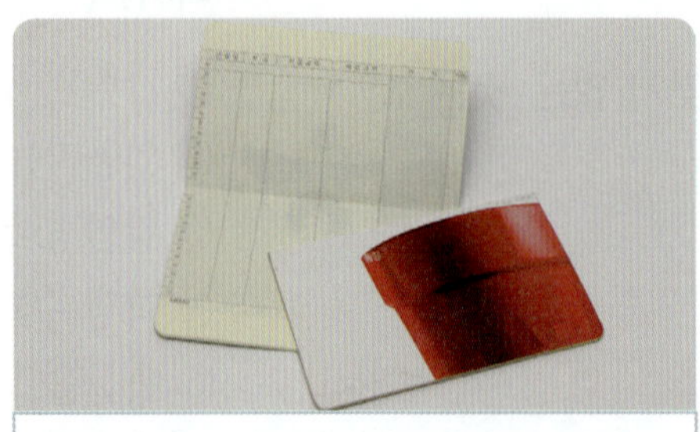

안정적인 노후 생활을 미리 준비하고 계획함.

세대 간 소통하고 배려하는 태도를 가져야 함.

---

3 지능정보화에 대응하는 방안 ✛

사이버 범죄를 감시하고, 사이버 범죄 피해를 줄이려고 노력함.

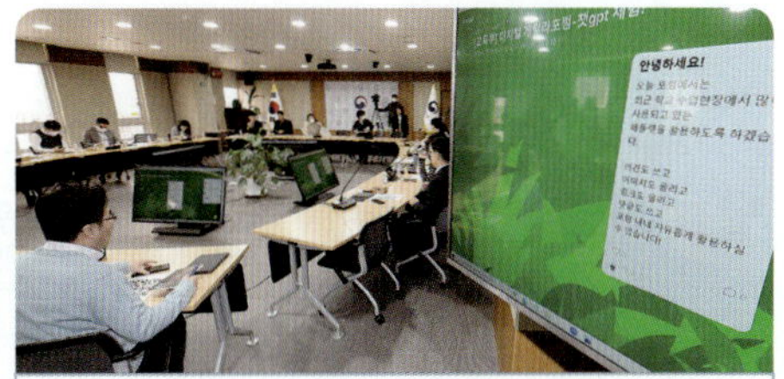

지능 정보 기술을 유용하게 활용할 수 있도록 교육함.

┌• 개인 정보를 보호하는 법을 만들어요.

지능 정보 기술을 잘못된 목적으로 사용하지 못하도록 필요한 법을 만듦.

인공지능의 발달로 변화할 직업 환경에 대응하기 위한 교육을 진행함.

4 세계화에 대응하는 방안 ✛

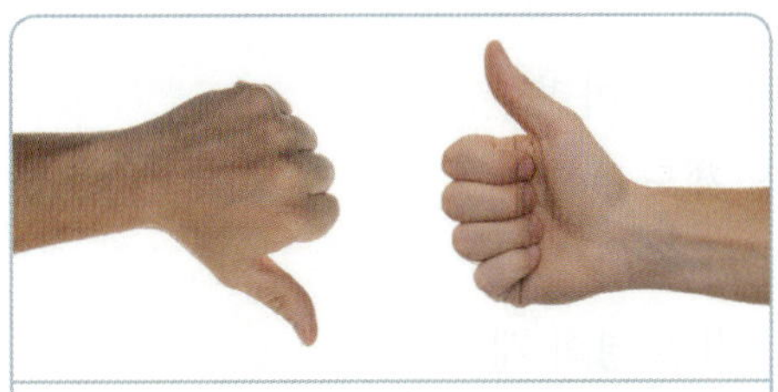

다른 나라의 생활 양식을 무조건 따르기보다는 장단점을 따져 받아들임.

세계 여러 나라의 문제를 함께 해결하려고 노력하는 자세를 가져야 함.

✚ **지능정보화에 대응하기 위한 노력**

- 다른 사람이 만든 *창작물을 허락 없이 내려받지 않습니다.
- 인터넷에 주어진 정보가 정확한지 확인하는 습관을 가집니다.
- 정해진 규칙에 따라 인터넷이나 태블릿 컴퓨터를 사용합니다.
- 개인 정보가 새어나가지 않도록 안전하게 관리하고, 함부로 개인 정보를 인터넷에 공유하지 않습니다.

1 단원 / 4회

✚ **세계화로 나타난 문제를 해결하기 위한 올바른 태도**

- 각 나라의 전통적인 생활 양식을 소중하게 여겨야 합니다.
- 우리나라와 다른 나라의 전통적인 생활 양식을 소중하게 여깁니다.
- 세계 여러 나라 사람이 건강을 지키기 위한 수칙을 잘 따라야 합니다.

용어 사전

✱ **감시** 단속하기 위해 주의 깊게 살핌.

✱ **창작물** 정신노동에 의해 독창적으로 지어낸 글이나 예술 작품.

핵심만 한번 더 쓰면서 **정리 !**

저출산
- 　양 　육 　비 　 지원
- 임산부 배려, 육아 휴직 제도 운영

고령화
- 노인을 위한 　복 지 제 도 　 마련
- 일자리 정보 제공, 노후 생활 대비

사회 변화 대응 방안

지능정보화
- 　사 이 버 범 죄 　 감시
- 지능 정보 기술 활용 교육

세계화
- 다른 나라 문화의 　장 단 점 　을 따져 받아들이는 태도
- 세계의 문제를 함께 해결하려는 자세

핵심 체크

1 저출산에 대응하기 위해 아이를 낳고 기르는 데 드는 (　　　)을/를 지원합니다.

2 고령화에 대응하기 위해 노인의 건강과 여가 활동을 돕는 (　　　) 제도를 마련합니다.

3 지능정보화에 대응하기 위해 사이버 (　　　)을/를 감시하고 피해를 줄이려고 노력해야 합니다.

4 세계화 사회에서 다른 나라의 생활 양식을 무조건 따르기보다는 (　　　)을/를 따져 받아들여야 합니다.

📖 8종 공통

5 다음은 어떤 사회 변화에 대응하기 위한 방안인지 쓰시오.

> • 아이 돌봄 서비스를 지원합니다.
> • 아이가 태어나면 축하금을 줍니다.

(　　　　　　　)

📖 8종 공통

6 저출산에 대응하는 방안을 잘못 말한 친구를 골라 ○표 하시오.

(　　) (　　)

📖 8종 공통

7 고령화에 대응하는 방안으로 알맞지 <u>않은</u> 것은 어느 것입니까? (　　　)

① 노인 복지 제도 마련
② 육아 휴직 제도 운영
③ 노인을 위한 물건 개발
④ 노인 일자리 설명회 개최
⑤ 안정적인 노후 생활 준비

📖 8종 공통

8 고령화에 대비하기 위한 태도를 알맞게 말한 친구를 골라 이름을 쓰시오.

(　　　　　　　)

■ 8종 공통

9 다음 〈보기〉를 저출산과 고령화의 대응 방안으로 구분하여 각각 기호를 쓰시오.

〈보기〉
㉠ 양육비 지원
㉡ 육아 휴직 보장
㉢ 노인 일자리 정보 제공
㉣ 노후 준비 지원 센터 설립

(1) 저출산의 대응 방안: (   )
(2) 고령화의 대응 방안: (   )

■ 8종 공통

10 다음에서 설명하는 사회 변화에 대응하기 위한 방안으로 알맞은 것에 ○표 하시오.

인공지능을 활용한 다양한 기술이 사회 전반에 영향을 미치는 현상을 말합니다.

(1) 지능 정보 기술을 유용하게 활용할 수 있도록 교육합니다. (   )
(2) 사람들의 건강과 여가 활동을 돕는 복지 제도를 마련합니다. (   )

■ 8종 공통

11 지능정보화에 대응하기 위한 노력으로 알맞지 않은 것은 어느 것입니까? (   )

① 개인 정보를 함부로 인터넷에 공유하지 않는다.
② 정해진 규칙에 따라 태블릿 컴퓨터를 사용한다.
③ 개인 정보가 새어나가지 않도록 안전하게 관리한다.
④ 다른 사람이 만든 창작물을 허락 없이 내려받는다.
⑤ 주어진 정보가 정확한지 확인하는 습관을 가진다.

서술형 아이스크림, YBM 외

12 세계화로 나타난 문제를 해결하기 위한 올바른 태도를 한 가지만 쓰시오.

____

도움말 세계화의 부정적인 영향을 떠올려 보고, 문제 해결 방안을 생각해 보세요.

디지털 문해력 **■ 8종 공통**

13 다음 지식 백과를 읽고, 밑줄 친 부분에 들어갈 내용으로 알맞은 것에 ○표 하시오.

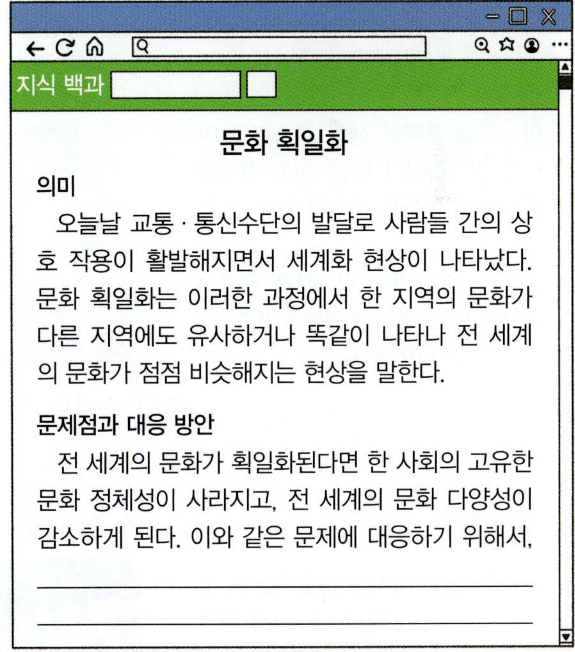

(1) 오직 우리나라의 전통적인 생활 양식만을 따라야 한다. (   )
(2) 각 나라의 전통적인 생활 양식을 소중하게 여겨야 한다. (   )

학습 결과에 색칠하세요.   

개념 학습

우리 사회의 다양한 문화

➕ **우리 주변에서 문화라고 부를 수 있는 것**

- 의식주와 관련된 생활 모습뿐만 아니라 인사법이나 놀이, 여가 활동을 즐기는 방법 등도 문화라고 할 수 있습니다.
- 졸려서 잠을 자는 것, 배가 고파서 음식을 먹는 것처럼 본능에 따른 행동은 문화가 아닙니다.

용어 사전

⭐ **의식주** 옷과 음식과 집을 통틀어 이르는 말. 인간 생활의 세 가지 기본 요소.

⭐ **규범** 사람들이 마땅히 따르고 지켜야 할 생각이나 행동의 기준.

⭐ **수상 가옥** 물 위의 집.

⭐ **초원** 풀이 나 있는 들판.

⭐ **반려동물** 집에서 가까이 두고 기르며 짝이 될 정도로 친밀하게 여기는 동물.

---

1 문화

(1) 문화의 의미 ➕

① 한 사회의 사람들이 가지고 있는 공통의 생활 방식을 말합니다.

② 생활 방식은 사람들이 오랜 시간을 함께 생활하면서 만들어지고 전해져 내려온 것입니다.

③ 의식주와 관련된 생활 모습은 문화의 대표적인 예시입니다.

④ 문화는 의식주뿐만 아니라 언어, 미술, 음악, 종교, 규범 등을 포함합니다.

(2) 여러 나라의 의식주 문화 →지역의 환경에 따라 사람들의 생활 방식이 다양하게 나타나요.

① 옷차림

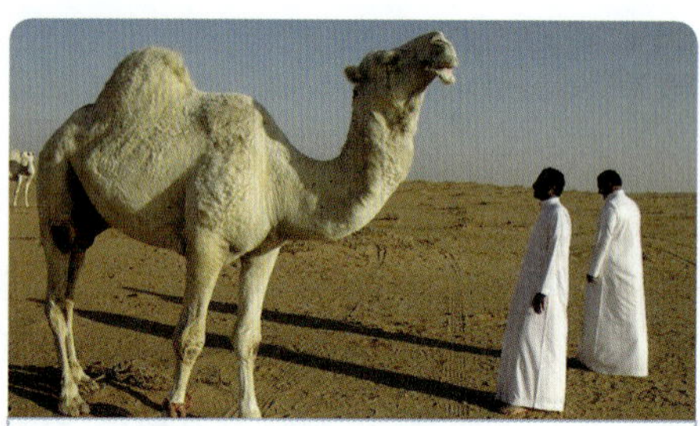

사막과 같이 햇볕이 강한 지역에 사는 사람들은 천으로 된 긴 옷을 입음.

추운 지역에 사는 사람들은 동물의 가죽이나 털로 만든 옷을 입고 생활함.

② 음식을 먹는 방법

숟가락과 젓가락을 사용하여 음식을 먹음.

포크와 나이프를 사용하여 음식을 먹음.

③ 집의 모습

덥고 비가 많이 오는 지역에서는 더위와 습기를 피하기 위해서 수상 가옥에서 생활함.

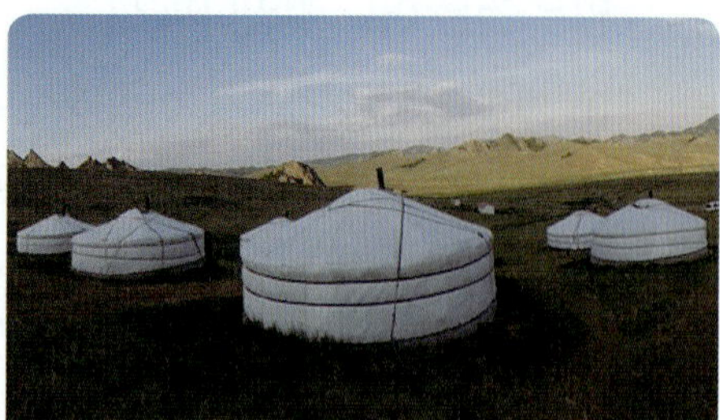

건조하고 초원이 많은 지역에서는 나무와 천으로 만든 이동식 집에서 생활함.

2 우리 사회의 다양한 문화

(1) 한 사회 안의 다양한 문화 → 세계 여러 나라에는 서로 다른 문화가 있어요.

① 문화는 한 사회 안에서도 다양하게 나타납니다.

② 문화는 나라, 지역, *세대 등에 따라 그 모습이 다양하게 나타납니다. ➕

교과서 **대표 자료**　우리 사회의 다양한 문화 모습

외국인 *이주민, 반려동물과 함께 사는 사람, 1인 가구가 증가하면서 우리 사회에는 다양한 문화가 확산되고 있습니다.

(2) 오늘날 우리 사회에 여러 가지 문화가 나타나는 까닭

① 오늘날 다른 나라와의 교류가 활발해지고 있기 때문입니다.

② 오늘날 사람들의 생활 모습이 점점 다양해지고 있기 때문입니다.

➕ **세계 여러 나라의 학교 문화**

· 중국에서는 매년 9월에 새 학기를 시작합니다.

· 독일의 초등학교에서는 독일어, 수학, 영어, 종교 등의 과목을 배웁니다.

· 미국에서는 선생님과 학생이 인사할 때 서로 이름을 부르며 악수합니다.

 같은 사회에서 살아가는 사람들도 즐기는 음식, 놀이, 옷차림 등이 서로 다를 수 있어요

용어 사전

★ **세대** 같은 시대에 살면서 공통의 의식을 가지는 비슷한 연령층의 사람 전체.

★ **가구** 주거와 생계를 함께하는 집단.

★ **이주민** 다른 곳으로 옮겨 가서 사는 사람.

1
단원

5회

핵심만 한번 더 쓰면서 정리 !

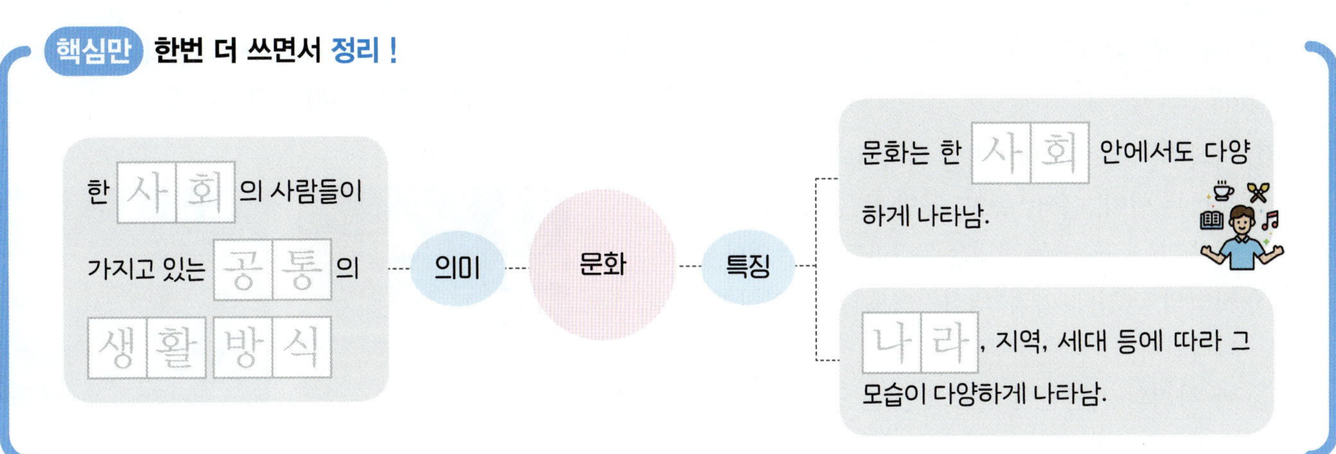

핵심 체크

1 한 사회의 사람들이 가지고 있는 공통의 생활 방식을 무엇이라고 합니까?

2 옷차림, 음식을 먹는 방법, 집의 모습과 같은 (　　　)와/과 관련된 생활 모습은 문화의 대표적인 예시입니다.

3 문화는 한 사회 안에서 그 모습이 (똑같이 , 다양하게) 나타납니다.

4 오늘날 다른 나라와의 (　　　)이/가 활발해지고 있기 때문에 우리 사회에 여러 가지 문화가 나타납니다.

📖 8종 공통

5 다음 (　　) 안에 공통으로 들어갈 말을 쓰시오.

> • 문화는 (　　　)뿐만 아니라 언어, 음악, 미술, 종교, 규범 등을 포함합니다.
> • (　　　)와/과 관련된 생활 모습은 사람들이 가진 공통된 생활 방식의 대표적인 사례입니다.

(　　　　　　　　　　)

📖 8종 공통

6 문화에 대한 설명으로 알맞지 <u>않은</u> 것은 어느 것입니까? (　　　)

① 의식주는 문화의 대표적인 예시이다.
② 문화는 언어, 음악, 종교, 규범 등을 포함한다.
③ 여가 활동을 즐기는 방법은 문화라고 할 수 없다.
④ 지역의 환경에 따라 의식주 문화는 다양하게 나타난다.
⑤ 한 사회의 사람들이 가지고 있는 공통의 생활 방식을 말한다.

미래엔, 아이스크림 외

7 지역의 환경에 따라 볼 수 있는 옷차림을 선으로 알맞게 연결하시오.

(1) 추운 지역　•

(2) 햇볕이 강한 지역　•

•㉠ 

•㉡

비상교육, 아이스크림 외

8 덥고 비가 많이 오는 지역에서 더위와 습기를 피하기 위해 만든 집을 골라 ○표 하시오.

(1) 

(2) 

(　　　)　　　　(　　　)

📖 8종 공통

9 문화에 대한 설명으로 알맞은 것에 ○표, 알맞지 않은 것에 ×표 하시오.

(1) 세계 여러 나라에는 서로 다른 문화가 있습니다.

(   )

(2) 오늘날 우리 사회에는 동일한 문화가 확산되고 있습니다.

(   )

디지털 문해력 아이스크림, YBM 외

10 다음 블로그 글을 읽고 알 수 있는 내용으로 알맞은 것을 (보기)에서 골라 기호를 쓰시오.

세계 여러 나라의 학교 문화 알아보기

👧 20△△년 △△월 △△일

　세계 여러 나라의 문화는 서로 비슷한 점도 있고, 다른 점도 있어요. 오늘은 세계 여러 나라의 학교 문화에 대해서 알아볼까요?

　한국은 매년 3월에 새 학기가 시작되지만, 이웃 나라인 중국에서는 매년 9월에 새 학기가 시작된다고 해요. 미국에서는 선생님과 학생이 인사할 때 서로 이름을 부르며 악수를 해요. 또한 독일의 초등학교 수업 시간에는 독일어, 수학, 영어, 종교 등의 과목을 배워요.

(보기)

㉠ 세계 여러 나라의 학교 문화는 모두 똑같다.

㉡ 독일의 초등학교 수업 시간에는 종교를 배운다.

㉢ 중국에서는 선생님께 인사할 때 선생님의 이름을 부르며 악수를 한다.

(   )

---

11 문화의 특징을 알맞게 말한 친구를 골라 ○표 하시오.

(1)   (2)

(   )   (   )

📖 8종 공통

12 오늘날 우리 사회의 다양한 문화에 대한 설명으로 알맞은 것에 ○표 하시오.

(1) 다른 나라의 음식을 먹을 기회가 많이 없습니다.

(   )

(2) 편의점에서 1인 가구를 위한 상품을 구매합니다.

(   )

서술형 📖 8종 공통

13 오늘날 우리 사회에 여러 가지 문화가 나타나는 까닭을 쓰시오.

____

도움말 오늘날 우리 사회에서 나타나는 여러 가지 문화가 어떻게 퍼졌을지 떠올려 봐요.

학습 결과에 색칠하세요.   

개념 학습

문화의 확산이 우리 사회에 미친 영향

➕ **우리나라의 외국인 이주민 수**

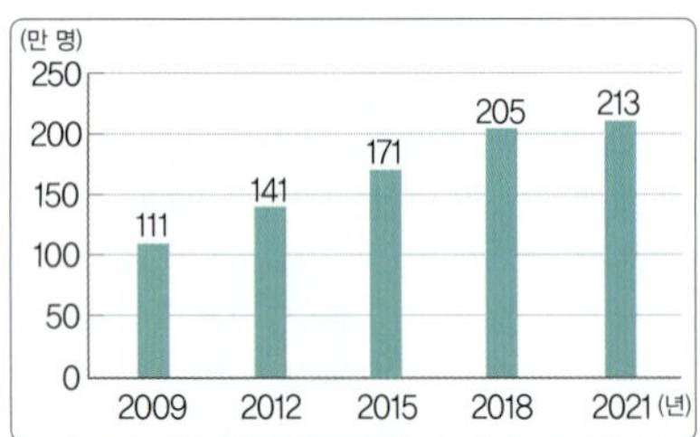

세계화의 영향으로 우리나라에 사는 외국인 이주민의 수는 늘어나고 있습니다.

1 외국인 이주민의 증가 ➕

(1) **외국인 이주민의 의미**: 외국에서 태어나서 살다가 우리나라로 옮겨 와서 사는 사람을 말합니다.

(2) **우리나라에 사는 외국인 이주민이 늘어난 까닭**

① 우리나라에서 일자리를 얻었거나 얻기 위해 온 경우가 많아졌기 때문입니다.

② 우리나라에서 공부하기 위해 온 사람들이 많아졌기 때문입니다.

③ 우리나라 사람과 결혼을 하였기 때문입니다.

(3) **외국인 이주민 증가에 따른 영향** →언어, 종교, 출신 지역 등이 다양한 사람들과 함께하는 문화가 널리 퍼지고 있어요.

우리 주변에서 여러 나라의 음식점을 쉽게 찾아볼 수 있음.

외국인 *노동자들이 우리나라에서 일하면서 경제 발전을 도움.

↳외국인 이주민이 참여하는 다양한 행사에서 여러 나라의 문화를 체험할 수 있어요.

2 1인 가구의 증가

(1) **1인 가구의 의미**: 부모나 자녀, 형제 등과 같이 살지 않고 혼자 사는 경우를 말합니다. ➕

(2) **우리나라의 1인 가구가 늘어난 까닭**

① 가족에게서 독립하여 혼자 사는 사람들이 많아졌기 때문입니다.

② 고령화 사회로 들어서면서 혼자 사는 노인의 수가 많아졌기 때문입니다.

③ 결혼에 관한 사람들의 생각이 변화하여 *비혼을 선택하는 사람들이 있기 때문입니다.

(3) **1인 가구 증가에 따른 영향** →원룸과 같이 혼자 사는 사람들이 살기 적합한 집이 많아졌어요.

➕ **우리나라의 1인 가구 수**

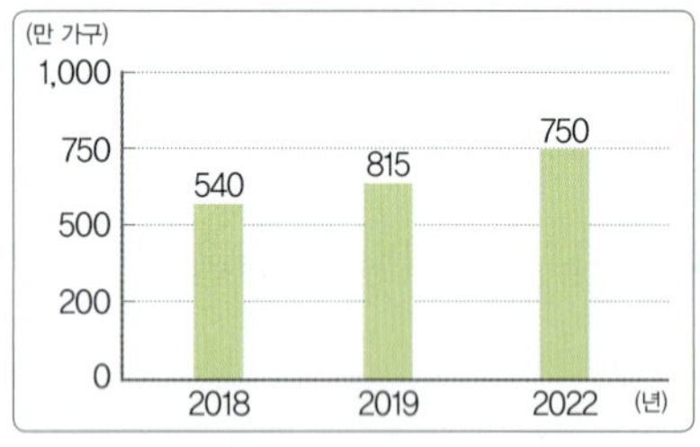

• 우리나라의 1인 가구 수는 점점 늘어나고 있습니다.
• 1인 가구는 2020년을 기준으로 우리나라에서 가장 많은 가구 형태입니다.

혼자 사는 사람에게 알맞은 상품과 서비스가 많아졌음.

혼자 사는 사람들이 함께 모여 취미 활동을 즐기고 관계를 형성함.

용어 사전

★ **노동자** 일을 하여 그 값으로 받은 돈으로 생활을 하는 사람.

★ **비혼** 결혼하지 않고 살아가는 것.

3 반려동물*양육의 증가

(1) **반려동물의 의미:** 사람과 더불어 살아가며 친밀감과 안정감을 주는 동물을 말합니다.

(2) **우리나라에 반려동물과 함께 사는 사람이 많아진 까닭**

① 1인 가구가 늘어나고 생활 수준이 높아졌기 때문입니다.

② 반려동물을 좋아하는 사람이 많아졌기 때문입니다.

③ 반려동물에게서 정서적 안정과 위로를 얻는 사람이 많아졌기 때문입니다.

(3) **반려동물 양육 증가에 따른 영향** → 반려동물에게 필요한 물건을 사고파는 활동이 늘어났어요.

반려동물과 관련 있는 직업을 가진 사람들이 많아졌음. ➕

반려동물과 여가 활동을 즐기고, *화목한 생활을 하는 데 도움을 얻음.

4 우리 사회에 다양한 문화가 함께하면 좋은 점 ➕

➕ **반려동물과 관련 있는 직업**

- 동물 병원에서 반려동물의 건강을 돌보는 수의사
- 반려동물의 문제 행동을 교정하는 반려동물 훈련사
- 반려동물의 미용과 청결을 관리하는 반려동물 미용사

➕ **다양한 문화로 나타나는 모습**

- 외국인 이주민의 증가로 다양한 나라의 물건과 음식을 파는 곳이 많아졌습니다.
- 1인 가구의 증가로 자유롭게 사는 삶의 모습이 나타납니다.
- 반려동물 양육의 증가로 반려동물과 관련 있는 문화가 널리 퍼졌습니다.

용어 사전

★ **양육** 아이를 보살펴 기르고 키우는 것.

★ **화목** 서로 뜻이 맞고 정다움.

★ **풍요롭다** 마음이 만족할 정도로 여유가 있음.

★ **성숙** 경험이나 습관이 쌓여 익숙해짐.

핵심만 한번 더 쓰면서 **정리 !**

핵심 체크

1 외국인 (　　　)은/는 외국에서 태어나서 살다가 우리나라로 옮겨 와서 사는 사람을 말합니다.

2 (　　　)은/는 부모나 자녀, 형제 등과 같이 살지 않고 혼자 사는 경우를 말합니다.

3 오늘날에는 수의사와 같은 (　　　)와/과 관련 있는 직업이 많아졌습니다.

4 우리 사회에 다양한 (　　　)이/가 함께하면 일상생활이 더욱 풍요로워집니다.

아이스크림, 천재교과서(김) 외

5 다음 (　　　) 안에 들어갈 알맞은 말을 골라 ○표 하시오.

> 세계화의 영향으로 우리나라에서 사는 외국인 이주민의 수는 (늘어나고 , 줄어들고) 있습니다.

서술형 　■ 8종 공통

6 외국인 이주민 증가에 따른 영향을 한 가지만 쓰시오.

____

도움말 외국인 이주민 증가에 따라 우리 사회에 나타난 변화를 생각해 보세요.

■ 8종 공통

7 다음 (　　　) 안에 들어갈 알맞은 말은 어느 것입니까? (　　　)

> 우리나라의 (　　　) 수가 늘어나는 까닭
> • 고령화 사회로 들어서면서 혼자 사는 사람들이 많아지고 있기 때문입니다.
> • 결혼에 관한 사람들의 생각이 변화하며 비혼을 선택하는 사람들이 있기 때문입니다.

① 노인　　　② 어린이　　　③ 초등학생
④ 1인 가구　　　⑤ 외국인 이주민

■ 8종 공통

8 1인 가구 증가에 따른 영향을 알맞게 말한 친구를 골라 이름을 쓰시오.

> • 한영: 외국에서 온 사람들이 우리나라에서 일자리를 구해요.
> • 민주: 혼자 사는 사람에게 알맞은 상품과 서비스가 많아졌어요.

(　　　　　　　)

디지털 문해력 비상교육, 아이스크림 외

9 다음 웹툰의 제목으로 알맞은 것에 ◯표 하시오.

(1) 반려동물 레오와 함께하는 생활　（　　　）
(2) 나 혼자 잘 사는 은서의 만화 일기　（　　　）

■ 8종 공통

10 다음 （　　） 안에 공통으로 들어갈 말을 쓰시오.

> （　　　　）은/는 사람과 더불어 살아가며 친밀감과 안정감을 주는 동물을 말합니다. 1인 가구가 늘어나고 생활 수준이 높아지면서 （　　　）와/과 함께 사는 사람들이 늘어나고 있습니다.

（　　　　　　　　）

■ 8종 공통

11 반려동물 양육 증가에 따른 영향으로 알맞은 것을 〈보기〉에서 모두 골라 기호를 쓰시오.

> 〈보기〉
> ㉠ 반려동물과 함께 화목한 생활을 하는 데 도움을 얻는다.
> ㉡ 반려동물에게서 정서적 불안정을 얻는 사람이 많아졌다.
> ㉢ 반려동물과 관련 있는 직업을 가진 사람들이 많아졌다.

（　　　　　　　　）

1 단원
6 회

■ 8종 공통

12 우리 사회에 다양한 문화가 함께하면 좋은 점으로 알맞지 <u>않은</u> 것은 어느 것입니까? （　　　）

① 우리 사회가 성숙해진다.
② 우리의 일상생활이 풍요로워진다.
③ 우리가 누릴 수 있는 문화가 많아진다.
④ 다른 나라의 문화를 무조건 따르게 된다.
⑤ 우리가 선택할 수 있는 문화가 많아진다.

■ 8종 공통

13 다양한 문화로 나타나는 모습에 대한 설명으로 알맞은 것에 ◯표, 알맞지 <u>않은</u> 것에 ×표 하시오.

(1) 최근 결혼하는 사람이 늘어나면서 1인 가구 수가 줄어들고 있습니다.　（　　　）
(2) 1인 가구의 증가로 자유롭게 사는 삶의 모습이 나타납니다.　（　　　）

학습 결과에 색칠하세요.　  

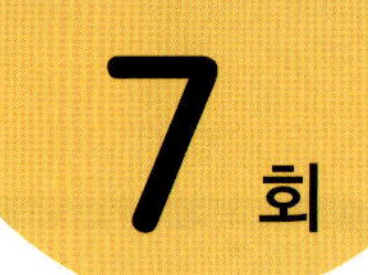

다양한 문화의 확산으로 나타난 문제

➕ 외국인 이주민에 대한 편견과 차별

종교적인 이유로 돼지고기를 먹지 않는 것을 *편식한다며 비난합니다.

자신과 다른 옷차림을 보고 수군거리거나 옆자리로 피합니다.

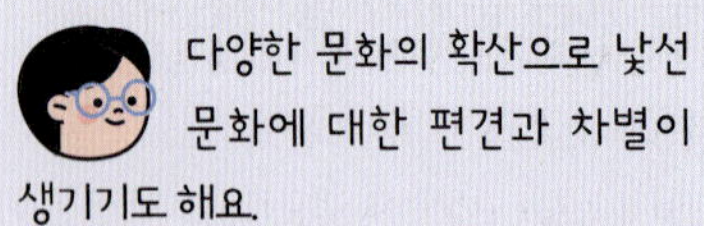
다양한 문화의 확산으로 낯선 문화에 대한 편견과 차별이 생기기도 해요.

용어 사전

✳ **출신** 태어났을 당시 가정이 속하여 있던 사회적 신분.

✳ **부당** 이치에 맞지 아니함.

✳ **대우** 어떤 사회적 관계나 태도로 대하는 일.

✳ **편식** 어떤 특정한 음식만을 가려서 즐겨 먹음.

✳ **비난** 남의 잘못이나 결점을 책잡아서 나쁘게 말함.

1 편견과 차별

(1) 편견과 차별의 의미

편견	다른 사람이나 문화에 대한 정확한 정보 없이 한쪽으로 치우친 생각이나 의견 →편견 때문에 차별이 나타나요.
차별	정당한 이유 없이 어떤 기준을 두어 대상을 구별하고 다르게 대우하는 것 →남녀, 나이, 장애, 임신, 출산에 대한 차별 등이 있어요.

(2) 편견과 차별의 문제점

① 편견과 차별은 우리가 함께 어울려 살아가는 것을 어렵게 합니다.

② 편견을 가지고 차별을 하면 사람들이 자신의 능력을 발휘하지 못하고 사회 발전이 늦어질 수 있습니다.

2 문화의 확산으로 우리 사회에 나타난 문제

(1) 외국인 이주민의 증가로 나타난 문제 ➕

① 종교, 언어, 피부색, *출신 지역 등이 다르다는 이유로 *부당한 대우를 받는 사람들이 있습니다. →자신이 믿는 종교에 따라 돼지고기나 소고기를 먹지 않는 문화가 있어요.

② 이주 노동자들을 포함한 외국인 이주민들이 한국어를 잘 못 한다는 이유로 차별받고 있습니다.

교과서 대표 자료 문화에 대한 편견

• 편견은 서로의 입장을 이해하는 것을 방해합니다.

• 문화는 문화마다 고유한 가치가 있으므로 서로의 문화를 편견과 차별 없이 바라보아야 합니다.

(2) 1인 가구의 증가로 나타난 문제

① 1인 가구의 건강과 안전 문제가 발생합니다.

② 비혼을 선택한 사람들을 편견의 시선으로 바라봅니다. ➕

혼자 사는 사람이 외로움이나 불안감을 느끼는 경우가 있음.

아프거나 *위급한 상황일 때 혼자서 대처하기 어려울 수 있음.

(3) 반려동물 양육의 증가로 나타난 문제

① 버려지는 반려동물의 수가 늘어나고 있습니다. ➕

② 반려동물 관리를 *소홀히 하여 반려동물이 사람을 공격하거나 물건을 파손하는 등의 문제가 발생하기도 합니다.

반려동물 때문에 이웃과 갈등이 생기는 경우가 있음.

버려지는 동물로 인한 여러 가지 문제가 발생함.

➕ 비혼을 바라보는 부정적 시선

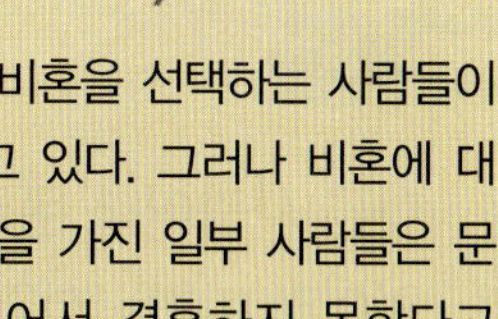

최근 비혼을 선택하는 사람들이 늘어나고 있다. 그러나 비혼에 대한 편견을 가진 일부 사람들은 문제가 있어서 결혼하지 못한다고 생각하거나 혼자 사는 것은 외롭고 불행한 일이라고 여긴다.

비혼을 선택하는 사람들을 편견을 가지고 부정적으로 바라보는 사람들도 있습니다.

1단원 7회

➕ 버려지는 동물이 늘어나는 이유

- 반려동물을 키우는 사람들의 책임감이 부족합니다.
- 반려동물이 아플 때 치료비가 부담되어서 버립니다.
- 반려동물이 스스로 집 밖으로 나와 길을 잃어버립니다.
- 집을 오랫동안 비우면 반려동물을 관리하기 어려워서 버립니다.

용어 사전

★ **위급**　몹시 위태롭고 급함.

★ **소홀히**　대수롭지 않다고 여겨서 아무렇게나.

핵심만 한번 더 쓰면서 **정리 !**

편견
다른 사람이나 문화에 대한 정확한 정보 없이 한쪽으로 치우친 생각이나 의견

차별
정당한 이유 없이 어떤 기준을 두어 대상을 구별하고 다르게 대우하는 것

편견과 차별

문화의 확산으로 나타난 문제

외국인 이주민에 대한 **차별**

1인 가구의 건강과 **안전** 문제

반려동물로 인한 **이웃** 간의 갈등

문제 학습

1 다른 사람이나 문화에 대한 정확한 정보 없이 한쪽으로 치우친 생각이나 의견을 무엇이라고 합니까?

2 종교, 언어, 피부색, 출신 지역 등이 (같다 , 다르다)는 이유로 부당한 대우를 받는 사람들이 있습니다.

3 (   )은/는 아프거나 위급한 상황일 때 혼자서 대처하기 어려울 수 있습니다.

4 오늘날 우리 사회에는 버려지는 반려동물의 수가 (늘어나고 , 줄어들고) 있습니다.

■ 8종 공통

5 다음 (   ) 안에 들어갈 알맞은 말은 어느 것입니까? (   )

> 정당한 이유 없이 어떤 기준을 두어 대상을 구별하고 다르게 대우하는 것을 (   )(이)라고 하는데, 편견 때문에 (   )이/가 나타납니다.

① 배려　　　② 사랑　　　③ 이해
④ 존중　　　⑤ 차별

■ 8종 공통

6 차별에 대한 설명으로 알맞지 <u>않은</u> 것은 어느 것입니까? (   )

① 편견 때문에 차별이 나타난다.
② 나와 다른 사람을 차별하는 것은 당연하다.
③ 나이에 대한 차별, 장애에 대한 차별 등이 있다.
④ 정당한 이유 없이 어떤 기준을 두어 대상을 구별하고 다르게 대우하는 것이다.
⑤ 우리 주변에는 종교, 언어, 피부색 등이 다르다는 이유로 부당한 대우를 받는 사람들이 있다.

서술형 ■ 8종 공통

7 편견과 차별의 문제점을 한 가지만 쓰시오.

____

도움말 편견과 차별의 의미를 생각해 보고, 어떤 문제점이 있는지 떠올려 보세요.

동아출판, 아이스크림 외

8 다음 그림을 보고 현수가 하는 말의 (   ) 안에 들어갈 알맞은 말을 쓰시오.

(   )

9 다음 ( ) 안에 공통으로 들어갈 말을 쓰시오.

▣ 8종 공통

위의 그림은 문화에 대한 ( )의 모습을 보여줍니다. ( )은/는 서로의 입장을 이해하는 것을 방해합니다.

( )

▣ 8종 공통

10 1인 가구의 증가로 나타난 문제를 알맞게 말한 친구를 골라 이름을 쓰시오.

- 영진: 반려동물이 사람을 공격하는 문제가 발생해.
- 주현: 출신 지역이 다르다는 이유로 부당한 대우를 받아.
- 현진: 아프거나 위급한 상황일 때 대처하기 어려울 수 있어.

( )

미래엔, 비상교육 외

11 다음 글을 읽고 알 수 있는 사실로 알맞은 것에 ○표 하시오.

최근 비혼을 선택하는 사람들이 늘어나고 있다. 그러나 비혼에 대한 편견을 가진 일부 사람들은 문제가 있어서 결혼하지 못한다고 생각하거나 혼자 사는 것은 외롭고 불행한 일이라고 여긴다.

⑴ 모든 사람들이 비혼을 선택한 사람들을 존중합니다. ( )
⑵ 비혼을 선택한 사람들을 편견을 가지고 부정적으로 바라보는 사람들도 있습니다. ( )

디지털 문해력 ▣ 8종 공통

12 다음 뉴스 대본을 읽고, 뉴스에서 다루는 주제로 알맞은 것에 ○표 하시오.

- 강병주 기자: 네. 저는 지금 ☆☆시에 있는 한 유기견 보호소에 나와 있습니다. 이곳에는 매일매일 버려지는 동물들이 구조되어 들어오고 있습니다.
- 아나운서: 하지만 보호소에서도 관리할 수 있는 동물의 수가 정해져 있지 않나요?
- 강병주 기자: 네. 그렇습니다. 버려지는 동물들이 점점 늘어나면서 보호소에서도 제대로 된 관리가 어려운 것이 현실입니다.

⑴ 반려동물 양육의 긍정적 영향 ( )
⑵ 반려동물 양육 증가로 나타난 문제 ( )

▣ 8종 공통

13 반려동물의 양육 증가로 나타난 문제로 알맞지 <u>않은</u> 것은 어느 것입니까? ( )

① 반려동물이 물건을 파손하는 문제가 발생한다.
② 반려동물이 사람을 공격하는 문제가 발생한다.
③ 주인이 반려동물 관리에 소홀한 문제가 발생한다.
④ 반려동물 때문에 이웃과 갈등이 생기는 경우가 있다.
⑤ 반려동물로부터 정서적 안정과 위로를 얻는 경우가 많아졌다.

학습 결과에 색칠하세요.   

다양한 문화를 존중하는 방법

➕ 문화의 확산으로 나타난 문제를 해결하기 위한 우리 사회의 노력

- 다양한 문화가 한 사회 안에서 잘 어우러지도록 여러 가지 교육 활동 및 캠페인을 벌입니다.
- 다문화 축제와 같이 서로 다른 나라의 문화를 즐길 기회를 제공합니다.
- 다양한 사람들이 함께하는 데 도움을 줄 수 있는 지원을 하고, 필요한 제도와 법을 마련합니다.

1 문화의 확산으로 나타난 문제를 해결하기 위한 노력

(1) 외국인 이주민과 함께 살아가기 위한 노력 ➕

① 학교에서 다양한 문화를 이해하는 교육을 합니다.

② 외국인 이주민에게 도움을 주기 위해 다양한 언어로 정보를 제공합니다.

서로의 문화를 체험해 보는 행사를 *개최함.

한국어에 서툰 외국인에게 원활한 의사소통을 지원함.

(2) 1인 가구와 함께 살아가기 위한 노력

① 혼자 사는 사람들이 안전하고 편안하게 살 수 있도록 지원합니다.

② 혼자 사는 사람들이 사회에서 *소외되지 않도록 프로그램을 운영합니다.

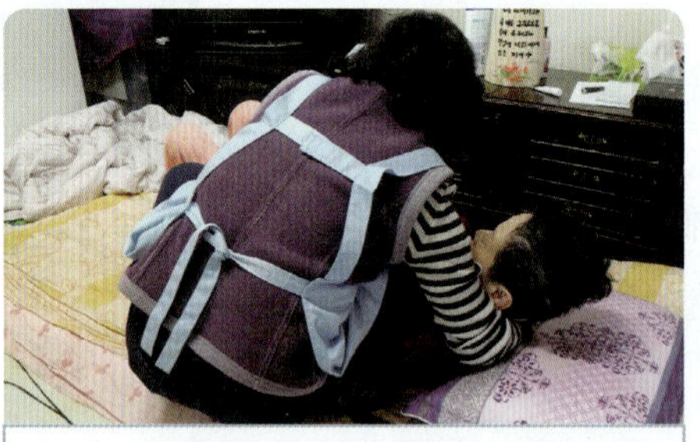
혼자 병원에 가기 어려운 1인 가구를 위한 병원 *동행 서비스를 제공함.

1인 가구를 위한 취미 생활, 요리, 운동 등의 프로그램을 운영함.

➕ 반려동물 산책 예절

- 반려견과 산책할 때는 목줄을 채우고, 입마개를 착용시킵니다.
- 길에서 만난 반려동물을 함부로 만지는 행동은 예의에 어긋나는 것이며, 안전을 위해서도 하면 안 되는 행동입니다.

(3) 반려동물을 키우는 사람들과 함께 살아가기 위한 노력

① 반려동물과 함께 사는 데 필요한 법을 만들어 시행합니다.

② 버려지거나 보호가 필요한 동물을 보살필 수 있는 기관을 운영합니다.

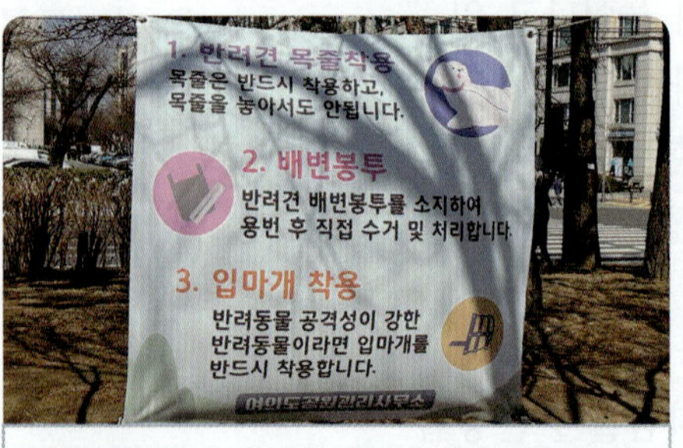

반려동물과 함께 공공장소에 있을 때 지켜야 할 예절을 실천함. ➕

버려진 반려동물이 새로운 주인을 만날 수 있도록 돕는 동물 보호 센터를 운영함.

용어 사전

✱ **개최** 모임이나 회의 따위를 주최하여 엶.

✱ **소외** 어떤 집단에 끼이지 못하고 따돌림을 당하는 것.

✱ **동행** 같이 길을 감.

2 나와 다른 문화를 대하는 바람직한 태도 ➕

① 다른 문화를 편견 없이 바라보고, 나의 문화와 마찬가지로 다른 문화를 소중히 대합니다.

② 나와 다른 문화를 가진 사람들의 어려움에 관심을 가집니다.

③ 다른 문화에 대한 편견을 갖지 않고 차별하지 않습니다.

④ 다양한 문화가 함께 발전하기 위해서는 서로 다른 문화를 *존중하는 태도가 필요합니다.

교과서 대표 자료 다양한 문화를 대하는 올바른 태도

다양한 문화를 존중하기 위해서는 서로 다른 문화의 차이를 인정하고 이해하는 태도를 가져야 합니다.

➕ *공익 광고

다양한 문화를 존중하는 태도를 기를 수 있도록 공익 광고를 만들어 널리 알립니다.

용어 사전

★ **존중** 높이어 귀중하게 대함.

★ **강요** 억지로 또는 강제로 요구함.

★ **공익 광고** 기업이나 단체가 공공의 이익을 목적으로 하는 광고.

핵심만 한번 더 쓰면서 정리 !

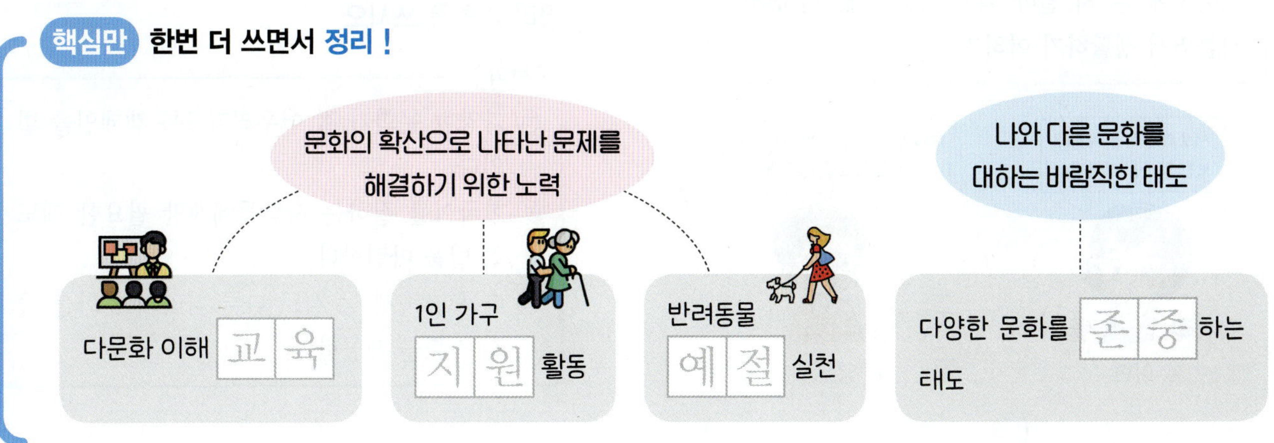

핵심 체크

1 외국인 이주민에게 도움을 주기 위해 다양한 (　　　　)(으)로 정보를 제공합니다.

2 혼자 병원에 가기 어려운 1인 가구를 위한 병원 (　　　　) 서비스를 제공합니다.

3 반려동물과 함께 사는 데 필요한 (　　　　)을/를 만들어 시행합니다.

4 다양한 문화가 함께 발전하기 위해서는 서로 다른 문화를 (존중 , 차별)하는 태도가 필요합니다.

📖 8종 공통

5 다음 (　　　) 안에 들어갈 알맞은 말을 쓰시오.

> 외국인 이주민과 함께 살아가기 위한 노력으로 학교에서 다양한 문화를 이해하는 (　　　)을/를 합니다.

(　　　　　　　　　)

📖 8종 공통

6 다음 제시된 외국인 이주민의 어려움에 대한 해결 방안을 알맞게 말한 친구를 골라 이름을 쓰시오.

> 한국에 온 지 얼마 되지 않았는데, 한국어에 서툴러서 생활하기 어려워요.

(　　　　　　　　　)

📖 8종 공통

7 혼자 사는 사람들과 함께 살아가기 위한 노력으로 알맞은 것에 ◯표 하시오.

⑴ 서로 다른 문화를 체험해 보는 행사를 개최합니다. (　　　)

⑵ 1인 가구를 위한 취미 생활 프로그램을 운영합니다. (　　　)

📖 8종 공통

8 문화의 확산으로 나타난 문제를 해결하기 위한 우리 사회의 노력으로 알맞은 것을 (보기)에서 모두 골라 기호를 쓰시오.

> **(보기)**
> ㉠ 다양한 문화가 잘 어우러지도록 캠페인을 벌인다.
> ㉡ 한국어를 잘하는 사람들에게만 필요한 제도와 법을 마련한다.
> ㉢ 다문화 축제 등 서로 다른 나라의 문화를 즐길 기회를 제공한다.

(　　　　　　　　　)

📖 8종 공통

9 반려동물을 키우는 사람들과 함께 살아가기 위한 노력으로 알맞은 것을 골라 ◯표 하시오.

(1)

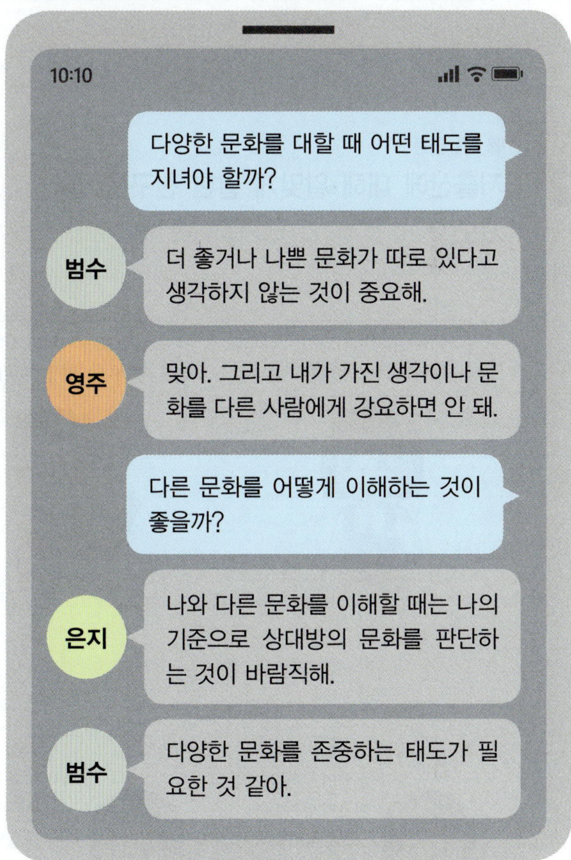

▲ 병원 동행 서비스를 제공합니다.

(　　　)

(2)

▲ 동물 보호 센터를 운영합니다.

(　　　)

서술형 **아이스크림, 천재교과서(김) 외**

10 반려동물과 산책할 때 지켜야 할 예절을 쓰시오.

____

도움말 반려동물이 사람을 공격하거나 물건을 파손하는 등의 문제가 발생하지 않도록 할 수 있는 방법을 생각해 보세요.

📖 8종 공통

11 다음 (　　　) 안에 공통으로 들어갈 말을 쓰시오.

> 다양한 문화가 함께 발전하기 위해서는 서로 다른 문화를 (　　　　)하는 태도가 필요합니다. (　　　　)이란 높이어 귀중하게 대하는 것을 말합니다.

(　　　　　　　　　)

동아출판, 비상교육 외

12 다음 글의 밑줄 친 '이것'은 무엇인지 쓰시오.

> <u>이것</u>은 기업이나 단체가 공공의 이익을 목적으로 하는 광고입니다. 다양한 문화를 존중하는 태도를 기를 수 있도록 <u>이것</u>을 만들어 널리 알립니다.

(　　　　　　　　　)

디지털 문해력 **📖 8종 공통**

13 다음 대화를 읽고, 다양한 문화를 대하는 올바른 태도에 대해 <u>잘못</u> 말한 친구를 골라 이름을 쓰시오.

(　　　　　　　　　)

학습 결과에 색칠하세요.

1 사회 변화로 달라진 사람들의 생활 모습으로 알맞지 <u>않은</u> 것은 어느 것입니까? (   )

① 노인을 위한 시설이 많아졌다.
② 일하는 할아버지, 할머니가 늘어났다.
③ 새로운 기술이 생겨나 생활이 편리해졌다.
④ 옛날보다 학교의 학생 수와 학급 수가 늘어났다.
⑤ 스마트폰이나 컴퓨터를 이용해 물건을 구매한다.

📖 8종 공통

2 저출산에 대해 알맞게 말한 친구를 골라 ◯표 하시오.

📖 8종 공통

3 다음 그래프를 보고 알 수 있는 사실로 알맞은 것은 어느 것입니까? (   )

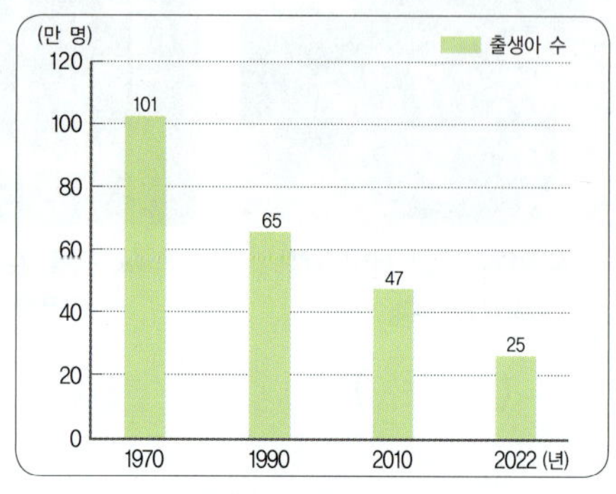

▲ 우리나라 출생아 수 변화

① 노인 인구가 점점 줄어들고 있다.
② 노인 인구가 점점 늘어나고 있다.
③ 출생아 수가 점점 늘어나고 있다.
④ 고령화 현상이 점점 더 심해지고 있다.
⑤ 저출산 현상이 점점 더 심해지고 있다.

서술형 📖 8종 공통

4 다음 신문 기사를 읽고 알 수 있는 점을 쓰시오.

☆☆신문   20△△년 △△월 △△일

**고령화 현상 심화,
일하는 60대 인구가 20대 인구 넘어서**

우리 사회의 고령화 현상이 갈수록 심해지면서 일하는 60대 인구가 20대 인구보다 많아졌다. 현재 60대 인구 10명 중 6명은 일을 하고 있다. 60대가 계속 일하고 싶은 이유는 사회 활동을 계속하고 싶고, 생활비를 벌기 위해서라고 답하였다. 우리 사회의 고령화 현상이 계속되면, 노인을 위한 일자리가 더 많아질 것으로 보인다.

5
우리 사회의 변화로 달라진 모습 중 나머지 넷과 그 원인이 <u>다른</u> 하나는 어느 것입니까? (　　　)

① 문을 닫는 학교가 늘어나고 있다.
② 가족 구성원 수가 줄어들고 있다.
③ 출산을 도와주는 병원이 점점 사라지고 있다.
④ 미래에 일을 할 수 있는 젊은 사람들이 줄어들고 있다.
⑤ 노인 전문 병원, 노인정 등 노인 전문 시설이 생겨나고 있다.

6 다음 (　　　) 안에 공통으로 들어갈 말을 쓰시오.

> • (　　　)은/는 사람처럼 정보를 익히고 처리하여 다양한 상황에 적용할 수 있는 기능을 가진 컴퓨터 시스템입니다.
> • (　　　)은/는 많은 양의 정보를 빠르고 정확하게 처리합니다.

(　　　　　　　　　)

7 지능정보화로 달라진 모습으로 알맞은 것을 골라 ○표 하시오.

(1)　　　　　　　　(2)

(　　　)　　　　(　　　)

8
저출산에 대응하는 방안으로 알맞은 것을 두 가지 고르시오. (　　　)

① 노인 일자리 제공
② 사이버 범죄 감시
③ 저작권 보호 교육
④ 육아 휴직 제도 운영
⑤ 아이 돌봄 서비스 지원

9 다음 글에 나타난 문제에 대응하는 방안을 알맞게 말한 친구를 골라 ○표 하시오.

> 총인구에서 65세 이상 인구가 차지하는 비율이 점점 늘어나고 있습니다. 2030년 이후에는 14세 이상 인구는 계속 줄어들고, 65세 이상 인구는 더욱 늘어날 것입니다.

(　　　)　　　　(　　　)

10
세계화에 대응하는 방안으로 알맞은 것을 (보기)에서 골라 기호를 쓰시오.

> (보기)
> ㉠ 우리나라의 문제에만 관심을 갖는다.
> ㉡ 다른 나라의 생활 양식을 무조건 따른다.
> ㉢ 각 나라의 전통적인 생활 양식을 소중하게 여긴다.

(　　　　　　　　　)

8종 공통

11 문화에 대해 알맞게 말한 친구를 골라 ○표 하시오.

(1) (　　　)　　　(2) (　　　)

서술형 8종 공통

12 오늘날 우리 사회에 여러 가지 문화가 나타나는 까닭은 무엇인지 쓰시오.

____

____

아이스크림, 천재교과서(김) 외

13 다음 그래프와 관련된 사회 변화에 대해 알맞게 말한 친구를 골라 이름을 쓰시오.

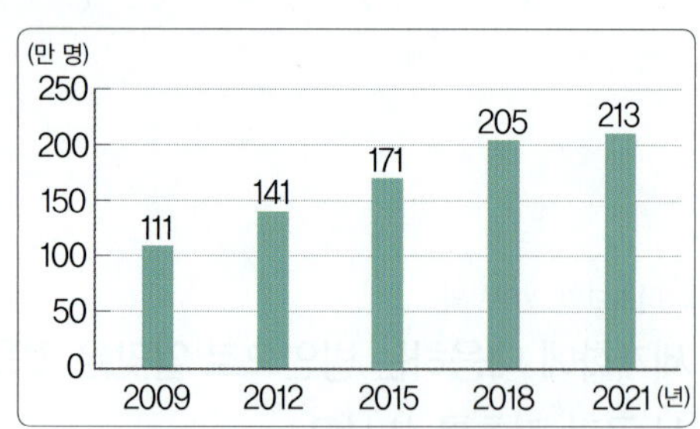

▲ 우리나라의 외국인 이주민 수

• 유진: 우리나라에 일자리를 얻으러 오는 외국인의 수는 점점 줄어들고 있어.
• 나연: 우리 주변에서 여러 나라의 음식점을 쉽게 찾아볼 수 있어.

(　　　　　　　　　)

8종 공통

14 다음 (　　　) 안에 공통으로 들어갈 말을 쓰시오.

• (　　　　)은/는 부모나 자녀, 형제 등과 같이 살지 않고 혼자 사는 경우를 말합니다.
• 고령화 사회로 변화하면서 노인 혼자 사는 (　　　　)도 늘어나고 있습니다.

(　　　　　　　　　)

8종 공통

15 다음 글의 밑줄 친 '이것'은 무엇인지 쓰시오.

이것은 사람과 더불어 살아가며 친밀감과 안정감을 주는 동물을 말합니다. 우리나라에 1인 가구가 늘어나고 생활 수준이 높아지면서 이것과 함께 사는 사람이 많아졌습니다.

(　　　　　　　　　)

16 다음 그림에 나타난 모습으로 알맞은 것을 두 가지 고르시오. (   )

▲ 종교적인 이유로 돼지고기를 먹지 않는 것을 편식한다며 비난합니다.

▲ 자신과 다른 옷차림을 보고 수군거리거나 옆자리로 피합니다.

① 배려   ② 이해   ③ 존중
④ 차별   ⑤ 편견

17 다음 밑줄 친 부분에 들어갈 내용으로 알맞지 <u>않은</u> 것은 어느 것입니까? (   )

> 우리 주변에는 ___________________
> 는 이유로 사람들과 사회로부터 부당한 대우를 받는 사람들이 있습니다.

① 종교가 다르다
② 피부색이 다르다
③ 비슷한 생각을 한다
④ 출신 지역이 다르다
⑤ 사용하는 언어가 다르다

18 다양한 문화를 대하는 올바른 태도로 알맞은 것에 ○표, 알맞지 <u>않은</u> 것에 ×표 하시오.

(1) 나의 문화를 상대방에게 강요하지 않아야 합니다.
(   )

(2) 어떤 문화가 더 좋고, 나쁜지 따지며 비교해야 합니다.
(   )

(3) 나의 기준으로 상대방의 문화를 함부로 판단하지 않아야 합니다.
(   )

|19~20| 다음 자료를 보고, 물음에 답하시오.

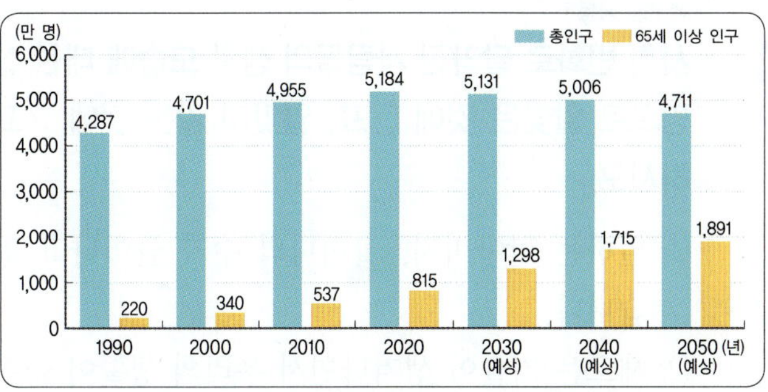

▲ 우리나라 총인구와 65세 이상 인구의 변화

19 위의 자료를 보고, 물음에 답하시오.

(1) 위 자료의 가로축과 세로축이 나타내는 것은 무엇인지 각각 쓰시오.

　ㄱ 가로축: (   )
　ㄴ 세로축: (   )

(2) 위 자료를 보고 알 수 있는 우리나라의 사회 변화를 쓰시오.

(   )

20 위의 자료를 통해 알 수 있는 변화로 달라진 사회 모습을 한 가지 쓰시오.

____

____

학습 결과에 색칠하세요.   

■ 8종 공통

1 사회 변화로 달라진 사람들의 생활 모습에 대한 설명으로 알맞은 것에 ○표, 알맞지 <u>않은</u> 것에 ×표 하시오.

⑴ 일하는 할아버지, 할머니의 수가 늘어나고 있습니다. ( )

⑵ 새로운 기술이 생겨나면서 우리의 생활이 불편해지고 있습니다. ( )

■ 8종 공통

2 다음 ( ) 안에 들어갈 알맞은 말은 어느 것입니까? ( )

> 오늘날 우리 사회는 태어나는 아이의 수가 ( ) 현상인 저출산이 점점 더 심해지고 있습니다.

① 높아지는 ② 늘어나는
③ 유지되는 ④ 줄어드는
⑤ 증가하는

■ 8종 공통

⭐ **3** 저출산으로 달라진 사회 모습으로 알맞지 <u>않은</u> 것을 두 가지 고르시오. ( )

① 가족의 구성원 수가 줄어들고 있다.
② 문을 닫는 학교가 생기고 있지는 않다.
③ 출산을 도와주는 병원이 사라지고 있다.
④ 학생 수가 줄어드는 학교가 늘어나고 있다.
⑤ 저출산은 우리 경제에는 영향을 미치지 않는다.

■ 8종 공통

4 다음 ( ) 안에 공통으로 들어갈 사회 변화를 쓰시오.

☆☆신문　　　20△△년 △△월 △△일

**( ) 현상 심화,
일하는 60대 인구가 20대 인구 넘어서**

　우리 사회의 ( ) 현상이 갈수록 심해지면서 일하는 60대 인구가 20대 인구보다 많아졌다. 현재 60대 인구 10명 중 6명은 일을 하고 있다. 60대가 계속 일하고 싶은 이유는 사회 활동을 계속하고 싶고, 생활비를 벌기 위해서라고 답하였다. 우리 사회의 ( ) 현상이 계속되면, 노인을 위한 일자리가 더 많아질 것으로 보인다.

( )

서술형 **■ 8종 공통**

5 고령화로 달라진 사회 모습을 두 가지 쓰시오.

____

____

____

동아출판, 아이스크림 외

6 다음 그림과 같이 인공지능을 활용한 다양한 기술이 사회 전반에 영향을 미치는 현상을 무엇이라고 하는지 쓰시오.

(　　　　　　　)

아이스크림, YBM 외

7 세계화의 긍정적 영향으로 알맞은 것을 (보기)에서 모두 골라 기호를 쓰시오.

（보기）
㉠ 우리나라의 생활 양식이 다른 나라 사람들에게 알려지기도 한다.
㉡ 여러 나라를 이동하는 사람이 많아지면서 감염병이 전 세계로 빠르게 퍼질 수 있다.
㉢ 전 세계 사람들의 생활 양식이 비슷해지면서 각 나라의 전통 생활 양식이 약해지고 있다.
㉣ 우리나라에서 만든 물건이 세계 여러 나라에서 팔리고, 우리나라의 회사가 전 세계로 진출한다.

(　　　　　　　)

📖 8종 공통

8 고령화에 대응하는 방안으로 알맞지 <u>않은</u> 것은 어느 것입니까? (　　　　)

① 노인 연금 확대　　　② 육아 휴직 확대
③ 요양 서비스 확대　　④ 노인 일자리 지원
⑤ 노인 의료 서비스 제공

| 9～10 | 다음 (보기)를 보고, 물음에 답하시오.

（보기）
㉠ 고령화　　　　　㉡ 세계화
㉢ 저출산　　　　　㉣ 지능정보화

📖 8종 공통

9 다음과 같은 대응 방안은 어떤 사회 변화에 대응하기 위한 것인지 위 (보기)에서 골라 기호를 쓰시오.

(　　　　　　　)

📖 8종 공통

10 다음과 같은 노력이 필요한 사회 변화를 위 (보기)에서 골라 기호를 쓰시오.

• 인터넷에 주어진 정보가 정확한지 확인하는 습관을 가집니다.
• 다른 사람이 만든 창작물을 허락 없이 내려받지 않습니다.

(　　　　　　　)

📖 8종 공통

11 다음 (　　　) 안에 공통으로 들어갈 말을 쓰시오.

• (　　　　)은/는 한 사회의 사람들이 가지고 있는 공통의 생활 방식을 말합니다.
• (　　　　)은/는 의식주와 관련된 생활 모습뿐만 아니라 인사법이나 놀이, 여가 활동을 즐기는 방법 등도 포함합니다.

(　　　　　　　)

| 12~13 | 다음 집의 모습을 보고, 물음에 답하시오.

ⓐ   ⓑ

 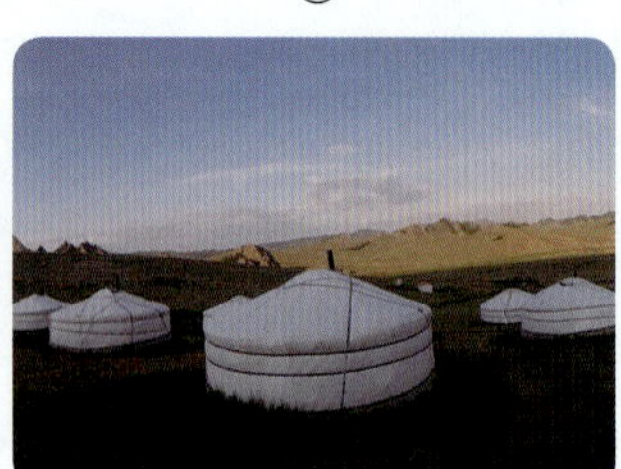

📖 8종 공통

12 위 ㉠, ㉡에 대한 설명으로 알맞지 <u>않은</u> 것은 어느 것입니까? ( )

① ㉠은 물 위에 지은 집이다.

② ㉡은 나무와 천으로 만든 집이다.

③ ㉡은 이동을 쉽게 하기 위해 지은 집이다.

④ ㉠은 더위와 습기를 피하기 위해 지은 집이다.

⑤ ㉠, ㉡과 같이 사는 집의 모습은 문화라고 할 수 없다.

서술형 📖 8종 공통

13 위 ㉠, ㉡을 통해 알 수 있는 문화의 특징을 한 가지만 쓰시오.

____

____

📖 8종 공통

14 최근 우리 사회에 나타난 문화에 대한 설명으로 알맞은 것에 ○표, 알맞지 <u>않은</u> 것에 ×표 하시오.

(1) 고령화 사회로 들어서면서 1인 가구가 늘어나고 있습니다. ( )

(2) 우리나라에 사는 외국인 이주민들이 줄어들고 있습니다. ( )

(3) 반려동물을 기르는 사람들이 늘어나면서 반려동물과 관련된 다양한 문화가 생겨나고 있습니다. ( )

📖 8종 공통

15 문화의 확산이 우리 사회에 미친 긍정적인 영향을 (보기)에서 골라 알맞게 짝지은 것은 어느 것입니까? ( )

(보기)
㉠ 편견과 차별로 인해 부당한 대우를 받는다.
㉡ 외국인 노동자들이 우리나라의 경제 발전을 돕는다.
㉢ 반려동물 때문에 이웃과 갈등이 생기는 경우가 있다.
㉣ 사람들이 누리고 선택할 수 있는 문화가 많아진다.

① ㉠, ㉡ ② ㉠, ㉢ ③ ㉡, ㉢
④ ㉡, ㉣ ⑤ ㉢, ㉣

📖 8종 공통

16 우리 사회에서 차별이 나타나는 까닭으로 알맞은 것은 어느 것입니까? ( )

① 서로를 존중하기 때문에

② 공정하게 생각하기 때문에

③ 편견을 가지고 있기 때문에

④ 상대방의 입장에서 생각하기 때문에

⑤ 한쪽으로 치우치지 않는 생각을 하려고 노력하기 때문에

8종 공통

17 1인 가구와 함께 살아가기 위한 노력으로 알맞은 것을 (보기)에서 모두 골라 기호를 쓰시오.

(보기)

㉠ 다양한 문화를 체험해 보는 행사를 개최한다.
㉡ 취미 생활, 요리, 운동 등의 프로그램을 운영한다.
㉢ 반려동물과 함께 사는 데 필요한 법을 만들어 시행한다.
㉣ 혼자 사는 사람들이 안전하고 편안하게 살 수 있도록 지원한다.

(   )

8종 공통

18 다양한 문화를 대하는 올바른 태도를 알맞게 말한 친구를 모두 골라 ◯표 하시오.

(1) (   ) (2) (   )
(3) (   ) (4) (   )

| 19~20 | 다음 자료를 보고, 물음에 답하시오.

☆☆신문   20△△년 △△월 △△일

인터넷에서 개인 정보 유출 문제 심각

인터넷에서 개인 정보가 담긴 이미지나 동영상 파일 등이 노출되고 있다. 노출된 개인 정보는 이름, 나이, 성별, 집 주소, 전화번호, 주민 등록 번호 등으로 다양했다. 개인 정보 노출은 여러 가지 문제를 일으킬 수 있다고 전문가들은 경고했다.

8종 공통

19 위의 자료를 보고, 물음에 답하시오.

(1) 위의 자료를 통해 알 수 있는 사회 변화는 무엇인지 쓰시오.

(   )

(2) 위의 자료에 나타난 문제점은 무엇인지 쓰시오.

____

____

서술형 8종 공통

20 위의 자료에 나타난 문제점에 대응하는 방안은 무엇인지 쓰시오.

____

____

____

학습 결과에 색칠하세요.   

2 옛날과 오늘날의 생활 모습

1 옛날과 오늘날의 풍습

2 교통의 변화로 달라진 생활 모습

3 통신수단의 변화로 달라진 생활 모습

● 이번에 배울 내용

회차	단원	쪽수	학습 내용	학습 주제
1 회	1 옛날과 오늘날의 풍습	50~53쪽	개념+문제 학습	옛날의 일상생활 속 풍습
2 회		54~57쪽	개념+문제 학습	옛날과 오늘날의 풍습 비교하기
3 회		58~61쪽	개념+문제 학습	옛날의 세시 풍속
4 회		62~65쪽	개념+문제 학습	옛날과 오늘날의 세시 풍속 비교하기
5 회		66~69쪽	개념+문제 학습	옛날 사람들이 즐겼던 놀이
6 회	2 교통의 변화로 달라진 생활 모습	70~73쪽	개념+문제 학습	옛날의 교통수단
7 회		74~77쪽	개념+문제 학습	오늘날의 교통수단
8 회		78~81쪽	개념+문제 학습	교통의 발달로 달라진 생활 모습
9 회		82~85쪽	개념+문제 학습	교통의 변화와 미래의 생활 모습
10 회	3 통신수단의 변화로 달라진 생활 모습	86~89쪽	개념+문제 학습	옛날의 통신수단
11 회		90~93쪽	개념+문제 학습	오늘날의 통신수단
12 회		94~97쪽	개념+문제 학습	통신수단의 발달로 달라진 생활 모습
13 회		98~101쪽	개념+문제 학습	통신수단의 변화와 미래의 생활 모습
14 회	단원 마무리	102~105쪽	기출 마무리 평가	단원 마무리 문제, 수행 평가
15 회		106~109쪽	실전 마무리 평가	단원 마무리 문제, 수행 평가

풍습

옛날부터 전해져 내려오는 고유한 생활 모습이나 습관

세시 풍속

명절에 하는 일, 먹는 음식, 입는 옷, 즐기는 놀이 등 해마다 일정한 때에 반복하는 우리 고유의 풍습

교통수단

사람이 다른 곳으로 이동하거나 물건을 옮길 때 사용하는 방법이나 도구

통신수단

사람들이 서로 소식이나 정보를 주고받을 때 사용하는 방법이나 도구

➕ 두레와 품앗이

두레	한꺼번에 많은 일손이 필요한 농사일을 함께하려고 만든 마을의 공동 조직
품앗이	한 집에서 하기에 일손이 모자란 일들을 서로 돌아가면서 돕는 것

옛날 사람들은 농사일이나 집안일을 하면서 여러 사람의 힘이 필요할 때는 서로 도우며 살았습니다.

➕ 옛날의 다양한 풍습

백일	아기가 태어난 지 100일이 되면, 이를 축하하며 잔치를 했음.
관례	남자와 여자가 결혼하기 전에 하던 성인식으로 관례를 마치면 어른으로 대하였음.
혼례	성인이 된 남자와 여자가 부부가 되는 예식으로, 주로 집안 어른들이 정한 사람과 결혼 하였음.

🟧 용어 사전

✴ **세시 풍속** 해마다 일정한 때에 되풀이하는 풍습.

✴ **금줄** 부정한 것의 침범이나 접근을 막기 위해 문이나 신성한 대상물에 매는 새끼줄.

✴ **돌잡이** 돌잔치에서 쌀, 붓, 활, 돈, 실 등을 펼쳐 놓고 아이에게 골라잡게 하여 아이의 장래를 점치는 일.

✴ **예상** 어떤 일을 직접 당하기 전에 미리 생각하여 둠.

1 풍습

(1) 풍습의 의미

① 옛날부터 전해져 내려오는 고유한 생활 모습이나 습관을 말합니다. ➕

② 풍습에는 해마다 일정한 때에 되풀이하는 세시 풍속도 있습니다.

(2) 우리가 경험한 일상생활 속 풍습

생일	매년 생일날에 미역국을 먹음.
돌잔치	아기가 태어난 지 1년 되는 날에 돌잔치를 열고, 많은 사람이 모여 축하해 줌.
결혼식	결혼식에 많은 사람이 모여 축하해 줌.
김장	겨울이 다가오면 여럿이 모여 겨울 동안 먹을 김치를 담그고 나눔.

▲ 생일　　　　▲ 돌잔치

▲ 김장

2 옛날의 일상생활 속 여러 가지 풍습

➕ → 옛날 사람들은 살아가는 동안 출생, 혼례, 장례와 같이 중요한 일이 있을 때 서로 축하하거나 위로하며 마음을 나눴어요.

(1) 출생

① 옛날에는 아기가 태어나면 산모와 아기의 건강을 바라는 마음을 담고, 나쁜 기운을 막기 위해 21일 동안 대문에 금줄을 쳤습니다.

② 신에게 아기를 안전하게 지켜달라고 기도했습니다.

▲ 금줄

(2) 첫돌

① 첫 번째 생일인 첫돌 때는 아기가 아프지 않고 오래 살기를 바라는 마음이 담긴 음식을 먹으며 잔치를 했습니다.

② 돌잡이에서 아이가 어떤 물건을 손으로 잡느냐에 따라 아이의 미래를 예상했습니다.

교과서 대표 자료　옛날 돌잔치에 담긴 소망 ➕

- 옛날 돌잔치 상을 살펴보면, 옛날 사람들의 소망을 알 수 있습니다.
- 붓과 벼루, 돈, 쌀, 실은 돌잡이에 사용하는 물건입니다.

(3) *회갑

① 회갑에는 부모님이 60년 동안 건강하게 사신 것을 축하하기 위해 생신상을 크게 차려 잔치를 했습니다.

② 부모님이 오래 건강하게 사시기를 빌었습니다.

(4) 장례

① 장례는 사람이 죽으면 땅에 묻는 예식을 말합니다.

② 장례를 치르며 남은 가족들을 위로하고, 죽은 사람의 복을 빌었습니다. ➕

➕ **옛날과 오늘날의 돌상 비교하기**

옛날부터 이어져 오는 것	백설기, 붉은 경단, 돈, 실 등
오늘날 새롭게 추가된 것	청진기, 의사봉, 마이크 등

➕ **옛날 풍습에 담긴 사람들의 마음**

- 옛날의 일상생활 속 풍습에는 기쁨과 슬픔을 나누며 서로 돕고 사는 우리 조상들의 마음이 담겨 있습니다.
- 우리 조상들은 기쁜 일이나 슬픈 일이 있을 때 축하하거나 위로하며 서로 마음을 나누고 돕고 살았습니다.

2단원 / 1회

용어 사전

★ **경단**　찹쌀가루나 찰수수 따위의 가루를 반죽하여 동그랗게 빚어 끓는 물에 삶아 낸 후 고물을 묻힌 떡.

★ **회갑**　육십갑자의 '갑'으로 되돌아온다는 뜻으로, 만 60세가 되는 해를 이르는 말.

핵심만 한번 더 쓰면서 정리 !

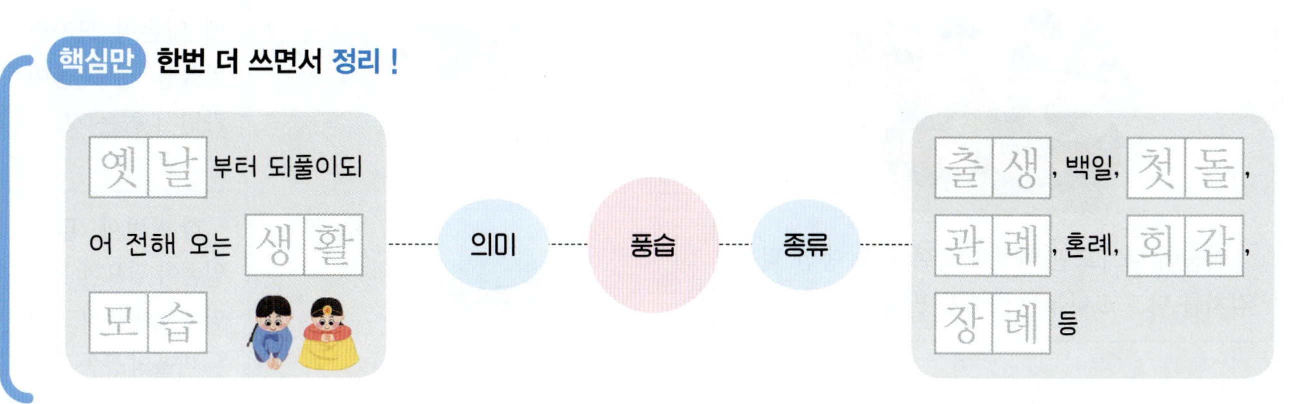

문제 학습

1 옛날부터 전해져 내려오는 고유한 생활 모습이나 습관을 무엇이라고 합니까?

2 풍습에는 해마다 일정한 때에 되풀이하는 (   )도 있습니다.

3 첫 번째 생일인 (   ) 때는 아기가 아프지 않고 오래 살기를 바라는 마음이 담긴 음식을 먹으며 잔치를 했습니다.

4 (   )에는 부모님이 60년 동안 건강하게 사신 것을 축하했습니다.

📘 8종 공통

5 다음 (   ) 안에 들어갈 알맞은 말을 쓰시오.

> 매년 생일날에 미역국을 먹는 것, 돌잔치에 많은 사람이 모여 축하해 주는 것처럼 옛날부터 전해져 내려오는 생활 모습이나 생활 습관을 (   )(이)라고 합니다.

(   )

📘 동아출판, 아이스크림 외

6 다음에서 설명하는 것은 무엇인지 쓰시오.

> 겨울이 다가오면 여럿이 모여 겨울 동안 먹을 김치를 담그고 나누는 풍습을 말합니다.

(   )

📘 8종 공통

7 다음 글의 밑줄 친 '이것'은 무엇인지 쓰시오.

> 아기가 태어나면 산모와 아기의 건강을 바라며 대문에 21일 동안 이것을 쳐서 나쁜 기운을 막았습니다.

(   )

📘 8종 공통

8 옛날의 일상생활 속 풍습과 설명을 선으로 알맞게 연결하시오.

(1) 두레 • 　 • ㉠ 한 집에서 하기에 일손이 모자란 일들을 서로 돌아가면서 돕는 것

(2) 품앗이 • 　 • ㉡ 한꺼번에 많은 일손이 필요한 농사일을 함께하려고 만든 마을의 공동 조직

디지털 문해력 📖 8종 공통

9 다음 SNS를 보고, 알 수 있는 돌잡이에 대한 설명으로 알맞은 것에 ◯표 하시오.

⑴ 돌상에 올라간 물건을 골라잡게 하여 아이의 과거를 점쳤습니다. (   )

⑵ 어떤 물건을 손으로 잡느냐에 따라 아이의 미래를 예상했습니다. (   )

📖 8종 공통

10 돌잔치에 차린 물건과 물건에 담긴 소망을 알맞게 짝지은 것은 어느 것입니까? (   )

① 돈 – 현명한 사람이 되길 바라는 마음

② 실 – 잘 먹고 건강하게 살길 바라는 마음

③ 백설기 – 아이로부터 나쁜 기운을 쫓는 마음

④ 붉은 경단 – 깨끗하고 순수하게 자라길 바라는 마음

⑤ 붓과 벼루 – 지혜롭고 현명한 사람이 되길 바라는 마음

📖 8종 공통

11 다음 (   ) 안에 들어갈 알맞은 말에 ◯표 하시오.

⑴ (백일 , 첫돌)은 아기의 첫 번째 생일을 말합니다.

⑵ (관례 , 혼례)는 남자와 여자가 결혼하기 전에 하던 성인식을 말합니다.

📖 8종 공통

12 회갑에 대해 알맞게 말한 친구를 골라 ◯표 하시오.

(1)   (2)

(   )   (   )

서술형 📖 8종 공통

13 옛날 풍습에는 우리 조상들의 어떤 마음이 담겨 있는지 쓰시오.

____

도움말 옛날 사람들은 살아가는 동안 중요한 일이 있을 때 어떻게 했는지 떠올려 보세요.

학습 결과에 색칠하세요.   

➕ **나무 기러기**

기러기는 죽을 때까지 사랑을 지키는 새로 알려져 있습니다. 나무 기러기는 신랑과 신부가 오래도록 함께 행복하게 사는 것을 의미합니다.

➕ **오늘날 결혼식 모습**

▲ 야외 결혼식

▲ 결혼식장 결혼식

▲ 이색 결혼식

옛날과 달리 결혼식 장소와 방법, 결혼식에서 입는 옷이 다양해졌습니다.

---

❶ 옛날과 오늘날의 결혼 풍습

(1) 옛날의 결혼 풍습

❶ 신부의 집으로 이동하기	• 신랑은 혼례를 치르기 위해 신부의 집으로 말을 타고 감. • 신랑은 나무로 만든 기러기를 가지고 갔음. ➕
❷ 혼례 치르기	• 신랑이 나무 기러기를 신부 측에 건네주면 혼례가 시작됨. • 신랑과 신부는 전통 혼례복을 입고 혼례를 치름.
❸ 신랑의 집으로 이동하기	혼례가 끝나면 신부의 집에서 며칠 동안 머무른 후 신랑은 말을, 신부는 가마를 타고 신랑의 집으로 감.
❹ 폐백 드리기	• 신랑의 집에 도착한 신부는 신랑의 집안 어른들께 첫인사로 폐백을 드림. • 폐백은 결혼식을 마치고 신부가 처음으로 신랑 부모나 신랑 쪽 어른들을 뵐 때 *큰절을 올리는 것을 말함.

교과서 대표 자료 옛날의 결혼 모습

(2) 오늘날의 결혼 풍습 ➕

❶ 결혼식	• 신랑은 *턱시도를, 신부는 웨딩드레스를 입고 결혼식을 함. • 신랑과 신부는 반지를 주고받으며 평생 함께할 것을 약속함.
❷ 사진 찍기	결혼을 축하하기 위해 모인 사람들과 축하와 감사의 인사를 나누고 기념사진을 찍음.
❸ 폐백 드리기	• 전통 혼례복을 입고 양쪽 집안 어른들께 폐백을 드리기도 함. • 모든 결혼식에서 폐백을 드리지는 않음.
❹ 신혼여행	결혼식이 끝나면 신랑과 신부는 신혼여행을 떠남.

용어 사전

✱ **큰절** 앉으면서 허리를 굽혀 공손하게 하는 절.

✱ **턱시도** 남자가 입는 예복.

(3) 옛날과 오늘날의 결혼 풍습 비교하기 ➕

	옛날의 결혼식	오늘날의 결혼식
공통점	• 사람들에게 두 사람이 부부가 된 것을 알림. • 가족과 친척이 모여 신랑과 신부의 행복한 미래를 축복해 줌.	
결혼식 장소	신부의 집	결혼식장, 정원, 공원 등
입는 옷	전통 혼례복(한복)	• 신랑: 턱시도 • 신부: 웨딩드레스
주고받는 것	나무 기러기	결혼반지
결혼식 후 하는 일	신랑의 집에서 신랑의 부모님께 폐백을 드림.	• 결혼식장에 있는 폐백실에서 폐백을 드림. • 신혼여행을 감.
폐백 받는 사람	신랑 집안의 어른들	양쪽 집안의 어른들

② 옛날과 오늘날의 풍습 변화

(1) 옛날부터 오늘날까지 이어져 내려오는 풍습 ➕

백일잔치	오늘날에도 아기가 태어난 지 100일이 되는 날에 잔치를 하기도 함.
폐백	옛날에는 신랑 집안 어른들께 폐백을 드렸지만, 오늘날에는 양쪽 집안 어른들께 폐백을 드리기도 함.
회갑잔치	오늘날에도 만 60세가 되는 해의 생일에 잔치를 함.
생일	옛날부터 오늘날까지 생일에는 미역국을 먹음.

(2) 옛날 풍습 중 오늘날 사라져 가는 풍습

금줄 치기	오늘날에는 아기가 태어나도 거의 금줄을 치지 않음.
관례	옛날에 어른이 될 때 남자는 *상투를 틀고 *관을 썼으며, 여자는 머리를 올리고 비녀를 꽂았지만, 오늘날에는 관례를 거의 치르지 않음.

➕ **폐백에서 대추와 밤**

폐백 때 어른들은 신랑과 신부의 절을 받은 후 신부의 치마에 대추나 밤을 던져줍니다. 이는 '자식을 많이 낳고 부자가 되어라.'라는 의미입니다.

➕ **장례 풍습의 변화**

• 옛날에는 주로 시신을 땅에 묻는 매장을 했지만, 오늘날에는 시신을 화장하여 납골당에 모시는 경우가 많아지고 있습니다.
• 오늘날에는 시신을 화장 후 나무 밑에 묻는 수목장이나, 화장 후 바다에 뿌리는 해양장 등과 같은 자연장을 하기도 합니다.

용어 사전

★ **상투**　성인이 된 남자가 머리를 위로 틀어 올려 동그랗게 묶은 모양의 머리.

★ **관**　검은 머리카락이나 말총으로 엮어 만든 쓰개.

핵심만 **한번 더 쓰면서 정리 !**

옛날부터 결혼식을 하는 <u>풍 습</u> 은 이어져 오고 있지만, 오늘날 결혼식 모습은 다양해졌음.

결혼 풍습의 변화

옛날과 오늘날의 풍습 변화

오늘날까지 이어져 내려오는 풍습
<u>백 일 잔 치</u> , 폐백, 회갑 잔치 등

오늘날 사라져 가는 풍습
금줄 치기, <u>관 례</u> 등

핵심 체크

1 옛날에는 신랑이 혼례를 치르기 위해 신부의 집으로 (　　　)을/를 가지고 갔습니다.

2 옛날에는 신랑과 신부가 (웨딩드레스, 전통 혼례복)을/를 입고 혼례를 치루었습니다.

3 옛날부터 오늘날까지 이어져 내려오는 풍습인 (　　　)잔치는 만 60세가 되는 해의 생일잔치를 의미합니다.

4 아기가 태어날 때 치는 (　　　)이나 성인이 될 때 하는 관례 등은 오늘날 사라져 가는 풍습입니다.

미래엔, 아이스크림 외

5 다음 ㉠~㉣을 옛날의 결혼식 순서에 맞게 기호를 쓰시오.

> ㉠ 신랑과 신부가 함께 신랑의 집으로 갑니다.
> ㉡ 신랑이 혼례를 치르기 위해 신부의 집으로 갑니다.
> ㉢ 신랑과 신부가 전통 혼례복을 입고 혼례를 치릅니다.
> ㉣ 신부는 신랑의 집안 어른들께 폐백을 드립니다.

(　　　) → (　　　) → (　　　) → (　　　)

미래엔, 아이스크림 외

6 다음에서 설명하는 것은 무엇입니까? (　　　)

> 결혼식을 마치고 신부가 처음으로 신랑 부모나 신랑 쪽 어른들을 뵐 때 큰절을 올리는 것

① 주례　　　　② 폐백
③ 결혼반지　　④ 신혼여행
⑤ 회갑잔치

아이스크림, 지학사 외

7 전통 혼례에서 신랑이 신부에게 다음과 같은 물건을 주었던 까닭은 무엇입니까? (　　　)

① 부자가 되자는 의미로
② 자식을 많이 낳자는 의미로
③ 부모님께 효도하자는 의미로
④ 오래도록 함께 행복하게 살자는 의미로
⑤ 나라에 보탬이 되는 사람이 되자는 의미로

아이스크림, 지학사 외

8 다음 ㉠, ㉡에 들어갈 알맞은 이동 수단을 쓰시오.

> 옛날에는 혼례를 치르고 신부의 집에서 며칠을 지낸 후에 신랑은 (　㉠　)을/를, 신부는 (　㉡　)을/를 타고 신랑의 집으로 갔습니다.

㉠ (　　　　　　　), ㉡ (　　　　　　　)

8종 공통

9 옛날과 오늘날 결혼식의 공통점을 두 가지 고르시오. (   )

① 신혼여행을 간다.
② 결혼반지를 주고받는다.
③ 신랑과 신부를 축복해 준다.
④ 턱시도를 입고 결혼식을 올린다.
⑤ 많은 사람에게 두 사람의 결혼을 알린다.

아이스크림, 천재교과서(김) 외

10 옛날과 오늘날의 결혼식 모습에서 달라진 점이 아닌 것은 어느 것입니까? (   )

① 결혼식 때 입는 옷
② 결혼식 후 하는 일
③ 결혼식을 하는 장소
④ 결혼식을 할 때 주고받는 것
⑤ 신랑과 신부를 축하해 주는 마음

서술형 미래엔, 아이스크림 외

11 옛날부터 오늘날까지 이어져 내려오는 풍습을 한 가지 쓰고, 무엇을 하는지 쓰시오.

____

도움말 내가 경험한 풍습 중에서 옛날부터 이어져 오는 것을 떠올려 보세요.

디지털 문해력 **8종 공통**

12 다음 누리집의 글을 읽고, 알 수 있는 사실을 알맞게 말한 친구를 골라 ○표 하시오.

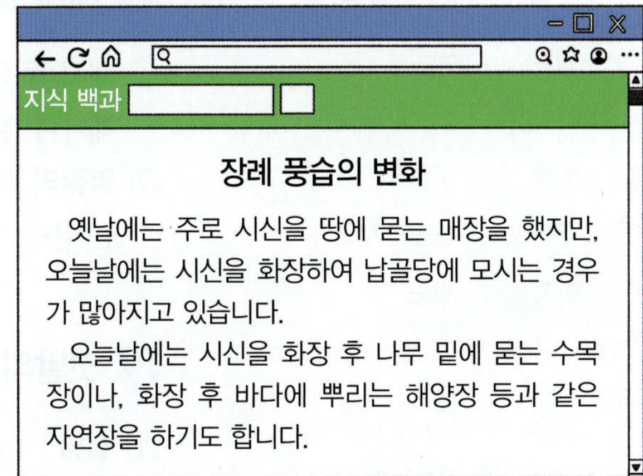

장례 풍습의 변화

옛날에는 주로 시신을 땅에 묻는 매장을 했지만, 오늘날에는 시신을 화장하여 납골당에 모시는 경우가 많아지고 있습니다.

오늘날에는 시신을 화장 후 나무 밑에 묻는 수목장이나, 화장 후 바다에 뿌리는 해양장 등과 같은 자연장을 하기도 합니다.

(1)   (2)

(   )   (   )

미래엔, 지학사 외

13 다음에서 설명하는 옛날 풍습은 무엇인지 쓰시오.

• 남자와 여자가 결혼하기 전에 하던 성인식을 말합니다.
• 남자는 상투를 틀고 관을 썼으며, 여자는 머리를 올리고 비녀를 꽂았습니다.

(   )

학습 결과에 색칠하세요.   

개념 학습 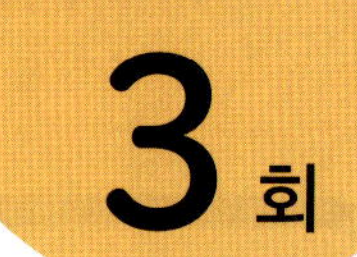 **3**회

옛날의 세시 풍속

➕ 세시 풍속에 따라 먹는 음식

설날	떡국
정월 대보름	오곡밥과 부럼
삼복	닭백숙
추석	송편과 토란국
동지	팥죽

➕ 달집태우기와 쥐불놀이 모습

▲ 달집태우기

▲ 쥐불놀이

용어 사전

* **음력** 달의 모양 변화를 기준으로 하여 한 달의 날짜를 세는 방법.
* **차례** 주로 명절과 조상의 생일 아침에 간단히 지내는 집안의 제사.
* **성묘** 조상의 산소를 찾아가 돌봄.
* **부럼** 정월 대보름날 이른 아침에 한 해의 건강을 비는 뜻에서 먹는 호두, 땅콩 등의 딱딱한 열매.

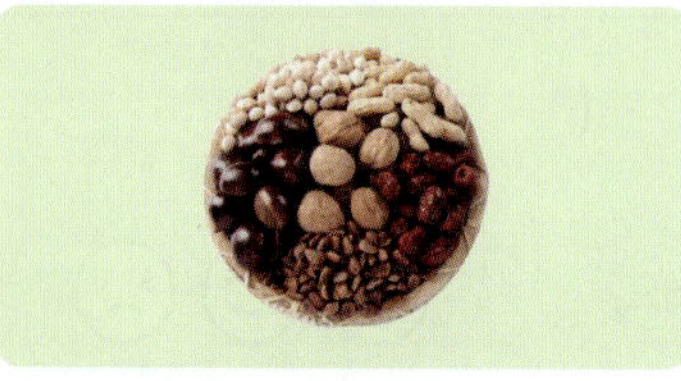

1 세시 풍속

① **세시 풍속의 의미:** 명절에 하는 일, 먹는 음식, 입는 옷, 즐기는 놀이 등 해마다 일정한 때에 반복하는 우리 고유의 풍습을 말합니다. ➕

② **명절의 의미:** 설날, 추석, 정월 대보름 등 옛날부터 해마다 즐기거나 기념하는 날을 말합니다.

2 옛날의 세시 풍속 살펴보기 → 우리 조상들은 계절과 날씨에 따라 알맞은 세시 풍속을 즐겼어요.

(1) 설날

시기	*음력 1월 1일로, 새해 첫날임.
하는 일	• 조상들께 *차례를 지내고, *성묘를 했음. • 한복을 입고 웃어른께 세배를 드렸으며, 떡국을 먹었음. • 윷놀이, 제기차기, 연날리기, 널뛰기 등의 놀이를 즐겼음.

교과서 대표 자료 **설날의 세시 풍속 모습**

하는 일	▲ 세배하기	▲ 성묘하기	▲ 차례 지내기
먹는 음식	▲ 떡국	입는 옷	▲ 한복
즐기는 놀이	▲ 윷놀이	▲ 제기차기	▲ 연날리기

(2) 정월 대보름

시기	음력 1월 15일로, 새해의 첫 보름달이 뜨는 날임.
하는 일	• 풍년을 바라며 오곡밥과 나물을 먹었고, 건강을 빌며 *부럼을 깨 먹었음. • 나쁜 기운을 쫓기 위해 달집태우기, 쥐불놀이를 했음. ➕

(3) 단오 ➕ → 단오에는 여름을 시원하게 보내라고 부채를 선물하기도 했어요.

시기	음력 5월 5일로, 더위가 시작되는 시기임.
하는 일	• 수리취떡과 앵두화채를 먹었음. • 여자들은 주로 그네뛰기를 했고, 남자들은 씨름을 즐겼음. • 나쁜 기운을 쫓는다는 의미로 창포물에 머리를 감았음.

▲ 단오

(4) 삼복 → 7월과 8월 중이에요.

시기	일 년 중 가장 더운 시기인 초복, 중복, 말복을 말함.
하는 일	• 농사일을 잠시 쉬며, 영양이 풍부한 닭백숙, 육개장 등을 먹었음. • 더위를 피해 계곡이나 산으로 놀러 갔음.

▲ 삼복

(5) 추석 ➕ → 보름달 아래에서 강강술래를 하며 풍년을 기원했어요.

시기	음력 8월 15일로, '한가위'라고도 부름.
하는 일	• 한 해 동안 농사하며 거둔 곡식과 과일로 조상들께 차례를 지내고 성묘를 했음. • 송편과 토란국 등의 음식을 먹었음. • 강강술래, 줄다리기 등의 놀이를 즐겼음.

▲ 추석

(6) 동지 → 양력 12월 22~23일 무렵이에요. 옛날 사람들은 동지를 새해의 시작이라고 생각하여, '작은 설'이라고도 했어요.

시기	일 년 중 밤이 가장 길고, 낮이 가장 짧은 날임.
하는 일	• 부모님이 오래 살기를 기원하며 버선을 드렸음. • 나쁜 기운을 쫓는다는 의미로 팥죽을 먹었음.

▲ 동지

➕ 한식

- 한식은 4월 5일 무렵으로 밭에 씨를 뿌리는 시기입니다.
- 한식이 되면 조상의 산소를 찾아가 풍년을 빌며 성묘를 했습니다.
- 한식에는 불을 사용하지 않고, 차가운 음식을 먹었습니다.

➕ 중양절

- 음력 9월 9일로, 단풍이 지는 시기입니다.
- 중양절에는 단풍놀이를 하고, 국화전을 만들어 먹었습니다.

용어 사전

- ✹ **수리취떡** 산에서 자라는 풀인 수리취를 넣어 만든 수레바퀴 모양의 떡.
- ✹ **창포물** 창포의 잎과 뿌리를 우려낸 물.
- ✹ **버선** 천으로 발 모양과 비슷하게 만들어 종아리 아래까지 발에 신는 물건.

핵심만 한번 더 쓰면서 정리 !

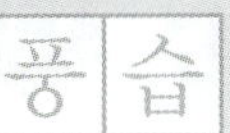

명절 에 하는 일, 먹는 음식, 입는 옷, 즐기는 놀이 등 해마다 일정한 때에 반복하는 우리 고유의 풍습	세시 풍속	명절	옛날 부터 해마다 즐기거나 기념하는 날
			설날 , 정월 대보름, 단오, 추석 등

핵심 체크

1 (　　　　)은/는 명절에 하는 일, 먹는 음식, 입는 옷, 즐기는 놀이 등 해마다 일정한 때에 반복하는 우리 고유의 풍습을 말합니다.

2 설날, 추석, 정월 대보름 등 옛날부터 해마다 즐기거나 기념하는 날을 무엇이라고 합니까?

3 음력 5월 5일로, 더위가 시작되는 시기를 무엇이라고 합니까?

4 (　　　　)은/는 일 년 중 밤이 가장 길고, 낮이 가장 짧은 날입니다.

📖 8종 공통

5 세시 풍속에 포함되지 <u>않는</u> 것은 어느 것입니까?
(　　　　)

① 명절에 입는 옷
② 명절에 하는 일
③ 명절에 먹는 음식
④ 명절에 받는 용돈
⑤ 명절에 즐기는 놀이

📖 8종 공통

6 우리나라의 명절에 해당하지 <u>않는</u> 것은 어느 것입니까? (　　　　)

① 설날　　　　② 추석
③ 한식　　　　④ 어린이날
⑤ 정월 대보름

📖 8종 공통

7 우리나라 사람들이 세시 풍속에 따라 먹는 음식을 선으로 알맞게 연결하시오.

(1) 삼복　•　　　•㉠ 팥죽

(2) 추석　•　　　•㉡ 닭백숙

(3) 동지　•　　　•㉢ 토란국

📖 8종 공통

8 설날에 하는 놀이로 알맞은 것을 골라 ◯표 하시오.

(1)　　　　　　　　(2)

▲ 제기차기　　　　▲ 쥐불놀이

(　　　　)　　　　(　　　　)

디지털 문해력 📖 8종 공통

9 다음 온라인 쇼핑몰의 광고를 보고, 정월 대보름 특집 행사에 알맞지 <u>않은</u> 상품을 골라 기호를 쓰시오.

(   )

서술형 비상교육, 천재교과서(김) 외

10 옛날 사람들이 한식에 즐겼던 세시 풍속을 쓰시오.

____

____

도움말 한식은 밭에 씨를 뿌리는 시기인 것을 떠올리며, 옛날 사람들이 무엇을 했을지 떠올려 보세요.

📖 8종 공통

11 다음과 같은 세시 풍속이 있었던 명절은 무엇입니까? (   )

- 창포물에 머리를 감았습니다.
- 수리취떡과 앵두화채를 먹었습니다.
- 여름을 시원하게 보내라고 부채를 선물했습니다.

① 단오   ② 동지   ③ 설날
④ 추석   ⑤ 한식

📖 8종 공통

12 다음과 같이 우리 조상들이 추석에 풍년을 기원하며 보름달 아래에서 했던 놀이는 무엇인지 쓰시오.

(   )

미래엔, 비상교육 외

13 동지에 대한 설명으로 알맞은 것에 ○표, 알맞지 <u>않은</u> 것에 ×표 하시오.

⑴ 나쁜 기운을 쫓는다는 의미로 팥죽을 먹었습니다.

(   )

⑵ 단풍놀이를 하고, 국화전을 만들어 먹었습니다.

(   )

⑶ 옛날 사람들은 동지를 '작은 설'이라고도 했습니다.

(   )

학습 결과에 색칠하세요.   

개념 학습

4회

옛날과 오늘날의 세시 풍속 비교하기

🟦 옛날과 오늘날의 세시 풍속 살펴보기

➕ **옛날 설날의 세시 풍속**

- *설빔을 입고 어른들께 세배를 드렸습니다.
- 윷놀이를 하며 한 해의 운세를 점치기도 했습니다.
- 복조리를 걸거나, 복주머니를 차서 복이 들어오기를 빌었습니다.
- 야광귀에게 빼앗기지 않도록 신발을 방 안에 두었습니다.

➕ **오늘날 설날의 세시 풍속**

- 다 함께 차례를 지내고 어른들께 세배를 드립니다.
- 여러 가지 전통 놀이를 체험합니다.
- 떡국과 맛있는 음식을 나누어 먹습니다.

▲ 떡국

용어 사전

⭐ **소먹이놀이** 소로 꾸민 사람들이 여러 집을 다니며 음식을 얻고 복을 빌어 주는 놀이.

⭐ **올게심니** 추석에 방문이나 벽, 기둥에 매달아 놓는 벼, 수수, 조 등의 곡식.

⭐ **설빔** 설날을 맞이하여 새로 장만해 입는 옷이나 신발.

⭐ **야광귀** 설날 밤에 아이들의 신발을 훔쳐 달아난다는 귀신.

(1) 옛날 추석의 세시 풍속 ➕ → 가족들과 함께 산에 올라 보름달을 보고 소원을 빌었어요.

조상들께 감사한 마음으로 차례를 지내고 성묘를 갔음.

마을 사람들이 모여 *소먹이놀이와 농악, 강강술래 등을 즐겼음.

그해에 새로 난 쌀로 송편을 빚어 먹었음.

*올게심니를 매달아 두고 다음 해의 풍년을 빌었음.

(2) 오늘날 추석의 세시 풍속 ➕

가족과 함께 추석을 보내려고 고향에 감.

조상들께 차례를 지내고, 성묘를 하러 감.

가족이 모여 음식을 만들거나 사 먹기도 함.

민속촌이나 박물관에 가서 다양한 세시 풍속을 체험함.

2 옛날과 오늘날의 세시 풍속 비교하기

공통점	• 가족의 건강과 복을 바라는 마음으로 세시 풍속을 즐김. • 오늘날의 세시 풍속은 달라졌지만, 가족이나 이웃과 기쁨을 함께 나누는 것은 변함없음. ➕
차이점	• 옛날에는 주로 농사와 관련된 세시 풍속을 즐겼고, 오늘날에는 설날, 추석 등 큰 명절을 중심으로 한 세시 풍속이 이어져 오고 있음. • 옛날에는 날씨와 계절에 따라 세시 풍속을 즐겼지만, 오늘날에는 여러 지역에서 축제나 체험 행사 등을 열어 일정한 날이나 계절에 상관없이 세시 풍속을 즐길 수 있음.

➕ 옛날부터 전해 내려오는 세시 풍속이 달라진 까닭

• 오늘날에는 직업의 종류가 다양해지면서 농사를 짓는 사람들이 많이 줄었기 때문입니다.

• 오늘날에는 계절별로 하던 세시 풍속을 언제든지 체험할 수 있기 때문입니다.

교과서 대표 자료　계절에 따른 옛날의 세시 풍속

옛날에는 주로 농사를 짓고 살았기 때문에 계절마다 농사와 관련된 세시 풍속이 다양했어요. 날씨와 계절의 변화는 농사를 짓는 데 매우 중요해요.

2 단원 / 4회

용어 사전

✱ **수확** 익은 농작물을 거두어들임.

✱ **직업** 생계를 유지하기 위하여 자신의 능력에 따라 일정한 기간 동안 계속하여 종사하는 일.

핵심만 한번 더 쓰면서 **정리 !**

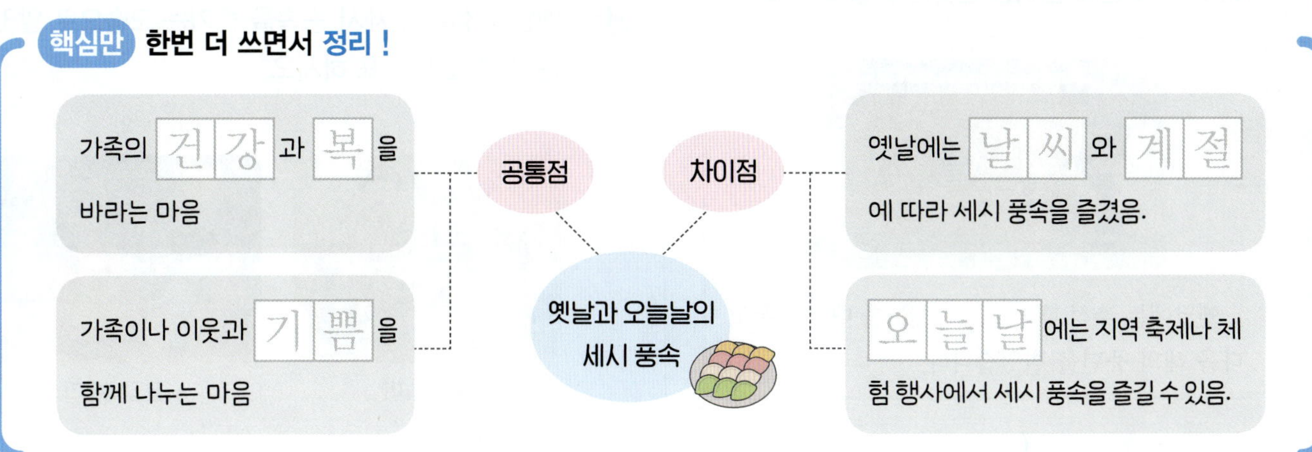

핵심 체크

1 옛날 (설날 , 추석)에는 마을 사람들이 모여 소먹이놀이와 농악, 강강술래 등을 즐겼습니다.

2 오늘날에는 명절에 민속촌이나 박물관에 가서 다양한 (   )을/를 체험합니다.

3 오늘날에는 설날, 추석과 같은 큰 (   )을/를 중심으로 한 세시 풍속이 이어져 오고 있습니다.

4 옛날에는 주로 (   )을/를 짓고 살았기 때문에 계절마다 이와 관련된 세시 풍속이 다양했습니다.

📖 8종 공통

5 옛날 추석의 세시 풍속에 대한 설명으로 알맞은 것을 (보기)에서 모두 골라 기호를 쓰시오.

(보기)
㉠ 밤에 신발을 방 안에 두었다.
㉡ 복조리를 걸거나, 복주머니를 찼다.
㉢ 산에 올라 보름달을 보고 소원을 빌었다.
㉣ 마을 사람들과 농악, 강강술래 등을 즐겼다.

(   )

📖 8종 공통

6 다음 (   ) 안에 들어갈 알맞은 말을 쓰시오.

옛날에는 추석 때 (   )을/를 매달아 두고 다음 해의 풍년을 빌었습니다.

(   )

📖 8종 공통

7 옛날 추석의 세시 풍속으로, 풍년을 기원하며 했던 오른쪽 놀이는 무엇인지 쓰시오.

(   )

📖 8종 공통

8 옛날에 설날의 세시 풍속을 즐기는 모습으로 알맞은 것을 골라 ○표 하시오.

(1)

▲ 윷놀이

(   )

(2)

▲ 달집태우기

(   )

디지털 문해력 📖 8종 공통

9 다음 블로그 글을 읽고, 알 수 있는 내용으로 알맞은 것에 ○표 하시오.

(1) 옛날 설날의 세시 풍속　　　　　(　　　)
(2) 옛날 추석의 세시 풍속　　　　　(　　　)
(3) 오늘날 설날의 세시 풍속　　　　(　　　)
(4) 오늘날 추석의 세시 풍속　　　　(　　　)

📖 8종 공통

10 다음 ㉠, ㉡에 들어갈 알맞은 말을 쓰시오.

> (　㉠　)에는 주로 농사를 짓고 살았기 때문에 계절마다 농사와 관련된 세시 풍속을 즐겼고, (　㉡　)에는 설날이나 추석 등 큰 명절을 중심으로 한 세시 풍속이 이어져 오고 있습니다.

㉠ (　　　　　　　　), ㉡ (　　　　　　　　)

서술형 📖 8종 공통

11 옛날부터 전해 내려오는 세시 풍속이 달라진 까닭을 쓰시오.

____

____

도움말 옛날과는 달라진 오늘날의 생활 모습을 떠올려 보세요.

| 12～13 | 다음 그림은 계절에 따른 옛날의 세시 풍속을 나타낸 것입니다. 물음에 답하시오.

㉠  ㉡ 

㉢  ㉣ 

동아출판, 아이스크림 외

12 위 ㉠～㉣ 중 가을에 볼 수 있었던 모습을 골라 기호를 쓰시오.

(　　　　　　　　)

동아출판, 아이스크림 외

13 위 ㉠～㉣을 보고 알 수 있는 사실로 알맞은 것에 ○표 하시오.

(1) 농사는 계절의 영향을 받지 않았습니다.

(　　　)

(2) 농사와 관련된 세시 풍속이 계절에 따라 다양했습니다.

(　　　)

학습 결과에 색칠하세요. 

개념 학습

5회

옛날 사람들이 즐겼던 놀이

✚ 연날리기

- 연날리기는 설날부터 정월 대보름까지 주로 즐겼던 놀이입니다.
- 옛날에는 새해에 나쁜 기운을 쫓고, 복이 들어오기를 바라는 마음으로 연을 날렸습니다.

✚ 옛날 사람들이 즐겼던 놀이

비사치기	멀리서 작은 돌을 던지거나 발로 차서 상대방의 돌을 쓰러뜨리는 놀이
땅따먹기	각자의 땅을 정한 후 납작한 돌을 손으로 튕겨서 상대방의 땅을 빼앗는 놀이

용어 사전

- ★ **포위** 주위를 에워쌈.
- ★ **채** 팽이, 공 따위의 대상을 치는 데에 쓰는 기구.
- ★ **협동심** 서로의 마음과 힘을 하나로 합하려는 마음.

1 옛날 사람들이 즐겼던 다양한 놀이 ✚

제기차기

제기가 바닥으로 떨어지지 않도록 한 발 또는 양발로 툭툭 차는 놀이

고누

말판에 돌을 놓고, 상대방의 말을 ★포위하여 움직이지 못하게 하는 놀이

자치기

긴 막대기로 짧은 막대기를 튕기거나 치는 놀이 ✚

투호

입구가 작은 병에 화살을 던져 넣는 놀이

강강술래

주로 추석에 여러 사람이 손을 잡고 춤을 추며 노래를 부르는 놀이

팽이치기

나무로 만든 팽이를 ★채로 쳐서 돌리는 놀이

줄다리기

마을 사람들이 모여 줄다리기 시합을 즐기며 협동심을 길렀음.

씨름

단오나 추석과 같은 명절에 주로 남자들이 하던 놀이 └▶ 두 사람이 샅바를 잡고 겨뤄요.

2 옛날 사람들이 즐겼던 놀이 체험하기 ㉔ 윷놀이 ➕

① 윷놀이는 도, 개, 걸, 윷, 모의 결과에 따라 윷말을 옮기는 놀이로, 설날과 정월 대보름 사이에 주로 했습니다.

② 옛날에는 마을 사람들이 함께 윷놀이를 하며 마을의 *평안과 풍년을 빌었고, 놀이를 통해 *운세를 점치기도 했습니다.

교과서 대표 자료　**윷놀이하는 방법**

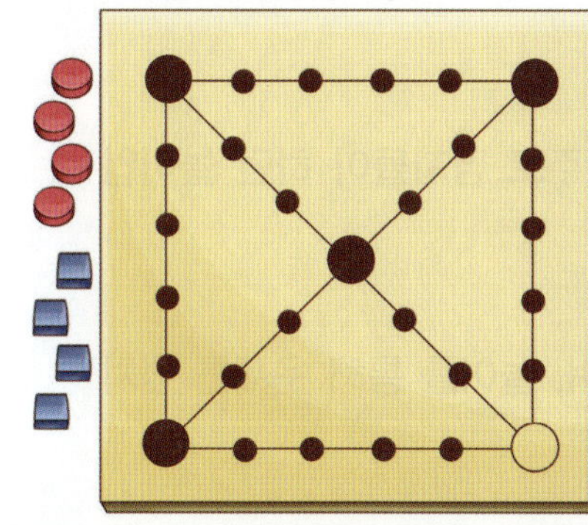

→ 준비물: 윷, 윷판, 윷말

도(한 칸 이동)

개(두 칸 이동)

걸(세 칸 이동)

윷(네 칸 이동)

모(다섯 칸 이동)

❶ 두 편으로 나누고, 각 편마다 윷말을 네 개씩 나누어 갖습니다.

❷ 윷을 던져 나온 결과에 따라 윷말을 옮깁니다.

❸ 윷 또는 모가 나오거나, 상대편 윷말을 잡으면 한 번 더 던집니다.

❹ 네 개의 윷말이 먼저 출발 칸으로 들어온 편이 이깁니다.

➕ 옛날과 오늘날의 놀이 비교하기

옛날

• 놀이 도구를 직접 만들거나 주변에서 구했음.
• 야외에서 하는 놀이가 많고, 마을 전체가 놀이 장소임.
• 농사와 관련된 여럿이 함께하는 놀이가 많음.
• 남자와 여자가 주로 하는 놀이가 다름.

오늘날

• 놀이 도구를 사서 쓰며, 주로 전자기기가 많음.
• 실내에서 놀이하는 시간이 많음.
• 남자와 여자, 어른과 아이 구분 없이 개인의 흥미에 따라 다양한 놀이를 즐김.

2단원 5회

용어 사전

★ **평안** 걱정이나 탈이 없음.

★ **운세** 운명이나 운수가 닥쳐오는 기세.

핵심만 한번 더 쓰면서 정리 !

제기차기, 고누, 윷놀이, 자치기, 연날리기, 투호, 씨름, 강강술래, 줄다리기, 팽이치기 등 ┈ 옛날 사람들이 즐겼던 놀이

놀이에 담긴 마음 ㉔ 윷놀이 ┈ 마을의 평안과 풍년을 빎.
운세를 점치기도 함.

1 (고누 , 자치기)는 긴 막대기로 짧은 막대기를 튕기거나 치는 놀이입니다.

2 옛날에는 새해에 나쁜 기운을 쫓고, 복이 들어오기를 바라는 마음으로 (　　　　) 을/를 날렸습니다.

3 (씨름 , 땅따먹기)은/는 단오나 추석과 같은 명절에 주로 남자들이 하던 놀이입 니다.

4 (　　　　)은/는 설날과 정월 대보름 사이에 주로 했으며, 놀이를 통해 운세를 점치 기도 했습니다.

동아출판, 비상교육 외

5 다음 그림에서 옛날 사람들이 즐기고 있는 놀이는 무엇인지 쓰시오.

(　　　　　　　　　　)

비상교육, 아이스크림 외

6 다음은 옛날 사람들이 즐겼던 놀이 중 어떤 놀이를 할 때 필요한 준비물인지 쓰시오.

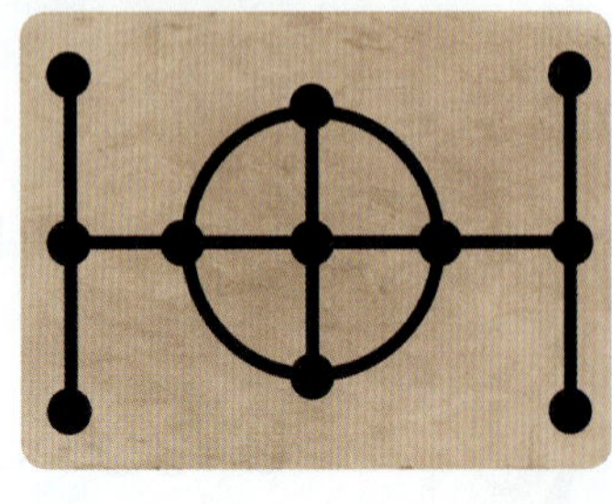

(　　　　　　　　　　)

| 7~8 | 다음 (보기)를 보고, 물음에 답하시오.

(보기)
| ㉠ 씨름 | ㉡ 팽이치기 |
| ㉢ 강강술래 | ㉣ 줄다리기 |

미래엔, 천재교과서(박)

7 다음에서 설명하는 놀이는 무엇인지 위의 (보기) 에서 골라 기호를 쓰시오.

> 주로 추석에 여러 사람이 손을 잡고 춤을 추며 노래를 부르는 놀이입니다.

(　　　　　　　　　　)

미래엔, 천재교과서(박)

8 오른쪽 그림은 어떤 놀이를 하는 모습인지 위의 (보기)에서 골라 기호를 쓰시오.

(　　　　　　　　　　)

📖 8종 공통

9 씨름에 대한 설명으로 알맞은 것에 ○표, 알맞지 않은 것에 ×표 하시오.

⑴ 단오나 추석과 같은 명절에 주로 하던 놀이입니다. ( )

⑵ 옛날부터 남녀노소 구분 없이 누구나 즐겼던 놀이입니다. ( )

서술형 📖 8종 공통

10 다음 그림에 나타난 놀이에 담긴 옛날 사람들의 마음을 쓰시오.

____

____

도움말 옛날에는 어떤 특징을 가진 놀이가 많았는지 떠올려 보세요.

아이스크림, 천재교과서(김) 외

11 다음 그림과 같이 도, 개, 걸, 윷, 모의 결과에 따라 윷말을 옮기는 놀이는 무엇인지 쓰시오.

( )

디지털 문해력 아이스크림, 천재교과서(김) 외

12 다음 인공지능과의 대화를 읽고 알 수 있는 내용으로 알맞은 것에 ○표 하시오.

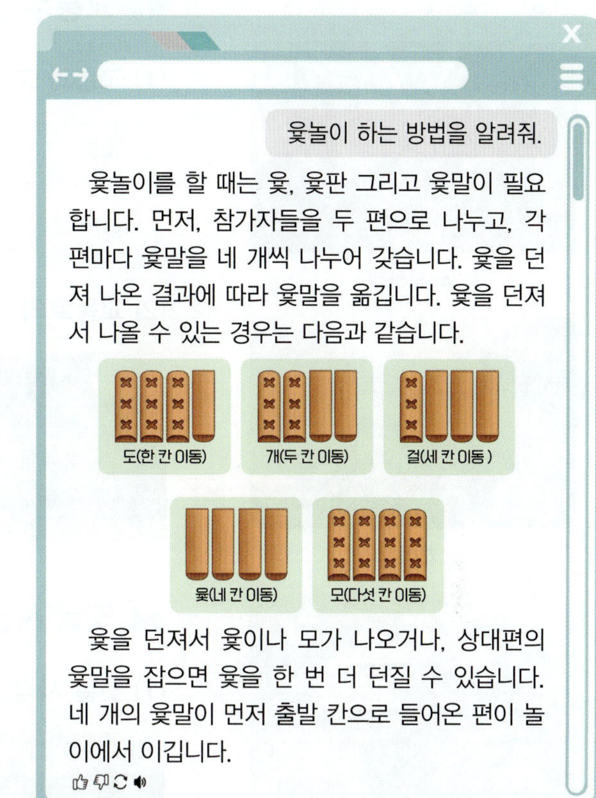

⑴ 윷을 던져서 윷이 나오면 두 번 더 윷을 던질 수 있습니다. ( )

⑵ 네 개의 윷말이 먼저 출발 칸으로 들어오는 편이 이깁니다. ( )

미래엔, 천재교과서(김) 외

13 옛날과 오늘날 놀이의 차이점에 대해 알맞게 말한 친구를 골라 이름을 쓰시오.

• 희재: 옛날에는 놀이 도구를 사서 썼지만, 오늘날에는 주변에서 놀이 도구를 구해요.
• 유진: 옛날에는 남자와 여자가 주로 하는 놀이가 달랐지만, 오늘날에는 개인의 흥미에 따라 다양한 놀이를 즐겨요.

( )

학습 결과에 색칠하세요.   

개념 학습

▲ 지하철

▲ 케이블카

▲ 여객선

▲ 구조 헬기

1️⃣ 교통수단

(1) 교통과 교통수단의 의미 → 교통은 주로 교통로를 따라 움직이는 교통수단에 의해 이루어져요.

교통	어떤 장소에서 다른 장소로 사람이 이동하거나 물건을 옮기는 일
교통수단	사람이 다른 곳으로 이동하거나 물건을 옮길 때 사용하는 방법이나 도구 ➕

(2) 교통로의 의미: 교통에 이용하는 길을 말합니다. ➕

도로

철도

수로

2️⃣ 옛날 사람들이 이용했던 교통수단

(1) 옛날 사람들이 교통수단을 이용하는 모습

말

말을 타고 먼 거리를 빠르게 이동할 수 있었음.

달구지

수레 위에 실은 무거운 짐을 소나 말이 끌었음.

가마

사람을 태우고 여러 사람이 가마를 들거나 메고 이동하였음.

뗏목

통나무 여러 개를 이어 붙여 만든 배로 사람이나 짐을 옮길 때 이용하였음.

나룻배

노를 저어 나루 사이를 오가며 사람이나 짐을 옮길 때 이용하였음.

돛단배

배에 돛을 달아 바람의 힘으로 움직여 사람이나 짐을 옮길 때 이용하였음.

 옛날 교통수단의 특징

- 사람이나 동물, 자연의 힘을 이용하여 움직였습니다.
- 나무와 풀의 줄기 등 자연에서 쉽게 구할 수 있는 재료로 만들어졌습니다.
- 여러 사람이 함께 이용하기 어려웠고, 힘이 많이 들었습니다.
- 사람이나 물건을 한 번에 많이 옮기기 어려웠습니다.

(2) 기계의 힘을 이용한 옛날 교통수단: 과학 기술의 발달로 전기, 석유, 증기 기관 등을 이용하여 더 먼 곳까지 쉽게 이동할 수 있게 되었습니다. ➕

증기선	＊수증기의 힘으로 움직이는 배로, 바다 건너 먼 나라로 갈 수 있었음.
증기 기차	수증기의 힘을 이용하여 움직이는 기차
자동차	석유와 기계의 힘으로 바퀴를 움직여서 빠르게 이동할 수 있음.
＊프로펠러 비행기	프로펠러가 공기를 뒤로 내뿜는 힘을 이용해 날아다님.
전차	전기의 힘으로 철길 위를 달려 많은 사람이 함께 이용할 수 있었음.

초기의 자동차를 말해요.

➕ 기계의 힘을 이용한 옛날 교통수단

증기선

증기 기차

자동차

프로펠러 비행기

＊ **수증기** 기체 상태로 되어 있는 물.

＊ **프로펠러** 비행기나 배가 이동할 수 있도록 달린 두 개 이상의 날개.

2
단원
6회

 한번 더 쓰면서 정리 !

사람이나 동물, 자연의 힘을 이용한 옛날 교통수단

말, 달구지, 가마, 떼목, 나룻배, 돛단배

자연에서 쉽게 구할 수 있는 재료로 만들었음.

기계의 힘을 이용한 옛날 교통수단

증기선, 증기 기차, 자동차, 프로펠러 비행기, 전차

물건이나 사람의 이동이 빠르고 편해짐.

핵심 체크

1 사람이 다른 곳으로 이동하거나 물건을 옮길 때 사용하는 방법이나 도구를 무엇이라고 합니까?

2 (   )은/는 수레 위에 실은 무거운 짐을 소나 말이 끄는 옛날의 교통수단입니다.

3 옛날 교통수단은 나무와 풀의 줄기 등 (   )에서 쉽게 구할 수 있는 재료로 만들어졌습니다.

4 (전차 , 프로펠러 비행기)는 전기의 힘으로 철길 위를 달려 많은 사람이 함께 이용할 수 있었습니다.

8종 공통

5 다음 (   ) 안에 공통으로 들어갈 말은 어느 것입니까? (   )

> • (   )은/는 어떤 장소에서 다른 장소로 사람이 이동하거나 물건을 옮기는 일을 말합니다.
> • (   )수단은 사람이 다른 곳으로 이동하거나 물건을 옮길 때 사용하는 방법이나 도구를 말합니다.

① 교통   ② 소비   ③ 생산
④ 문화   ⑤ 통신

8종 공통

6 교통수단으로 알맞지 <u>않은</u> 것은 어느 것입니까?

(   )

① 여객선   ② 지하철
③ 스마트폰   ④ 케이블카
⑤ 구조 헬기

동아출판, 아이스크림 외

7 수로의 모습으로 알맞은 것을 골라 ○표 하시오.

(1)

(2)

(   )   (   )

8종 공통

8 다음 사진에 나타난 옛날 사람들이 이용했던 교통수단은 무엇인지 쓰시오.

(   )

| 9~11 | 다음 (보기)를 보고, 물음에 답하시오.

(보기)

📖 8종 공통

9 배에 돛을 달아 바람의 힘으로 움직여 사람이나 짐을 옮길 때 이용했던 교통수단을 위 (보기)에서 골라 기호를 쓰시오.

(   )

📖 8종 공통

10 위 (보기)의 ㉠에 대한 설명으로 알맞은 것을 골라 ◯표 하시오.

(1) 주로 물건을 옮길 때 이용했습니다. (   )

(2) 사람을 태워서 이동했던 교통수단입니다.

(   )

서술형 📖 8종 공통

11 위 (보기)와 같은 옛날 교통수단의 특징을 한 가지만 쓰시오.

____

도움말 옛날 사람들이 교통수단을 이용하는 모습을 보고 알 수 있는 공통점을 떠올려 보세요.

디지털 문해력 아이스크림, 천재교과서(김) 외

12 다음 지식백과를 읽고 알 수 있는 점으로 알맞은 것에 ◯표 하시오.

(1) 증기 기차는 달구지보다 빠르고 편리한 교통수단입니다. (   )

(2) 자동차는 사람이나 동물의 힘을 이용하여 움직이는 교통수단입니다. (   )

미래엔, 비상교육 외

13 다음 사진과 같이 수증기의 힘으로 먼 나라로 갈 수 있는 교통수단은 무엇입니까? (   )

① 가마   ② 전차   ③ 뗏목

④ 증기선   ⑤ 돛단배

학습 결과에 색칠하세요.   

개념 학습 — 7회

오늘날의 교통수단

전철

출퇴근 시간에 땅 아래나 땅 위의 철도를 이용해 많은 사람이 이동합니다.

화물선

다른 나라로 한 번에 많은 물건을 보낼 수 있습니다.

개인형 이동 장치

도로나 자전거 도로를 이용해 빠르게 이동할 수 있습니다.

➊ 오늘날의 교통수단 살펴보기

(1) 오늘날 교통수단의 종류 ➕

(2) 오늘날 교통수단의 특징

① 먼 곳까지 갈 수 있으며, 빠르고 편하게 이동할 수 있습니다.

② 한 번에 많은 사람과 물건을 실어 나를 수 있습니다.

(3) 오늘날 사람들이 교통수단을 이용하는 모습

① 오늘날에는 과학 기술의 발달로 다양한 교통수단을 이용할 수 있습니다.

② 오늘날에는 기계의 힘을 이용하는 교통수단이 많으며, 대부분 석유, *가스, 전기 등을 *연료로 사용합니다.

용어 사전

★ **가스** 연료로 사용되는 기체.

★ **연료** 연소하여 열, 빛, 동력의 에너지를 얻을 수 있는 물질.

2 오늘날 교통 시설의 발달

① 교통수단의 발달로 도로, 철도, 역, 터미널 등 다양한 교통 시설이 생겨났습니다.

② 교통 시설이 발달하여 다른 나라나 섬으로 이동하는 것이 편리해졌습니다.

③ 휴게소, 주유소, 충전소 등 교통수단을 더욱 편리하고 안전하게 이용하는 데 도움을 주는 시설도 많아졌습니다. ➕

교과서 대표 자료 　교통수단의 발달에 따라 생겨난 시설

*해상 교통과 관련된 교통 시설	항공 교통과 관련된 교통 시설	철도 교통과 관련된 교통 시설
선착장, 여객선 터미널, 등대 등	공항, *활주로, *관제탑 등	철로, 기차역, 지하철역 등

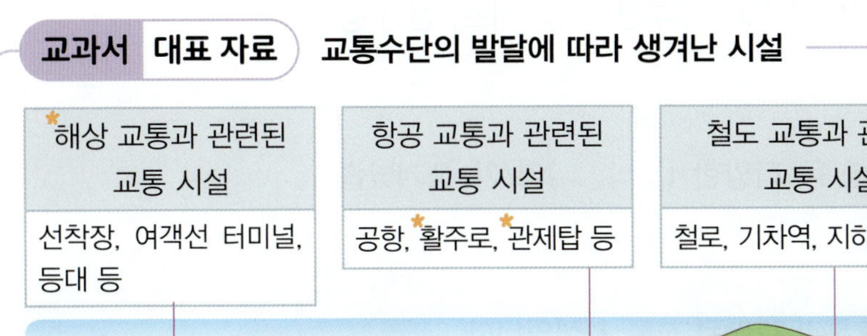

도로 교통과 관련된 교통 시설

터널, 도로, 주유소, 정비소, 휴게소, 주차장, 충전소, 버스 정류장, 택시 정류장, 고속버스 터미널, 횡단보도, 자전거 전용 도로 등

➕ 여러 가지 교통 시설

등대

휴게소

충전소

2 단원 7회

용어 사전

★ **해상** 바다의 위.

★ **활주로** 비행장에서 비행기가 뜨거나 내릴 때에 달리는 길.

★ **관제탑** 비행장에서 항공기의 이착륙에 관한 지시나 비행장 내의 정리를 하는 탑.

핵심만 한번 더 쓰면서 정리 !

승용차 , 버스, 고속 열차, 오토바이, 전철 , 비행기, 배 등

주로 석유, 가스, 전기 등을 연료 로 사용함.

오늘날의 교통수단 — 교통 시설의 발달 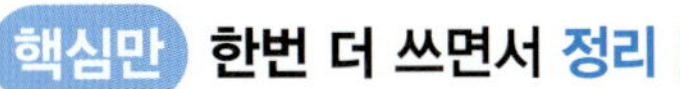

교통수단 을 편리하고 안전하게 이용하는 데 도움을 주는 시설 이 많아졌음.

문제 학습

1 승용차, 버스, 고속 열차, 오토바이는 (옛날 , 오늘날)의 교통수단입니다.

2 오늘날에는 기계의 힘을 이용하는 교통수단이 많으며 대부분 석유, 가스, 전기 등을 (　　　　)(으)로 사용합니다.

3 교통수단의 발달로 도로, 철도, 역, 터미널 등 다양한 (　　　　)이/가 생겨났습니다.

4 선착장, 여객선 터미널, 등대는 (　　　　) 교통과 관련된 교통 시설입니다.

---

5 오늘날 주로 이용하는 교통수단의 모습으로 알맞은 것을 골라 ◯표 하시오.

(1)

(　　　　)

(2)

(　　　　)

6 다음에서 설명하는 교통수단은 무엇인지 쓰시오.

출퇴근 시간에 땅 아래나 땅 위의 철도를 이용해 많은 사람이 이동합니다.

(　　　　　　　　　)

7 오늘날 교통수단을 이용하는 모습을 선으로 알맞게 연결하시오.

(1) 화물선 •

(2) 개인형 이동 장치 •

• ㉠ 도로나 자전거 도로를 이용해 빠르게 이동함.

• ㉡ 다른 나라로 한 번에 많은 물건을 보냄.

8 오늘날 주로 이용하는 교통수단이 <u>아닌</u> 것은 어느 것입니까? (　　　　)

① 달구지　　② 비행기　　③ 승용차
④ 오토바이　　⑤ 고속 열차

9 오늘날의 교통수단에 대한 설명으로 알맞지 <u>않은</u> 것은 어느 것입니까? (   )

① 먼 곳까지 갈 수 있다.

② 석유, 가스, 전기 등을 이용한다.

③ 빠르고 편리하게 이동할 수 있다.

④ 한 번에 많은 사람과 물건을 실어 나를 수 있다.

⑤ 자연에서 쉽게 구할 수 있는 재료로 만들어졌다.

서술형　📖 8종 공통

10 다음 사진에 나타난 오늘날 교통수단의 특징을 한 가지만 쓰시오.

도움말 오늘날 우리가 이용하는 교통수단의 공통점을 떠올려 보세요.

📖 8종 공통

11 교통수단의 발달로 생겨난 교통 시설로 알맞지 <u>않은</u> 것은 어느 것입니까? (   )

① 
▲ 버스 정류장

② 
▲ 선착장

③ 
▲ 주유소

④ 
▲ 통신 위성

---

12 도로 교통과 관련된 시설로 알맞지 <u>않은</u> 것은 어느 것입니까? (   )

① 터널　　② 휴게소　　③ 주유소

④ 충전소　　⑤ 활주로

디지털 문해력　아이스크림, 천재교과서(김) 외

13 다음 대화를 읽고, 교통 시설에 대해 알맞게 말한 친구의 이름을 골라 쓰시오.

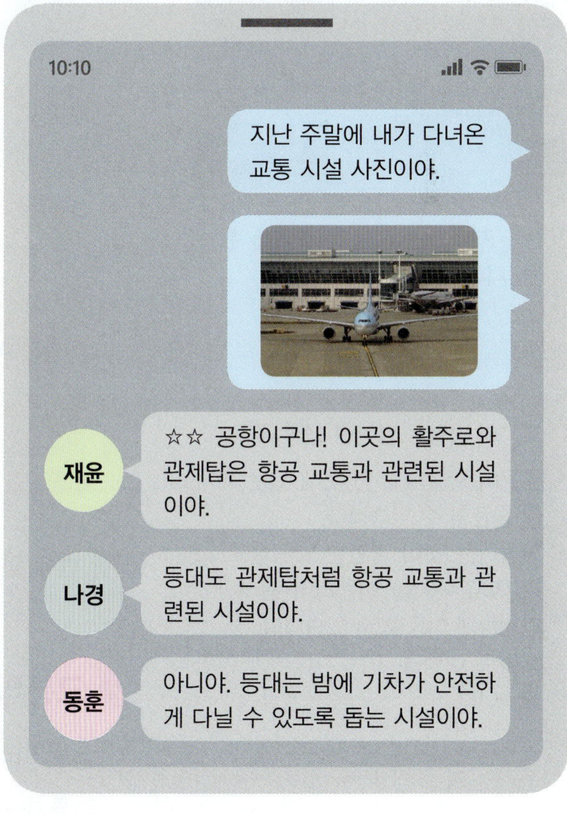

(   )

학습 결과에 색칠하세요.　  

교통의 발달로 달라진 생활 모습

➕ 안전한 교통을 위한 신호와 약속

어린이 보호 구역

학생들이 안전하게 학교에 다닐 수 있도록 교통수단이 천천히 다니도록 하는 표시가 있습니다.

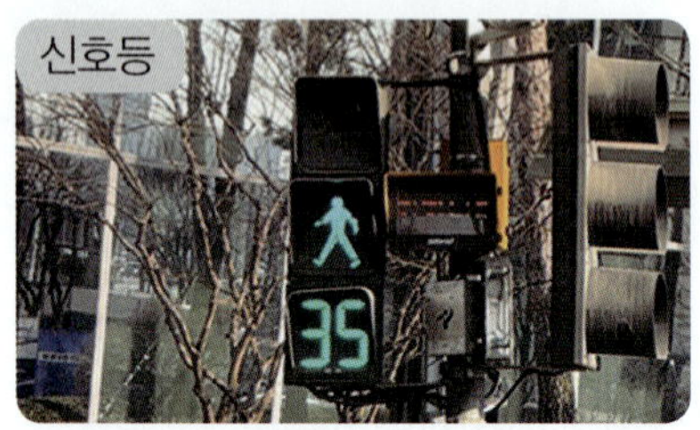

신호등

교통 신호와 횡단보도의 남은 보행 시간을 알려줍니다.

철도 건널목

기차가 지나가는 것을 신호기를 통해 알려줍니다.

➕ 교통의 발달로 넓어진 생활 공간

- ★통근버스를 타고 먼 곳에 있는 회사에 출근할 수 있습니다.
- 이동하는 것이 불편한 사람들도 교통 약자 택시를 이용하여 편리하고 안전하게 이동할 수 있습니다.
- 해외로 여행을 가는 사람들이 많아졌습니다.

용어 사전

★ **통근버스** 집에서 직장으로 근무하러 가는 사람들을 위해 운영하는 버스.

---

1 교통의 변화로 달라진 사람들의 생활 모습 비교하기 ➕

사람들이 먼 곳으로 빠르고 편리하게 갈 수 있게 되었습니다.

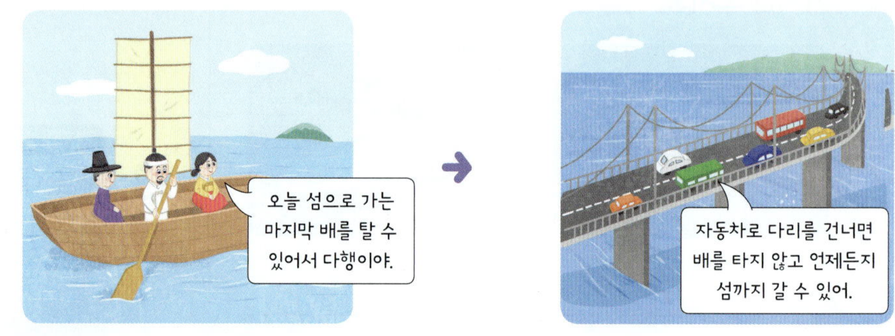

예전에는 가기 어려웠던 곳을 편리하게 갈 수 있게 되었습니다.

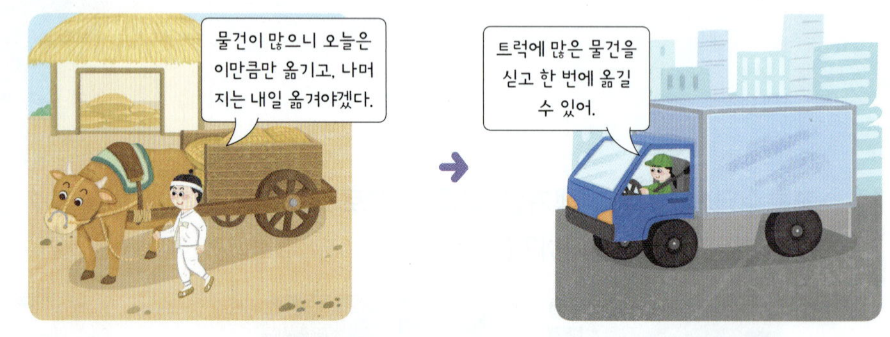

한 번에 먼 곳까지 무거운 짐을 옮길 수 있게 되었습니다.

2 교통의 변화로 달라진 생활 모습

① 교통수단의 발달로 빠르게 이동할 수 있게 되면서 다른 지역이나 나라와의 교류가 늘어났습니다.

② 교통수단을 이용해 여가 생활을 즐기는 모습이 다양해졌습니다.

③ 오늘날에는 교통수단과 교통 시설의 발달로 사람들의 생활 공간이 넓어졌습니다. ➕

교과서 **대표 자료** 서울에서 부산까지 이동 시간의 변화

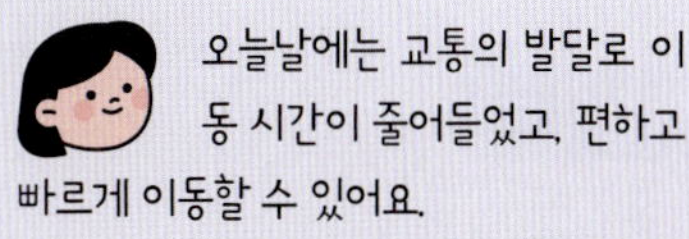

➕ **교통의 변화로 사라졌거나 사라져 가는 직업**

- 가마를 들고 가는 일을 하던 가마꾼
- 노를 저어 나룻배를 움직이는 일을 하던 뱃사공
- 인력거에 사람을 태워 이동해 주는 일을 하던 인력거꾼

2
단원
8회

3 교통의 변화로 생긴 다양한 직업 ➕ → 교통의 변화로 옛날에 없던 다양한 직업이 새로 생기기도 해요.

항공 교통의 발달로 생긴 직업	항공기 조종사, 공항 안전 요원, 항공 정비사, *항공 관제사, 항공기 승무원 등
철도 교통의 발달로 생긴 직업	철도 기관사, 철도 관리원, 철도 역무원, 지하철 역무원 등
도로 교통의 발달로 생긴 직업	자동차 정비사, 버스 운전기사, 택배 기사, 주유소 직원, 주차장 관리인 등
해상 교통의 발달로 생긴 직업	해양 경찰관, *등대 관리원, *도선사, 선장, *크레인 기사 등

용어 사전

★ **항공 관제사** 항공기 운항을 통제하고 이착륙 순서를 배정하는 직업.

★ **등대 관리원** 등대 또는 등대선의 경보등이나 신호장치를 조작하는 직업.

★ **도선사** 배들이 안전하게 항구를 드나들도록 안내하는 직업.

★ **크레인** 무거운 물건을 들어 올려 이동시키는 기계.

핵심만 **한번 더 쓰면서 정리 !**

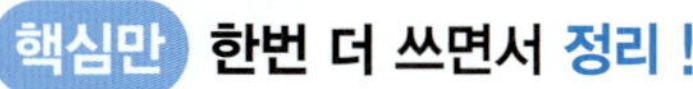

먼 곳으로 빠르고 편리 하게 갈 수 있음.

교통의 발달로 달라진 생활 모습

생활공간 이 넓어짐.

한 번에 나를 수 있는 짐 의 양이 많아짐.

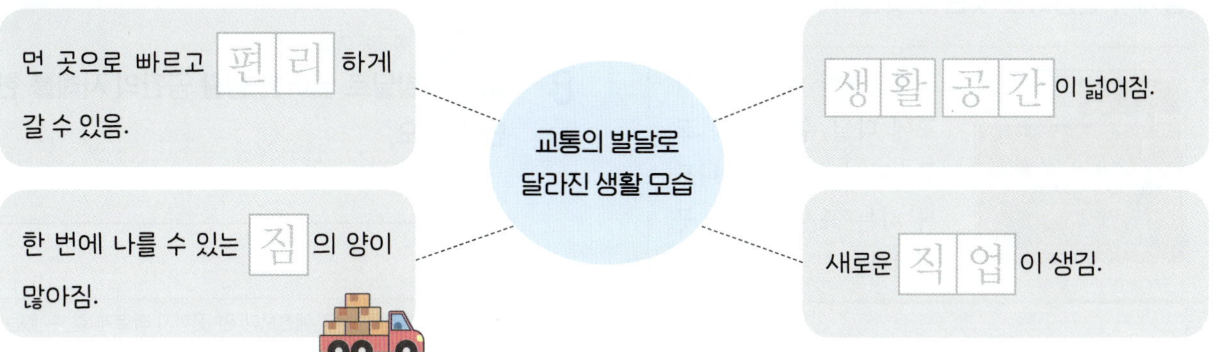

새로운 직업 이 생김.

핵심 체크

1 교통의 변화로 오늘날 사람들은 먼 곳으로 (느리고 , 빠르고) 편리하게 갈 수 있습니다.

2 교통수단의 발달로 빠르게 이동할 수 있게 되면서 다른 지역이나 나라와의 (　　　　)이/가 늘어났습니다.

3 오늘날에는 교통수단과 교통 시설의 발달로 사람들의 생활 공간이 (넓어 , 좁아)졌습니다.

4 교통의 변화로 항공기 조종사, 택배 기사, 도선사 등 새로운 (　　　　)이/가 생겼습니다.

📖 8종 공통

5 다음 그림을 보고 알 수 있는 오늘날의 생활 모습에 대한 설명으로 알맞은 것에 ○표 하시오.

⑴ 자연의 힘을 이용하여 이동하게 되었습니다. (　　　)

⑵ 예전에는 가기 어려웠던 곳을 편리하게 갈 수 있게 되었습니다. (　　　)

📖 8종 공통

6 다음에서 설명하는 것은 무엇인지 쓰시오.

학생들이 안전하게 학교에 다닐 수 있도록 교통수단이 천천히 다니도록 하는 표시가 있는 곳입니다.

(　　　　　　　　　)

📖 8종 공통

7 교통의 변화로 달라진 사람들의 생활 모습으로 알맞지 <u>않은</u> 것은 어느 것입니까? (　　　)

① 먼 곳으로 빠르게 갈 수 있게 되었다.
② 먼 곳으로 편리하게 갈 수 있게 되었다.
③ 여가 생활을 즐기는 모습이 다양해졌다.
④ 먼 곳까지 무거운 짐을 옮길 수 있게 되었다.
⑤ 교통의 변화로 새로운 직업은 생겨나지 않았다.

서술형 📖 8종 공통

8 교통의 발달로 넓어진 생활 공간의 사례를 한 가지만 쓰시오.

____

____

도움말 교통의 변화로 예전보다 먼 곳까지 빠르게 갈 수 있는 점을 떠올리며, 어떤 사례가 있는지 생각해 보세요.

디지털 문해력　📖 8종 공통

9 다음 블로그를 읽고 알 수 있는 내용을 알맞게 말한 친구를 골라 이름을 쓰시오.

오늘은 부모님과 함께 할아버지를 뵈러 다녀왔다. 할아버지께서는 몸이 불편하셔서 휠체어를 타고 계신다. 이동하는 것이 불편한 할아버지를 모시고 병원에 가기 위해 교통 약자 택시를 불렀다. 교통 약자 택시가 생겨서 예전보다 할아버지께서 이동하는 것이 편리해졌다고 하셨다.

- 준영: 오늘날에는 먼 지역으로 이동하는 사람들이 많아졌어.
- 하은: 오늘날에는 이동하는 것이 불편한 사람도 편리하고 안전하게 이동할 수 있어.

(　　　　　　　　)

동아출판, 천재교과서(김) 외

10 다음 (　　) 안에 들어갈 알맞은 말에 ○표 하시오.

서울에서 부산까지 이동하는 데 말을 타고 가면 5일 정도가 걸리고, 고속 열차를 타면 2시간 40분 정도가 걸립니다. 이처럼 교통의 발달로 이동 시간이 (줄어들었습니다 , 늘어났습니다).

📖 8종 공통

11 교통수단의 발달과 관련된 직업에 대해 알맞게 말한 친구를 모두 골라 이름을 쓰시오.

- 도영: 교통의 변화로 사라진 직업은 없어.
- 진수: 교통수단을 운전하거나 고치는 사람이 생겨났어.
- 태리: 교통수단을 안전하게 운행할 수 있도록 관리하는 사람이 늘어났어.

(　　　　　　　　)

비상교육, 아이스크림 외

12 오늘날 교통의 변화로 생긴 직업으로 알맞지 <u>않은</u> 것은 어느 것입니까? (　　　　)

① 선장　　　　　　　② 도선사
③ 인력거꾼　　　　　④ 크레인 기사
⑤ 항공 관제사

비상교육, 아이스크림 외

13 교통의 변화로 사라졌거나 사라져 가는 직업으로 알맞은 것을 (보기)에서 모두 골라 기호를 쓰시오.

보기
| ⊙ 가마꾼 | ⓒ 택배 기사 |
| ⓒ 뱃사공 | ⓔ 항공 정비사 |

(　　　　　　　　)

학습 결과에 색칠하세요.　

2단원 / 8회

교통의 변화와 미래의 생활 모습

➕ 주차 문제

교통이 발달하면서 이동이 편리해졌지만, 주차할 곳이 부족한 문제가 생기기도 합니다.

➕ 소음 문제를 해결하기 위한 노력

▲ 방음벽

▲ 소음 방지 터널

방음벽이나 소음을 막아주는 터널을 설치하여 소음 문제를 해결하려고 노력합니다.

용어 사전

★ **스마트 횡단보도** 안전 속도를 지키지 않는 자동차, 신호를 지키지 않고 길을 건너는 사람들에게 경고음을 울리는 등 여러 장치를 설치한 횡단보도.

★ **생태 통로** 야생 동물들이 자유롭게 이동할 수 있도록 도로 위로 산과 연결해 놓은 길.

---

1 교통의 변화로 생긴 문제점과 해결 방안

(1) 교통이 발달하며 나타난 문제점 ➕

자동차, 기차, 비행기에서 발생하는 소음으로 생활이 불편해짐.

교통수단에서 나오는 매연 등으로 환경 오염이 발생함.

교통사고로 사람이나 동물이 다치기도 함.

출퇴근 시간에 교통 체증 문제가 발생함.

(2) 교통 발달에 따른 문제점의 해결 방안 ➕

★스마트 횡단보도, 어린이 보호구역 등 보행자를 보호하는 장치를 마련함.

★생태 통로 등 동물이 안전하게 이동할 수 있는 장치를 마련함.

실시간 교통 정보를 빠르게 제공하여 교통을 관리함.

전기·수소 자동차 등 친환경 교통수단을 개발하여 환경 오염을 줄임.

2 미래의 교통수단 ✚

① 교통이 발달하며 생긴 문제점을 해결하는 과정에서 새로운 교통수단이 등장하기도 합니다.

② 미래의 교통수단은 환경을 보호하며, 새로운 기능을 갖추고 있을 것입니다.

교과서 대표 자료 미래의 교통수단 모습

초고속 *자기 부상 열차
터널을 통해 비행기보다 빠른 속도로 움직이는 친환경 교통수단으로, 터널 안에서 달리기 때문에 소음이 적고, 매연이 나오지 않아 환경 오염 문제를 줄일 수 있습니다.

드론
가벼운 물건을 실어 운반하는 교통수단으로, 사람이 직접 찾아가기 어려운 곳까지 빠르게 물건을 배송할 수 있습니다.

태양열 자동차
태양열을 이용하여 달리는 자동차로, 매연이 나오지 않아 환경 오염이 적고, 연료 충전 비용을 줄일 수 있습니다.

자율 주행 자동차
인공지능을 이용하여 운전자 없이 스스로 달릴 수 있는 자동차로, 졸음운전으로 발생하는 사고를 예방할 수 있습니다.

✚ 미래의 교통 변화에 따라 달라질 생활 모습

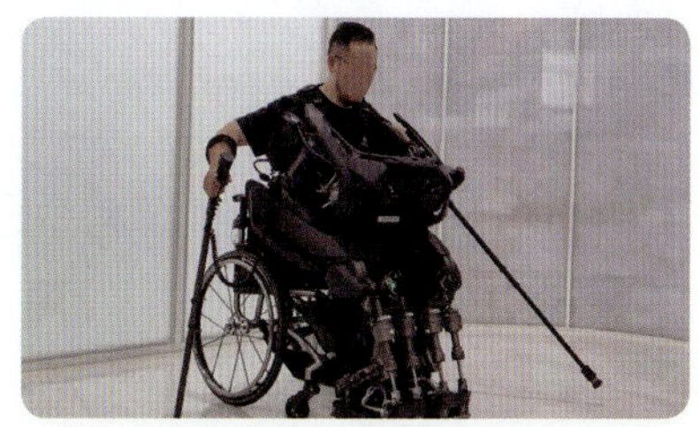

▲ *웨어러블 로봇 사람들이 무거운 물건을 쉽게 들고 이동할 수 있게 도와주거나, 몸이 불편한 사람들의 이동을 돕습니다.

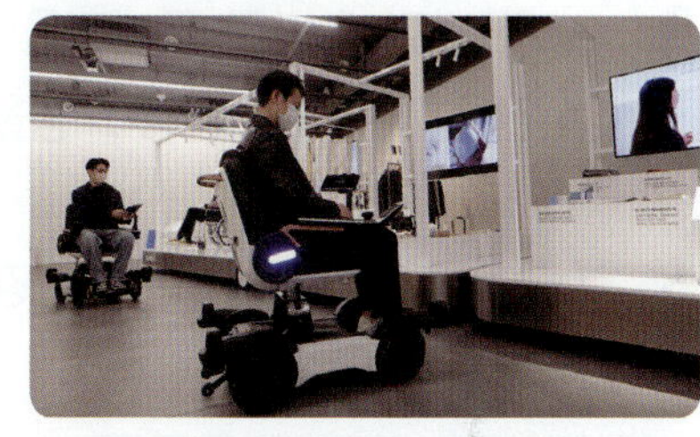

▲ 자율 주행 휠체어 몸이 불편한 사람들이 편하고 안전하게 이동할 수 있도록 돕습니다.

2단원 9회

용어 사전

★ **자기 부상** 자석의 힘을 이용하여 물체를 들어 올리는 것.

★ **웨어러블** 입거나 몸에 붙일 수 있는.

핵심만 한번 더 쓰면서 정리 !

소음 문제: 방음벽 , 소음 방지 터널 설치

교통사고 증가 문제: 보행자와 동물 보호 장치 마련 

교통 발달에 따른 문제점과 해결방안

환경오염 문제: 친환경 교통수단 개발

교통체증 문제: 실시간 교통 관리

핵심 체크

1 교통이 발달하면서 교통수단에서 나오는 매연 등으로 (   )이/가 발생하는 문제가 생겼습니다.

2 교통이 발달하면서 (   )(으)로 사람이나 동물이 다치기도 합니다.

3 교통 발달에 따른 문제점을 해결하기 위해서 전기·수소 자동차 등 (   ) 교통수단을 개발하여 환경 오염을 줄입니다.

4 (   )의 교통수단은 환경을 보호하며, 새로운 기능을 갖추고 있을 것입니다.

📖 8종 공통

5 다음 사진에 나타난 모습은 교통이 발달하며 나타난 문제점 중 무엇인지 쓰시오.

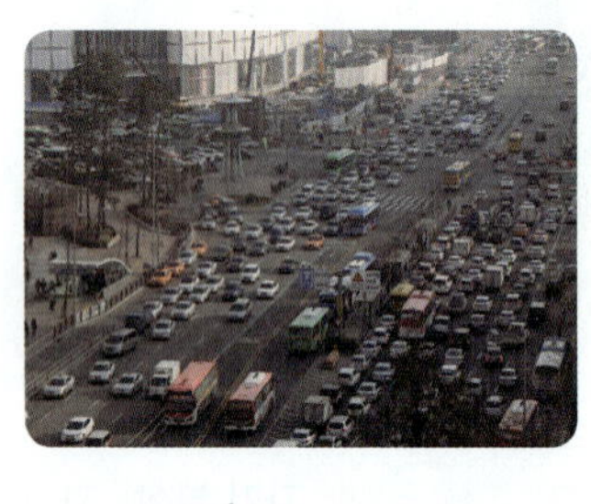

(   )

서술형 📖 8종 공통

6 교통이 발달하며 나타난 문제점을 한 가지만 쓰시오.

____

____

도움말 오늘날 교통수단과 관련된 어떤 문제가 있는지 떠올려 보세요.

📖 8종 공통

7 교통의 발달로 생긴 환경 오염 문제를 해결하기 위한 교통수단으로 알맞은 것을 (보기)에서 모두 골라 기호를 쓰시오.

(보기)
ㄱ 수소 자동차   ㄴ 전기 자동차
ㄷ 태양열 자동차   ㄹ 화석 연료 자동차

(   )

📖 8종 공통

8 다음과 같은 노력은 교통이 발달하며 나타난 어떤 문제를 해결하기 위한 노력인지 쓰시오.

▲ 방음벽

(   )

디지털 문해력 동아출판, 아이스크림 외

9 다음 인터넷 신문 기사에 나타난 해결 방안은 어떤 문제를 해결하기 위한 것입니까? (   )

☆☆ 인터넷 신문 　　　　　20△△년 △△월 △△일

　스마트 횡단보도는 인공지능 기술을 접목한 것으로 신호등 기기에 부착한 인공지능 카메라가 보행자를 감지해서 길을 건널 시간이 부족하다고 판단하면 신호시간을 최대 5초 간격으로 연장해주는 시스템이다.

　스마트 횡단보도를 2주 동안 이용한 아이들에게 좋은 점을 물어보니 그동안 학교에 가려면 신호등을 두 번이나 기다려야 했었는데, 한 번만 건너면 학교에 갈 수 있어서 좋다고 말했다. 아이들에게 신호등 한 번과 두 번의 차이는 사고 위험이 절반으로 줄어든다는 것을 의미한다.

① 소음 문제
② 주차 문제
③ 교통 체증 문제
④ 환경 오염 문제
⑤ 교통사고 증가 문제

📖 8종 공통

10 미래의 교통수단에 대한 설명으로 알맞은 것에 ○ 표, 알맞지 <u>않은</u> 것에 ×표 하시오.

⑴ 미래의 교통수단은 환경을 보호하며, 새로운 기능을 갖추고 있을 것입니다. 　　　　(　　)

⑵ 미래의 친환경 교통수단은 오늘날 교통수단보다 매연을 더 많이 배출할 것입니다. (　　)

📖 8종 공통

11 다음 (　　) 안에 들어갈 알맞은 미래의 교통수단을 쓰시오.

　(　　　　)은/는 터널을 통해 비행기보다 빠른 속도로 움직이는 친환경 교통수단을 말합니다. 터널 안에서 달리기 때문에 소음이 적고, 환경 오염 문제를 줄일 수 있습니다.

(　　　　　　　　)

아이스크림, 천재교과서(김) 외

12 다음과 같은 미래의 교통수단의 등장으로 달라질 생활 모습으로 알맞은 것은 어느 것입니까? (　　)

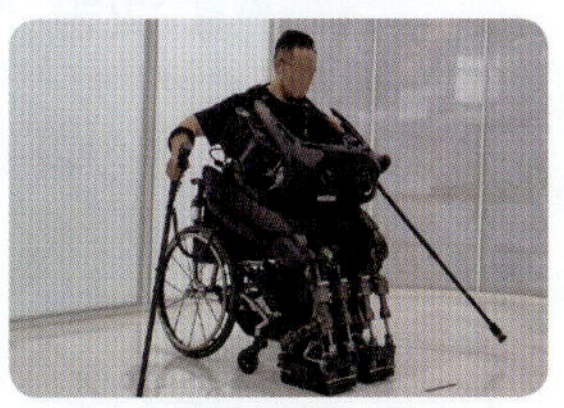
▲ 웨어러블 로봇

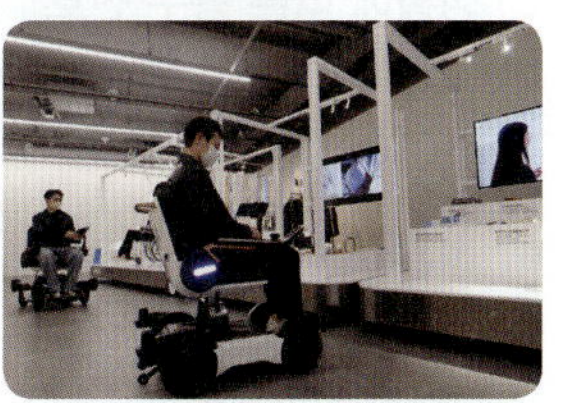
▲ 자율 주행 휠체어

① 교통 체증 문제가 발생한다.
② 소음으로 생활이 불편해진다.
③ 매연으로 환경 오염이 발생한다.
④ 몸이 불편한 사람도 편하게 이동한다.
⑤ 주차할 곳이 불편한 문제가 발생한다.

📖 8종 공통

13 미래의 교통 변화에 따라 달라질 생활 모습으로 알맞지 <u>않은</u> 것은 어느 것입니까? (　　)

학습 결과에 색칠하세요.　  

개념 학습

옛날의 통신수단

❸ 통신수단의 변화로 달라진 생활 모습

1 옛날 사람들이 이용했던 통신수단

(1) 통신과 통신수단의 의미

통신	소식이나 정보를 주고받는 것
통신수단	사람들이 서로 소식이나 정보를 주고받을 때 사용하는 방법이나 도구

(2) 옛날 사람들이 소식이나 정보를 주고받을 때 이용했던 통신수단

서찰 (편지)	• 서찰은 안부나 소식 등을 적어 보내는 글을 말함. • 옛날 사람들은 서찰을 보내 소식을 전했음. • 일상생활에서 소식이나 안부를 전할 때 글을 적어서 사람이 직접 전달했음.
방	• 방은 어떤 일을 널리 알리려고 사람들이 많이 모이는 곳에 써 붙이는 글을 말함. • 나라의 중요한 소식이나 널리 알려야 할 정보를 방을 붙여서 알렸음.

▲ 서찰(편지)

▲ 방

(3) 옛날 사람들이 적이 쳐들어오거나 *위급한 상황에서 이용했던 통신수단

파발	사람이 달려가거나 말을 타고 가서 나랏일에 대한 소식을 전했음.
신호 연	연의 색과 무늬로 *암호를 정하면 적이 알지 못하기 때문에 연을 띄워서 약속된 신호를 주고받았음.
봉수	• 낮에는 연기, 밤에는 불빛으로 나라의 위급한 상황을 알렸음. • 연기나 불빛의 개수가 많을수록 위급한 상황을 나타냈음. ❸
북	전쟁터에서 북을 크게 쳐서 위급한 상황을 알렸음.
나발	나발을 불어서 소리를 내어 신호를 보냈음. ❸
신호 깃발	깃발을 이용해서 소식을 전하거나 명령을 전달하기도 했음.

▲ 파발

▲ 신호 연

▲ 봉수

▲ 북

---

❸ 상황에 따른 봉수 신호

상황	횃불이나 연기 개수
평상시	1개
적이 나타났을 때	2개
적이 가까이 왔을 때	3개
적이 쳐들어 왔을 때	4개
적과 싸움을 시작했을 때	5개

▲ 봉수대

❸ 나발

나발은 옛날에 군대에서 명령을 내리거나 신호를 보낼 때 사용했던 악기입니다.

용어 사전

✴ **안부** 어떤 사람이 편안하게 잘 지내고 있는지 그렇지 아니한지에 대한 소식.

✴ **위급** 몹시 위태롭고 급함.

✴ **암호** 비밀을 지키기 위해서 당사자끼리만 알 수 있도록 꾸민 약속 기호.

교과서 대표 자료　옛날 사람들이 통신수단을 이용했던 모습

- 옛날에는 주로 글이 적힌 편지나 문서를 통해서 소식을 전하였습니다.
- 옛날에는 큰 소리나 연기, 불빛 등을 이용해서 멀리 있는 사람들에게 소식을 전하였습니다.

➕ 전신과 전화의 등장

- 전신: 점과 선으로 글자를 나타내는 모스 *부호를 활용해서 간단한 낱말이나 문장을 멀리 있는 사람에게 빠르게 보낼 수 있었습니다.
- 전화: 우리나라에 처음 전화가 들어왔을 때는 *전화 교환원이 전화를 건 사람과 받는 사람을 연결해 줬습니다.

▲ 전신을 보내는 모습

2단원 10회

2 옛날 통신수단의 특징 ➕

① 사람이 직접 가거나 동물을 타고 소식을 전하러 갔습니다.
② 사람이나 동물이 직접 가기 때문에 날씨의 영향을 받았습니다.
③ 같은 내용을 여러 사람에게 각각 써서 전달했습니다.
④ 소식을 전하는 데 시간이 오래 걸렸고, 많은 정보를 정확하고 자세하게 전달하기가 어려웠습니다.

용어 사전

★ **부호**　일정한 뜻을 나타내기 위하여 따로 정하여 쓰는 기호.
★ **전화 교환원**　전화 교환의 일을 맡아보는 사람.

핵심만 한번 더 쓰면서 **정리 !**

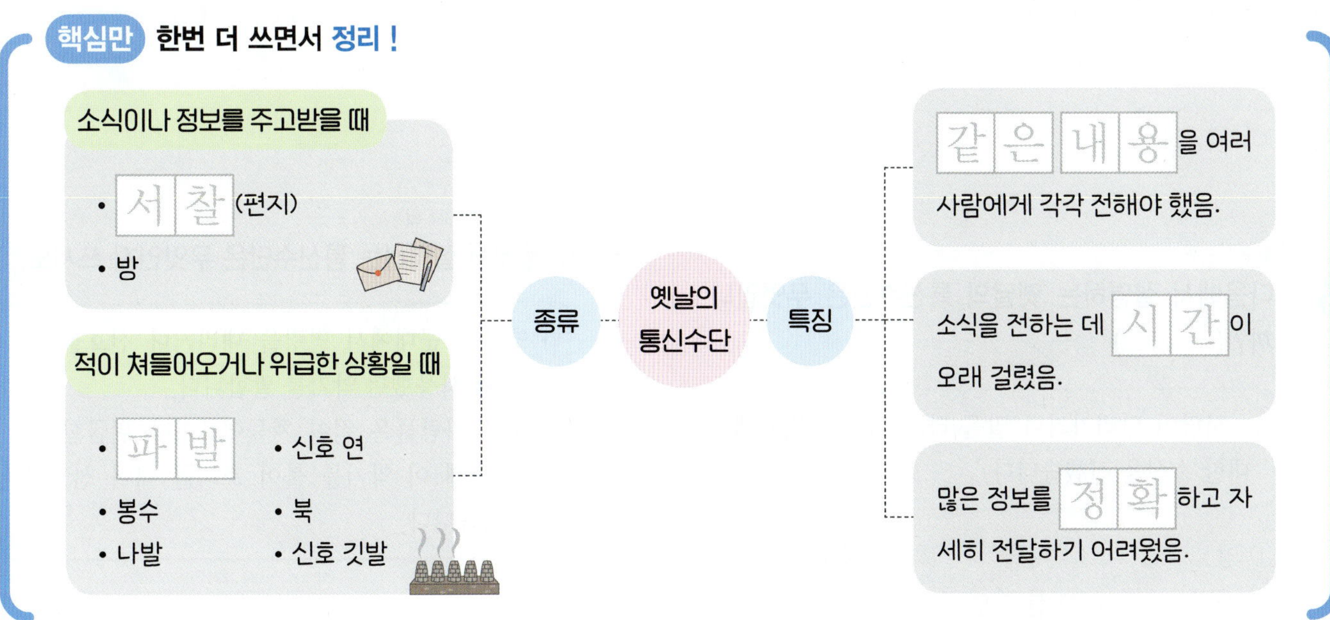

핵심 체크

1 옛날 통신수단 중 (   )은/는 안부나 소식 등을 적어 보내는 글을 말합니다.

2 옛날에는 전쟁터에서 (북 , 봉수)을/를 크게 쳐서 위급한 상황을 알렸습니다.

3 옛날 통신수단은 소식을 전하는 데 (   )이/가 오래 걸렸습니다.

4 옛날 통신수단은 사람이 직접 가서 전달하거나, (   )을/를 타고 소식을 전하러 가야 했습니다.

📖 8종 공통

5 다음 그림과 같이 많은 사람이 볼 수 있도록 글을 써서 붙였던 옛날의 통신수단은 무엇인지 쓰시오.

(   )

📖 8종 공통

6 다음에서 설명하는 옛날의 통신수단은 무엇입니까? (   )

> 사람이 달려가거나 말을 타고 가서 나랏일에 대한 소식을 전했습니다.

① 방   ② 나발   ③ 봉수
④ 파발   ⑤ 신호 연

📖 8종 공통

7 옛날 사람들이 소식을 알렸던 모습으로 알맞은 것을 두 가지 고르시오. (   )

① 편지를 써서 전자 메일로 보냈다.
② 먼 곳까지 직접 가서 소식을 전했다.
③ 영상 통화를 하며 소식을 주고받았다.
④ 인터넷을 이용해 알고 싶은 정보를 검색했다.
⑤ 소식을 적은 글을 사람이 직접 가서 전달했다.

아이스크림, YBM 외

8 다음에서 설명하는 통신수단은 무엇인지 쓰시오.

> • 옛날에 군대에서 명령을 내리거나 신호를 보낼 때 사용했던 악기를 말합니다.
> • 옛날 사람들은 적이 쳐들어오거나 위급한 상황일 때 이 악기를 불어 소리를 내어 신호를 보냈습니다.

(   )

| 9~10 | 다음 (보기)를 보고, 물음에 답하시오.

(보기)

📖 8종 공통

9 전쟁터에서 큰 소리를 내 위급한 상황을 알렸던 통신수단을 위 (보기)에서 골라 기호를 쓰시오.

(   )

📖 8종 공통

10 낮에는 연기, 밤에는 불빛을 피워 위급한 상황이 생겼음을 알렸던 통신수단을 위 (보기)에서 골라 기호를 쓰시오.

(   )

서술형   📖 8종 공통

11 옛날 통신수단의 불편한 점을 한 가지만 쓰시오.

____

도움말 오늘날 통신수단과 비교하여 옛날 통신수단은 어떤 점이 불편한지 떠올려 보세요.

디지털 문해력   미래엔, 천재교과서(김) 외

12 다음 SNS를 보고, 옛날 통신수단에 대해 잘못 말한 친구를 골라 이름을 쓰시오.

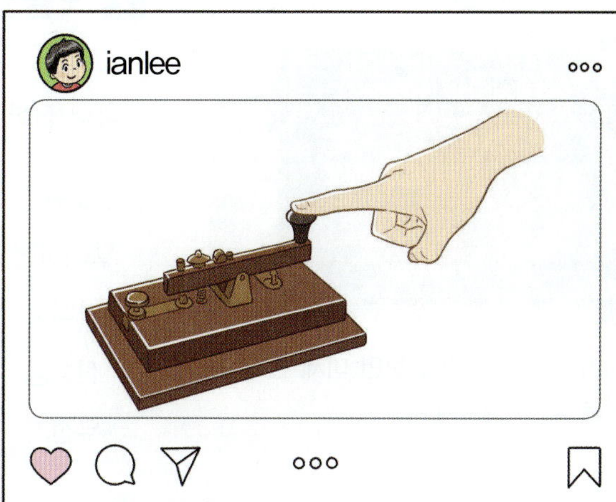

주말에 박물관에 가서 친구들과 전신 보내기 체험을 했다. 점과 선으로 정보를 전달할 수 있는 것이 신기했다. 다음에 또 와야지.

댓글 ▼

> ㄴ 준원: 나도 지난 번에 박물관에 가서 이 놀이를 해봤어. 모스 부호를 사용해서 정보를 전달하는 거잖아!
> ㄴ 정화: 옛날에는 전신을 보내면 교환원이 받는 사람을 직접 연결해 줘야 했대.

(   )

📖 8종 공통

13 옛날 통신수단의 특징을 (보기)에서 모두 골라 기호를 쓰시오.

(보기)

㉠ 사람이 직접 가서 말로 전했다.
㉡ 편지를 보내거나 방을 붙여서 소식을 전했다.
㉢ 많은 정보를 정확하고 자세하게 전달할 수 있다.

(   )

학습 결과에 색칠하세요.     

2단원 10회

개념 학습 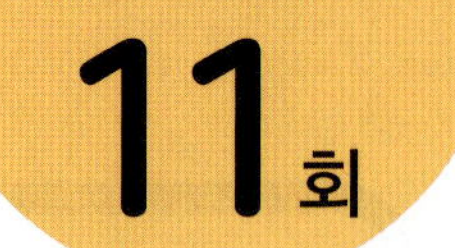11회

오늘날의 통신수단

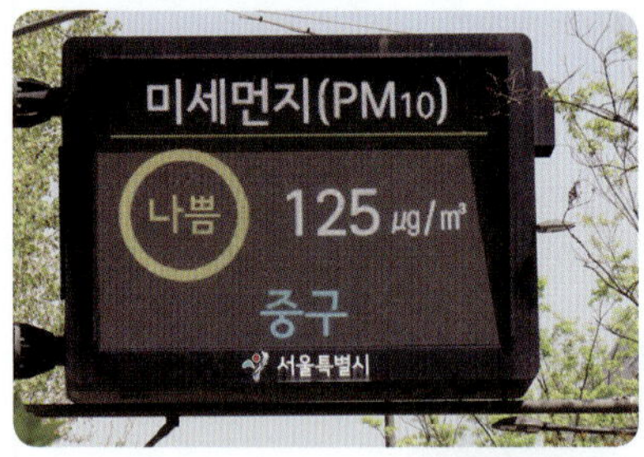

대기 정보 알리미를 보면 미세 먼지 상황을 알 수 있습니다.

1 오늘날 사람들이 이용하는 통신수단 ➕

휴대 전화	이동하면서 통화를 하거나 밖에서도 여러 친구와 문자 대화를 주고받을 수 있음.
컴퓨터	*전자 우편을 주고받거나 인터넷에 접속하여 정보를 검색할 수 있음.
텔레비전	뉴스 등에서 다양한 소식을 확인할 수 있음.
라디오	운전을 하면서 라디오를 들을 수 있음.
신호등	신호등의 신호에 따라 안전하게 횡단보도를 건널 수 있음.
무전기	무전기를 이용하면 실시간 상황을 주고받을 수 있음.

교과서 대표 자료 오늘날 사람들이 통신수단을 이용하는 모습 ➕

➕ 버스 정보 시스템

버스 정류장의 디지털 안내판을 보고 버스 도착 시각을 확인할 수 있습니다.

★ **전자 우편** 컴퓨터를 이용하는 사람들끼리 인터넷을 통해서 주고받는 글.

★ **길도우미** 지도를 보이거나 지름길을 찾아주어 자동차 운전을 도와주는 장치나 프로그램.

- 오늘날에는 과학 기술이 발달하면서 다양한 통신수단이 생겨났습니다.
- 사람들은 다양한 통신수단을 이용하여 소식과 정보를 주고받습니다.

2 오늘날 통신수단의 특징 ➕

여러 사람에게 *실시간으로 정보를 전달할 수 있음.

직접 만나지 않고도 멀리 있는 여러 사람과 동시에 소식을 주고받을 수 있음.

글, 사진, 동영상 등 다양하고 많은 양의 정보를 한 번에 주고받을 수 있음.

*통신 기기 하나로 전화, 음악 감상, 누리집 검색 등 다양한 *기능을 이용할 수 있음.

➕ **오늘날 학교에 있는 통신수단**

학교에서는 텔레비전, 전자 칠판, 태블릿 컴퓨터와 같은 통신수단을 활용하여 공부합니다.

▲ 전자 칠판

2 단원 11회

용어 사전

* **실시간** 실제 흐르는 시간과 같은 시간.
* **통신 기기** 통신에 쓰는 여러 기계를 통틀어 이르는 말.
* **기능** 하는 구실이나 작용을 함.

핵심만 한번 더 쓰면서 **정리 !**

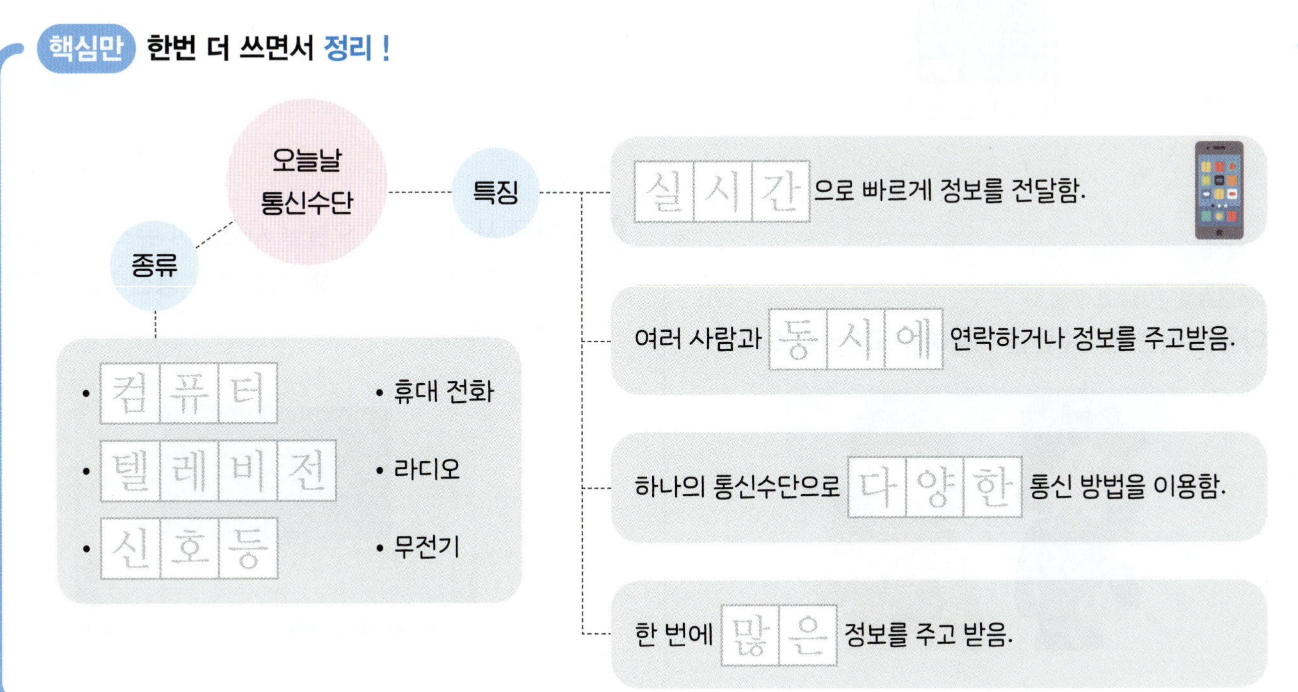

핵심 체크

1 (   )은/는 이동하면서 통화를 하거나 여러 친구와 문자 대화를 주고받을 수 있는 통신수단입니다.

2 오늘날에는 (   )이/가 발달하면서 사람들은 여러 가지 통신수단을 이용합니다.

3 (옛날 , 오늘날) 통신수단을 이용하면 여러 사람에게 실시간으로 정보를 전달할 수 있습니다.

4 오늘날 통신수단을 이용하면 글, 사진, 동영상 등 많은 양의 (   )을/를 한 번에 주고받을 수 있습니다.

📖 8종 공통

5 다음 사진과 같이 오늘날 사람들이 많이 이용하는 통신수단의 이름을 쓰시오.

(   )

아이스크림, 천재교과서(김) 외

6 다음은 어떤 통신수단을 이용하는 모습인지 쓰시오.

(   )

📖 8종 공통

7 오늘날 사람들이 이용하는 통신수단이 <u>아닌</u> 것은 어느 것입니까? (   )

① 우편 　　② 파발
③ 라디오 　④ 텔레비전
⑤ 길도우미

📖 8종 공통

8 다음 사진과 같이 오늘날 사람들이 뉴스 등 다양한 소식을 확인하기 위해 이용하는 통신수단의 이름을 쓰시오.

(   )

 📖 8종 공통

9 다음 블로그를 읽고, 채영이가 이용한 통신수단을 모두 찾아 쓰시오.

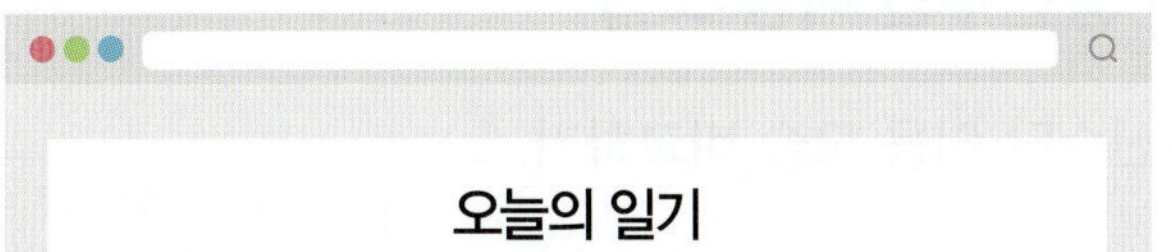

(   )

📖 8종 공통

10 오늘날 통신수단의 특징에 대한 설명으로 알맞은 것에 ○표 하시오.

⑴ 같은 내용을 여러 사람에게 각각 써서 전달해야 합니다.   (   )

⑵ 통신 기기 하나로 다양한 기능을 사용할 수 있습니다.   (   )

 📖 8종 공통

11 다음 그림을 통해 알 수 있는 오늘날 통신수단의 특징을 제시된 단어를 모두 포함하여 쓰시오.

• 정보   • 한 번에

 오늘날 통신수단의 특징에 대해 떠올려 보세요.

📖 8종 공통

12 다음 그림을 통해 알 수 있는 오늘날 통신수단의 특징을 알맞게 말한 친구를 골라 이름을 쓰시오.

▲ 경아   ▲ 리안

(   )

2 단원
11회

📖 8종 공통

13 오늘날 통신수단의 특징으로 알맞은 것은 어느 것입니까? (   )

① 정보를 전달하는 데 시간이 오래 걸린다.
② 한 번에 주고받을 수 있는 정보의 양이 적다.
③ 통신 기기 하나로 한 가지 기능만 이용할 수 있다.
④ 한 사람에게만 실시간으로 정보를 전달할 수 있다.
⑤ 멀리 있는 여러 사람과 동시에 소식을 주고받을 수 있다.

학습 결과에 색칠하세요.   

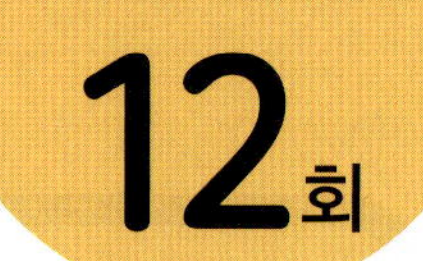

개념 학습

12회

통신수단의 발달로 달라진 생활 모습

➕ **무선 호출기**

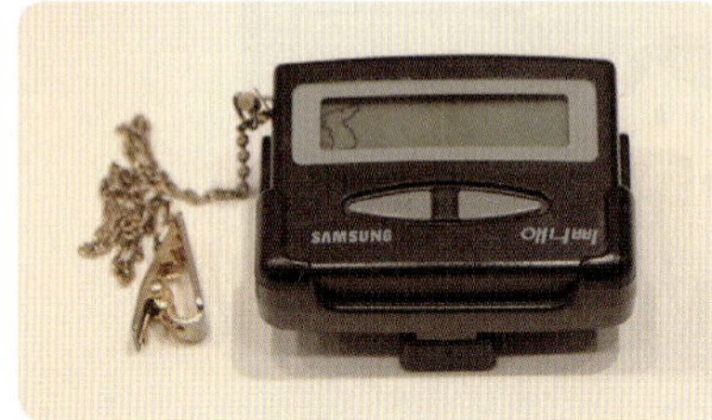

휴대 전화가 발달하면서 '삐삐'라고 불리는 무선 호출기를 이용하는 사람들이 줄어들어 오늘날 점차 사라지고 있습니다.

➕ **통신수단이 발달하면서 생겨난 시설과 직업**

시설	• 휴대 전화나 컴퓨터의 통신을 원활하게 해 주는 [*]기지국이 생겼음. • 방송국에서는 방송 시간에 맞춰 생방송을 하거나, [*]편집한 영상을 내보냄.
직업	• 통신 설비 기술자는 휴대 전화 기지국을 설치함. • 기자, 촬영 기사, 방송 프로듀서 등 방송과 관련된 직업이 생겼음.

용어 사전

✱ **모바일 메신저** 스마트폰 등의 통신 기기를 사용하여 실시간으로 채팅을 하거나 데이터를 즉시 주고받을 수 있는 프로그램.

✱ **기지국** 전파를 주고받는 기능을 하는 작은 통신 기관.

✱ **편집** 신문·방송·책 등을 펴내기 위하여 기사나 글을 모으고 정리하여 알맞게 짜 맞추는 것.

1 옛날과 오늘날의 통신수단 이용 모습

(1) 옛날과 오늘날의 통신수단 이용 모습 비교하기 ➕

신문을 통해 날씨 정보를 확인하였음.

인공지능 스피커를 이용하여 날씨 정보를 확인함.

(2) 통신수단의 발달로 달라진 사람들의 생활 모습 ➕

직접 관찰하기 어려운 내용을 동영상을 보며 배울 수 있음.

학교에 가지 않고 집에서 수업에 참여할 수 있음.

어디서나 물건을 사고 은행 거래를 할 수 있음.

병원에 직접 가지 않고 진료를 받을 수 있음.

모바일 메신저로 가족, 친구들과 실시간으로 소통할 수 있음.

컴퓨터를 이용해 자료를 주고받을 수 있음.

2 전화기의 발달로 달라진 생활 모습

초기의 전화기	최초의 전화기는 전화를 건 사람과 받는 사람을 연결해 주는 교환원이 필요했음.
*유선 전화	• 통화하려면 전화기가 있는 곳으로 이동해야 했음. • 옛날에는 길이나 건물에 *공중전화를 설치하기도 했음. ┐ 최근에는 많이 사라졌어요.
휴대 전화	이동하면서 전화를 할 수 있는 휴대 전화가 등장했음.

교과서 대표 자료 · 전화기의 변화 과정 ➕

초기의 전화기

교환원이 통화할 상대방과 연결해 주었음.

유선 전화

교환원이 없어도 상대방에게 직접 전화를 걸 수 있어서 편리해졌음.

초기의 휴대 전화

처음 나온 휴대 전화는 크기가 크고 무거웠고, 통화하거나 문자를 보내는 등 단순한 기능만 가능했음.

휴대 전화(스마트폰)

스마트폰에 다양한 *응용 프로그램을 설치하여 편리하게 사용할 수 있음.

➕ 전화기의 변화 모습

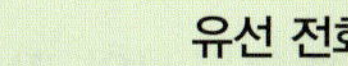
▲ 초기의 전화기

▲ 유선 전화

▲ 초기의 휴대 전화

▲ 휴대 전화 (스마트폰)

2
단원

12회

용어 사전

* **유선 전화** 선으로 연결된 전화기.
* **공중전화** 여러 사람이 사용할 수 있도록 길거리나 일정한 장소에 설치한 전화.
* **응용 프로그램** 문제나 업무를 해결하기 위한 목적으로 만들어진 프로그램.

핵심만 한번 더 쓰면서 정리 !

언제 어디서나 [정][보]를 쉽고 빠르게 주고받을 수 있음.

장소에 직접 가지 않고도 할 수 있는 일이 많아지면서, 생활이 편리해짐.

통신수단의 발달로 달라진 생활 모습

전화기의 발달

초기의 전화기 → 유선 전화 → 초기의 휴대 전화 → 휴대 전화 ([스][마][트][폰])

핵심 체크

1 (옛날 , 오늘날)에는 인공지능 스피커를 이용하여 날씨 정보를 확인합니다.

2 오늘날에는 직접 관찰하기 어려운 내용을 (동영상 , 모바일 메신저)을/를 보며 배울 수 있습니다.

3 통신수단이 발달하면서 통신 설비 기술자, 방송 프로듀서와 같은 새로운 (   ) 이/가 생겨났습니다.

4 옛날에는 길이나 건물에 (공중전화 , 휴대 전화)를 설치하였으나, 최근에는 많이 사라졌습니다.

▌ 8종 공통

5 통신수단의 발달로 달라진 생활 모습에 대해 알맞게 말한 친구를 골라 이름을 쓰시오.

> • 경원: 읽고 싶은 책을 도서관에 가야만 읽을 수 있어.
> • 종우: 모바일 메신저로 시골에 계신 할머니께 오랜만에 연락을 드렸어.

(   )

▌ 8종 공통

6 통신수단의 발달로 달라진 오늘날의 생활 모습으로 알맞은 것을 골라 ◯표 하시오.

(1)

(2)

(   )   (   )

 미래엔, 아이스크림 외

7 오른쪽 사진을 통해 알 수 있는 통신수단의 발달로 달라진 생활 모습을 쓰시오.

도움말 오늘날 통신수단의 발달로 어떤 점이 편리해졌는지 생각해 보세요.

아이스크림, 천재교과서(김) 외

8 다음 (   ) 안에 들어갈 알맞은 말을 쓰시오.

> 통신수단이 발달하면서 기지국, 방송국 등 새로운 (   )이/가 만들어졌습니다.

(   )

8종 공통

9 통신수단이 발달하면서 생긴 시설과 직업에 대한 설명으로 알맞지 <u>않은</u> 것은 어느 것입니까? (   )

① 방송과 관련된 시설이 생겼다.

② 비행기를 이용하기 위한 공항이 생겼다.

③ 기지국을 설치하는 것과 관련된 직업이 생겼다.

④ 방송 프로듀서와 촬영 기사 같은 직업이 새로 생겼다.

⑤ 통신을 원활하게 주고받는 기능을 하는 기지국이 생겼다.

미래엔, 비상교육 외

10 통신수단의 발달로 달라진 학교생활 모습을 〈보기〉에서 모두 골라 기호를 쓰시오.

〈보기〉

㉠ 체육 수업을 하기 위해 강당으로 간다.

㉡ 친구들과 직접 만나 모둠 과제를 의논한다.

㉢ 학교에 가지 않고 집에서 수업에 참여할 수 있다.

㉣ 직접 관찰하기 어려운 내용을 동영상을 보며 배운다.

(   )

8종 공통

11 휴대 전화를 사용하면서 달라진 사람들의 생활 모습으로 알맞은 것을 모두 골라 ○표 하시오.

⑴ 전화는 집에서만 받을 수 있게 되었습니다.

(   )

⑵ 밖에서 이동하면서 전화를 할 수 있게 되었습니다.

(   )

⑶ 어디서나 모바일 메신저로 실시간 소통을 할 수 있게 되었습니다.

(   )

미래엔, 아이스크림 외

12 다음 ㉠～㉢을 전화의 발달 과정 순서에 맞게 기호를 쓰시오.

(   ) → (   ) → (   )

디지털 문해력   8종 공통

13 다음 인터뷰 영상에서 전화의 발달로 달라진 생활 모습을 잘못 말한 친구를 골라 이름을 쓰시오.

(   )

학습 결과에 색칠하세요.

개념 학습 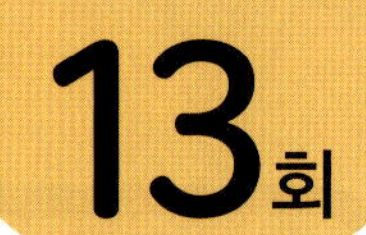

13회

통신수단의 변화와 미래의 생활 모습

➕ **스마트폰 사용 모습 점검하기**

질문	O / X
스마트폰 이용 시간을 조절하는 것이 어렵다.	
스마트폰이 옆에 있으면 다른 일에 집중하기 어렵다.	
스마트폰 생각이 머리에서 떠나지 않는다.	
스마트폰을 이용하고 싶은 충동을 강하게 느낀다.	
스마트폰 이용 때문에 건강에 문제가 생긴 적이 있다.	
스마트폰 때문에 공부에 어려움이 있다.	

➕ **통신수단을 올바르게 이용하는 방법**

- 통신수단을 필요한 시간에만 사용합니다.
- 통신 예절과 통신수단 사용 규칙을 지킵니다.
- 개인 정보가 새어 나가지 않도록 보안에 유의합니다.

용어 사전

★ **사이버 폭력** 인터넷상에서 상대방에게 정신적·심리적 압박을 하여 피해를 유발하는 일.

★ **과의존** 어떤 물건이나 물체에 심하게 의지하여 존재함.

① 통신수단을 올바르게 이용하는 방법

(1) 통신수단의 발달로 나타난 문제점

① 개인 정보가 밖으로 새어 나가는 문제가 발생합니다.

② 인터넷에서 상대방을 괴롭히고 따돌리는*사이버 폭력 문제가 나타납니다.

③ 휴대 전화 이용을 멈추기 어렵거나 휴대 전화가 없으면 불안함을 느끼는 사람들이 늘어나고 있습니다. ➕

> **교과서 대표 자료** 스마트폰*과의존 사례
>
> ○○신문　　　　　　　　　　　20△△년 △△월 △△일
>
> **우리나라 청소년 10명 중 4명이 스마트폰 과의존 위험군**
>
> 　조사에 따르면 우리나라 스마트폰 이용자 10명 중 약 2명이 스마트폰 과의존 위험군이다. 청소년은 10명 중 4명이 과의존 위험군에 해당하며 그 비율이 점점 높아지고 있다.
>
> 　특히, 조사 결과에서 스마트폰의 배터리가 부족하거나, 스마트폰을 주기적으로 확인하지 못하면 불안하다고 응답한 비율이 높게 나타났다.
>
> 오늘날 사람들은 스마트 기기에 지나치게 의존하는 경우가 많습니다.

(2) 통신수단을 올바르게 이용하는 방법과 예절 ➕

공공장소에서 큰 소리로 통화하지 않습니다.

인터넷에 다른 사람에게 상처를 주는 댓글을 쓰지 않습니다.

횡단보도를 건너거나 길을 걸어 다닐 때 휴대 전화를 사용하지 않습니다.

다른 사람의 허락 없이 사진을 촬영하지 않습니다.

2 미래의 통신수단

(1) 미래의 통신수단과 생활 모습

다양한 형태의 의료 기기	손목에 차거나 몸에 붙인 의료 기기가 실시간으로 건강 기록을 남기고 병원에 기록을 전달하여, 몸이 아플 때 빠르게 대처할 수 있음. ➕
사물 인터넷	• 사물 인터넷은 무선 인터넷을 이용하여 다양한 가전제품과 사물을 연결하여 새로운 서비스를 제공하는 것을 말함. ➕ • 미래에는 오늘날보다 사물 인터넷 기술이 더 많이 활용되어 사람들의 생활을 편리하게 만들어줄 것임.
★홀로그램 통신	먼 곳에 있는 사람과 한 공간에 있는 것처럼 회의하거나, 자료를 입체적으로 살펴볼 수 있음.
★뇌파 통신	사람의 생각만으로 여러 장치를 조작하여 사람들과 소통하거나 물건을 옮길 수 있음.

(2) 미래의 통신수단 상상하기

① 인공지능 카메라가 달린 안경이 주변 정보를 알려주어, 시각 장애인도 안전하게 길을 걸을 수 있습니다.

② 화면 속 냄새를 전달하는 텔레비전은 화면에 나오는 음식 냄새를 그대로 표현하여 전달합니다.

▲ 시각 장애인에게 길을 알려주는 안경

▲ 냄새를 전달하는 텔레비전

➕ 원격 진료 기기

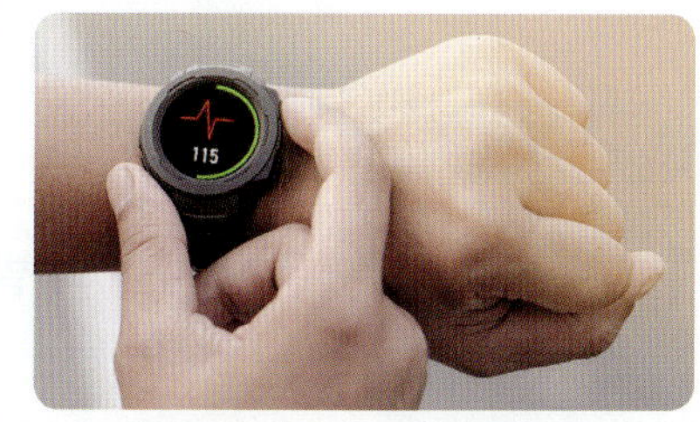

손목에 착용한 스마트 기기가 착용한 사람의 운동량과 건강 상태를 측정하고 스마트폰으로 정보를 전달하여 편리하게 건강 관리를 할 수 있습니다.

➕ 일상 속의 사물 인터넷

집 안에 설치한 기계가 집 상태를 자동으로 파악하여 가전제품을 작동하게 합니다.

용어 사전

★ **홀로그램** 실물과 똑같이 입체적으로 보이는 사진.

★ **뇌파** 뇌가 활동할 때 나오는 전기 신호.

2 단원 13회

핵심만 **한번 더 쓰면서 정리 !**

통신수단을 올바르게 이용하는 방법

과 예 절 을 지킴.

개 인 정 보 가 새어 나가지 않도록 보안에 유의함.

통신수단을 이용할 때 지켜야 할 점

미래의 통신수단

다양한 형태의 의료 기기,

사 물 인 터 넷

홀 로 그 램 통신,

뇌 파 통신

문제 학습

1 (교통수단 , 통신수단)의 발달로 개인 정보가 밖으로 새어 나가는 문제가 발생합니다.

2 사람들이 함께 이용하는 곳인 (   )에서 큰 소리로 통화하지 않습니다.

3 무선 인터넷을 이용하여 다양한 가전제품과 사물을 연결하여 새로운 서비스를 제공하는 것을 무엇이라고 합니까?

4 미래에는 (   ) 통신을 활용하여 먼 곳에 있는 사람과 한 공간에 있는 것처럼 회의하거나, 자료를 입체적으로 살펴볼 수 있을 것입니다.

■ 8종 공통

5 통신수단의 발달로 나타난 문제점으로 알맞은 것에 ○표 하시오.

(1) 직접 만나지 않고도 소식을 주고받을 수 있습니다. (   )

(2) 휴대 전화 이용을 멈추기 어려워하는 사람들이 늘어나고 있습니다. (   )

■ 8종 공통

6 다음 (   ) 안에 공통으로 들어갈 말을 쓰시오.

> **통신수단을 이용하는 올바르지 못한 모습**
> • (   ) 공간에서 상대방을 괴롭히고 따돌리는 사이버 폭력 문제가 나타납니다.
> • (   )에 다른 사람에게 상처를 주는 댓글을 씁니다.

(   )

| 7~8 | **다음 자료를 읽고, 물음에 답하시오.**

> 조사에 따르면 우리나라 스마트폰 이용자 10명 중 약 2명이 스마트폰 (   ) 위험군이다. 청소년은 10명 중 4명이 (   ) 위험군에 해당하며 그 비율이 높아지고 있다. 특히, 조사 결과에서 스마트폰의 배터리가 부족하거나, 스마트폰을 주기적으로 확인하지 못하면 불안하다고 응답한 비율이 높게 나타났다.

아이스크림, 천재교과서(김) 외

7 위의 (   ) 안에 공통으로 들어갈 말을 쓰시오.

(   )

아이스크림, 천재교과서(김) 외

8 윗글의 내용에 대해 알맞게 말한 친구를 골라 이름을 쓰시오.

> • 찬혁: 통신수단의 발달로 개인 정보가 밖으로 새어 나가는 문제가 심각해지고 있어.
> • 아현: 휴대 전화가 없으면 불안함을 느끼는 사람들이 늘어나고 있어.

(   )

서술형　📖 8종 공통

9 통신수단을 올바르게 이용하는 방법과 예절을 두 가지 쓰시오.

____

도움말 통신수단의 발달로 어떤 문제가 나타났는지 생각해 보고, 어떤 예절을 지켜야 하는지 써 보세요.

미래엔, 비상교육 외

10 다음 미래의 통신수단과 생활 모습을 선으로 알맞게 연결하시오.

(1) 홀로그램 통신　•

(2) 뇌파 통신　•

• ㉠ 사람의 생각으로 장치를 조작할 수 있음.

• ㉡ 먼 곳에 있는 사람과 한 공간에 있는 것처럼 회의할 수 있음.

📖 8종 공통

11 다음에서 설명하는 통신수단은 무엇인지 쓰시오.

> • 집 안에 설치한 기계가 집 상태를 자동으로 파악하여 가전제품을 작동하게 합니다.
> • 미래에는 오늘날보다 이 기술이 더 많이 활용되어 사람들의 생활을 편리하게 만들어줄 것입니다.

(　　　　　)

디지털 문해력　미래엔, 천재교과서(김) 외

12 다음 블로그 글에 나타난 미래의 통신수단이 우리 생활에 미칠 영향으로 알맞은 것에 ○표 하시오.

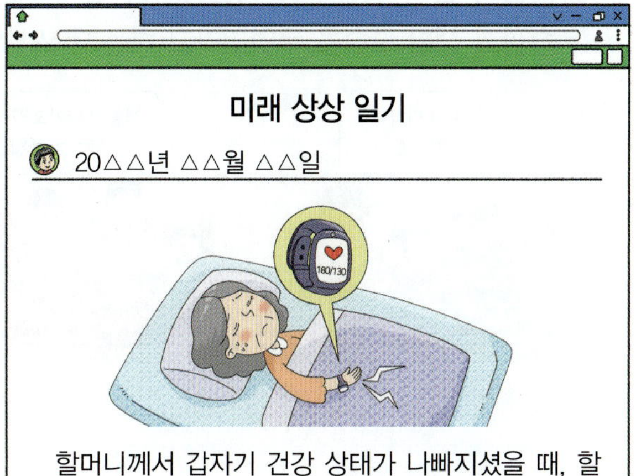

미래 상상 일기

20△△년 △△월 △△일

할머니께서 갑자기 건강 상태가 나빠지셨을 때, 할머니께서 손목에 차고 있는 의료 기기를 통해 자동으로 아버지와 의사 선생님께 정보가 전송되었습니다.

할머니께서 집에 혼자 계셨는데, 의료 기기 덕분에 실시간으로 할머니의 상태를 확인할 수 있어서 참 다행이었습니다.

(1) 개인 정보를 보호할 수 있습니다. (　　)

(2) 몸이 아플 때 빠르게 대처할 수 있습니다.

(　　)

📖 8종 공통

13 통신수단의 발달로 달라질 미래의 생활 모습에 대해 알맞게 말한 친구를 골라 이름을 쓰시오.

(　　　　　)

학습 결과에 색칠하세요.   

📖 8종 공통

1 다음과 같이 옛날부터 되풀이되어 전해오는 생활 습관과 생활 모습을 무엇이라고 하는지 쓰시오.

(   )

📖 8종 공통

2 옛날의 일상생활 속 풍습과 설명을 선으로 알맞게 연결하시오.

(1) 출생 · · ㉠ 아기의 첫 번째 생일에 잔치를 했음.

(2) 첫돌 · · ㉡ 사람이 죽으면 땅에 묻는 예식을 치뤘음.

(3) 회갑 · · ㉢ 아기가 태어나면 금줄을 쳐서 나쁜 기운을 막았음.

(4) 장례 · · ㉣ 부모님이 60년 동안 건강하게 사신 것을 축하했음.

미래엔, 아이스크림 외

3 다음 ㉠~㉣을 옛날의 결혼식 과정의 순서대로 알맞게 기호를 쓰시오.

㉠ 
▲ 혼례 치르기

㉡ 
▲ 폐백 드리기

㉢ 
▲ 신부의 집으로 이동하기

㉣ 
▲ 신랑의 집으로 이동하기

(   ) → (   ) → (   ) → (   )

📖 8종 공통

4 다음 ㉠, ㉡에 들어갈 알맞은 말을 쓰시오.

- (㉠)은/는 해마다 일정한 때에 반복하는 우리 고유의 풍습을 말합니다.
- (㉡)은/는 설날, 추석 등 옛날부터 해마다 즐기거나 기념하는 날을 말합니다.

㉠ (   ), ㉡ (   )

📖 8종 공통

5 우리 조상들이 삼복에 더위를 이겨 내기 위해 먹었던 음식으로 알맞은 것을 골라 ○표 하시오.

(1)　　　　　　　　　(2)

▲ 팥죽　　　　　　　　▲ 닭백숙

(   )　　　　　　(   )

6 ▌8종 공통

다음은 우리 조상들이 추석에 즐겼던 세시 풍속에 대한 글입니다. 알맞지 <u>않은</u> 것을 골라 기호를 쓰시오.

> 추석에는 ㉠ 한 해 동안 농사하며 거둔 곡식과 과일을 수확하고 ㉡ 조상들께 감사의 의미로 차례를 지내고, ㉢ 성묘를 했습니다. 그리고 ㉣ 마을 사람들이 모여 강강술래, 씨름 등의 놀이를 즐겼으며, ㉤ 보름달 아래에서 달집태우기를 하며 농사가 잘되기를 빌었습니다.

(　　　　　　　)

7 서술형　▌8종 공통

옛날과 오늘날 세시 풍속의 공통점을 쓰시오.

____

____

8 비상교육, 아이스크림 외

다음에서 설명하는 놀이의 이름을 쓰시오.

> 말판에 돌을 놓고, 상대방의 말을 포위하여 움직이지 못하게 하는 놀이입니다.

(　　　　　　　)

9 ▌8종 공통

다음에서 설명하는 옛날의 교통수단은 무엇인지 쓰시오.

> • 통나무 여러 개를 이어 붙여 만든 배입니다.
> • 사람이나 짐을 옮길 때 이용하던 교통수단입니다.

(　　　　　　　)

10 ▌8종 공통

옛날 교통수단의 특징을 알맞게 말한 친구를 골라 ○표 하시오.

(1)

(　　　　)

(2)

(　　　　)

11 ▌8종 공통

오늘날 교통수단을 이용하는 모습을 선으로 알맞게 연결하시오.

(1) 전철 •　　• ㉠ 다른 나라로 한 번에 많은 물건을 보냄.

(2) 화물선 •　　• ㉡ 땅 아래나 땅 위의 철도를 이용해 이동함.

2 단원 **14**회

비상교육, 천재교과서(김) 외

12 교통수단의 발달에 따라 생겨난 시설로 알맞지 <u>않은</u> 것은 어느 것입니까? (　　)

① 
▲ 등대

② 
▲ 충전소

③ 
▲ 휴게소

④ 
▲ 방송국

8종 공통

13 교통의 변화로 달라진 사람들의 생활 모습으로 알맞은 것을 (보기)에서 모두 골라 기호를 쓰시오.

(보기)

㉠ 먼 곳으로 빠르고 편리하게 갈 수 있다.
㉡ 예전에 가기 어려웠던 곳을 편리하게 갈 수 있다.
㉢ 교통수단과 관련된 직업이 사라져 일자리가 줄어들었다.

(　　　　　　)

8종 공통

14 다음과 같이 낮에는 연기, 밤에는 불빛으로 나라의 위급한 상황을 알렸던 옛날의 통신수단은 무엇입니까? (　　)

① 북　　　② 봉수　　　③ 서찰
④ 신호 연　　⑤ 신호 깃발

8종 공통

15 다음과 같은 옛날 통신수단의 특징으로 알맞은 것은 어느 것입니까? (　　)

▲ 서찰(편지)

▲ 방

① 환경이 오염되었다.
② 소식을 자주 주고받을 수 있었다.
③ 한 번에 많은 소식을 전할 수 있었다.
④ 소식을 전하는 데 시간이 오래 걸렸다.
⑤ 여러 사람과 동시에 이야기 할 수 있었다.

8종 공통

16 오늘날 사람들이 통신수단을 이용하는 모습으로 알맞은 것에 ◯표 하시오.

(1) 버스 정보 시스템을 보고 버스 도착 시각을 확인합니다. (　　)
(2) 위급한 상황일 때 사람이 달려가거나 말을 타고 가서 소식을 알립니다. (　　)

17 다음 글을 읽고 알 수 있는 오늘날 통신수단의 특징을 쓰시오.

오늘날에는 휴대 전화로 전화 걸고 받기, 전자 우편 주고받기, 인터넷에 연결하여 정보 검색하기, 실시간으로 운동 경기 중계 보기, 영화표 예매하기, 날씨 알아보기 등을 할 수 있습니다.

____

____

18 통신수단을 올바르게 이용하는 모습으로 알맞은 것은 어느 것입니까? (   )

① 

② 

③ 

④ 

| 19~20 | 다음 〈보기〉를 보고, 물음에 답하시오.

19 위 〈보기〉를 옛날에 이용했던 교통수단과 오늘날에 이용하는 교통수단으로 구분하여 기호를 쓰시오.

(1) 옛날에 이용했던 교통수단	
(2) 오늘날에 이용하는 교통수단	

20 오늘날의 교통수단이 옛날과 달라진 점을 두 가지 쓰시오.

____

____

학습 결과에 색칠하세요. 

📖 8종 공통

1 다음에서 설명하는 것은 무엇인지 쓰시오.

> 옛날부터 되풀이되어 전해 오는 생활 습관과 생활 모습을 말합니다.

(   )

아이스크림, 천재교과서(김) 외

2 옛날 돌상에 올라가는 물건과 물건에 담긴 소망을 알맞게 짝지은 것은 어느 것입니까? (   )

① 돈 – 나쁜 기운을 쫓는 마음
② 붓과 벼루 – 오래 살기를 바라는 마음
③ 쌀 – 잘 먹고 건강하게 살길 바라는 마음
④ 백설기 – 경제적으로 여유롭게 살길 바라는 마음
⑤ 붉은 경단 – 깨끗하고 순수하게 자라길 바라는 마음

📖 8종 공통

3 다음 (   ) 안에 공통으로 들어갈 물건은 무엇입니까? (   )

> 옛날의 결혼식에서는 신랑이 혼례를 치르기 위해 (   )을/를 가지고 신부의 집으로 말을 타고 갑니다. 그리고 신랑이 (   )을/를 혼례상에 놓으면 혼례가 시작됩니다.

① 돈   ② 밤
③ 대추   ④ 결혼반지
⑤ 나무 기러기

📖 8종 공통

4 설날의 세시 풍속에 대한 설명으로 알맞지 <u>않은</u> 것은 어느 것입니까? (   )

① 차례를 지낸다.
② 태극기를 단다.
③ 한복을 입는다.
④ 웃어른께 세배를 드린다.
⑤ 윷놀이, 연날리기 등의 놀이를 즐긴다.

📖 8종 공통

5 단오의 세시 풍속으로 알맞지 <u>않은</u> 것은 어느 것입니까? (   )

① 그네뛰기   ② 수리취떡 먹기
③ 앵두화채 먹기   ④ 차가운 음식 먹기
⑤ 창포물에 머리 감기

서술형 📖 8종 공통

6 다음 그림을 보고 알 수 있는 옛날 세시풍속의 특징을 쓰시오.

📖 8종 공통

7 옛날부터 전해 내려오는 세시 풍속이 달라진 까닭으로 알맞지 <u>않은</u> 것은 어느 것입니까? (　　　)

① 직업이 다양해져서
② 농사짓는 사람이 많아져서
③ 교통과 통신, 과학 기술이 발달해서
④ 사람들이 주로 회사나 공장에서 일해서
⑤ 일할 때 날씨와 계절의 영향을 적게 받아서

📖 8종 공통

9 옛날 교통수단의 특징으로 알맞은 것은 어느 것입니까? (　　　)

① 시간이 적게 걸렸다.
② 힘을 쓰지 않아도 되었다.
③ 날씨의 영향을 받지 않았다.
④ 주로 사람이나 동물, 자연의 힘을 사용하였다.
⑤ 한 번에 많은 물건과 사람을 멀리까지 실어 나를 수 있었다.

2단원 15회

📖 8종 공통

10 다음 ㉠, ㉡에 대한 설명으로 알맞은 것을 두 가지 고르시오. (　　　)

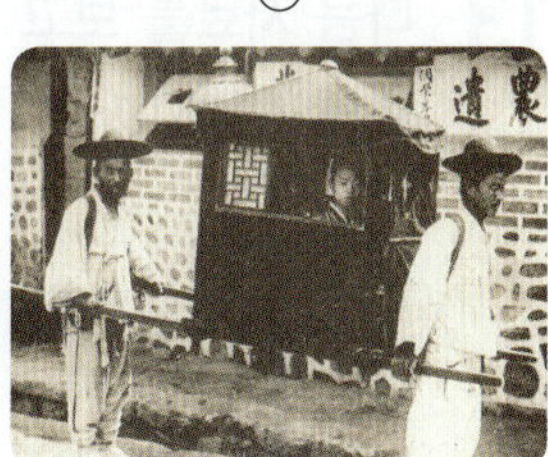

① ㉠은 가마이다.
② ㉡은 달구지이다.
③ ㉡은 자연의 힘으로 움직였다.
④ ㉠은 동물의 힘으로 움직였다.
⑤ ㉠과 ㉡은 옛날 사람들이 이용한 교통수단이다.

📖 8종 공통

8 옛날 사람들이 주로 추석에 했던 놀이를 두 가지 고르시오. (　　　)

① 
▲ 연날리기

② 
▲ 강강술래

③ 
▲ 씨름

④ 
▲ 달집태우기

📖 8종 공통

11 기계의 힘을 이용한 옛날의 교통수단을 두 가지 고르시오. (　　　)

① 말　　　② 가마　　　③ 뗏목
④ 증기선　　　⑤ 프로펠러 비행기

비상교육, 아이스크림 외

12 일상생활에서 볼 수 있는 교통 시설로 알맞지 <u>않은</u> 것은 어느 것입니까? (　　　)

① ▲ 기지국
② ▲ 횡단보도

③  ▲ 버스 정류장
④  ▲ 신호등

동아출판, 천재교과서(김) 외

13 다음 자료를 보고 알 수 있는 점으로 알맞은 것은 어느 것입니까? (　　　)

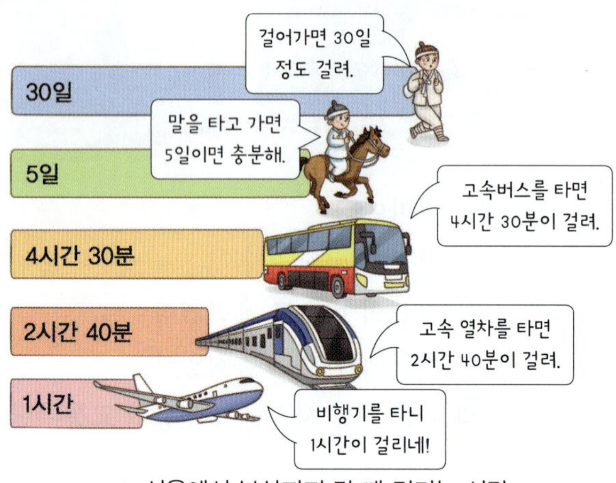

▲ 서울에서 부산까지 갈 때 걸리는 시간

① 서울에서 부산까지 걸어갈 수는 없다.

② 서울에서 부산까지 갈 때 말을 타고 가는 것이 가장 안전하다.

③ 서울에서 부산까지 갈 때 이용할 수 있는 교통 수단은 한 가지이다.

④ 교통수단이 발달하면서 목적지까지 가는 데 걸리는 시간이 줄어들었다.

⑤ 서울에서 부산까지 가는 가장 빠른 방법은 고속 열차를 이용하는 것이다.

8종 공통

14 옛날 사람들이 이용했던 통신수단에 대한 설명으로 알맞은 것을 두 가지 고르시오. (　　　)

① 소식을 자세히 전하기 어려웠다.

② 한 번에 많은 소식을 전할 수 없었다.

③ 실시간으로 정보를 주고받을 수 있었다.

④ 주로 기계를 이용하여 소식을 전하였다.

⑤ 멀리 떨어진 사람들과 소식을 빠르게 주고받았다.

8종 공통

15 오늘날 통신수단의 특징으로 알맞지 <u>않은</u> 것은 어느 것입니까? (　　　)

① 정보를 빠르게 전달할 수 있다.

② 여러 사람과 동시에 연락할 수 있다.

③ 개인 정보를 철저하게 보호할 수 있다.

④ 한 번에 많은 양의 정보를 주고받을 수 있다.

⑤ 하나의 기기로 다양한 기능을 이용할 수 있다.

서술형 8종 공통

16 다음 그림에 나타난 통신수단의 발달로 달라진 사람들의 생활 모습을 쓰시오.

____

____

미래엔, 아이스크림 외

17 다음 ㉠~㉣을 전화기의 발달 과정 순서대로 알맞게 기호를 쓰시오.

> ㉠ 길에 설치된 공중전화를 이용한다.
> ㉡ 교환원이 전화를 건 사람과 받는 사람을 연결해 준다.
> ㉢ 전화기의 크기가 크고 무겁지만, 이동하면서 통화할 수 있다.
> ㉣ 응용 프로그램을 설치하여 다양한 기능을 편리하게 사용한다.

(   ) → (   ) → (   ) → (   )

📖 8종 공통

18 다음 ( ) 안에 들어갈 알맞은 말을 (보기)에서 골라 쓰시오.

┌─(보기)─────────────────┐
• 과의존   • 개인 정보   • 사이버 폭력
└────────────────────────┘

⑴ 통신수단의 발달로 (   )이/가 밖으로 새어 나가는 문제가 발생합니다.

⑵ 인터넷에서 상대방을 괴롭히고 따돌리는 (   ) 문제가 발생합니다.

⑶ 오늘날에는 휴대 전화가 없으면 불안함을 느끼는 스마트폰 (   ) 위험군이 늘어나고 있습니다.

| 19~20 | 다음 옛날의 통신수단을 보고, 물음에 답하시오.

㉠ 
▲ 북

㉡ 
▲ 파발

㉢ 
▲ 서찰

㉣
▲ 봉수

📖 8종 공통

19 다음에서 설명하는 통신수단을 위에서 골라 기호를 쓰시오.

> • 낮에는 연기, 밤에는 불을 피워 소식을 알렸습니다.
> • 옛날에 빠른 시간 안에 아주 멀리까지 소식을 전하기 위해 이용했던 통신수단입니다.

(   )

서술형 📖 8종 공통

20 위와 같은 옛날 통신수단의 불편한 점을 쓰시오.

____

____

학습 결과에 색칠하세요.   

옛날의 풍습 살펴보기

옛날 사람들은 계절이나 시기에 따라 명절과 같이 특별한 날을 정해서 여러 가지 풍습을 즐겼습니다. 옛날에는 주로 농사를 짓고 살았기 때문에 계절마다 농사와 관련된 세시 풍속이 다양했습니다.

설날 (음력 1월 1일)

설날은 새해의 첫날입니다. 옛날 사람들은 설날 아침에 조상들께 차례를 지내고 성묘를 했으며, 집안 어른들께 세배를 드리며 건강을 빌었습니다.

이날에는 떡국을 먹고, 윷놀이와 연날리기, 제기차기, 널뛰기 등의 놀이를 즐겼습니다.

정월 대보름 (음력 1월 15일)

정월 대보름은 새해에 첫 보름달이 뜨는 날입니다. 옛날 사람들은 정월 대보름 아침에 건강을 빌며 부럼 깨기를 했습니다. 또한, 풍년을 바라는 마음으로 오곡밥과 나물을 먹었습니다. 쥐불놀이와 달집태우기 등의 놀이를 하며 나쁜 기운을 쫓았으며, 보름달을 보고 소원을 빌었습니다.

단오 (음력 5월 5일)

단오 무렵은 더위가 시작되는 시기입니다. 옛날 사람들은 단옷날이 되면 더운 여름을 잘 보내라는 의미로 부채를 서로 주고받았습니다. 또 나쁜 기운을 쫓는다는 의미로 창포물에 머리를 감았습니다. 이날에는 수리취떡과 앵두화채를 먹으며 건강을 빌었으며, 여자들은 그네뛰기, 남자들은 씨름 등의 놀이를 즐겼습니다.

삼복 (7월과 8월 중)

삼복은 일 년 중 가장 더운 시기에 있는 세 번의 복날을 뜻합니다. 첫 번째 복날인 초복, 두 번째 복날인 중복, 세 번째 복날인 말복을 합쳐서 삼복이라고 부릅니다.

옛날 사람들은 복날이 되면 더위를 피해 계곡이나 산으로 놀러 갔습니다. 그리고 농사일을 잠시 쉬며 닭백숙와 육개장 등 영양이 풍부한 음식을 먹었습니다.

추석 (음력 8월 15일)

추석은 '한가위'라고도 불리며, 한 해 동안 농사지은 곡식과 과일을 수확하는 시기입니다. 옛날 사람들은 조상들께 감사한 마음을 담아 햇곡식과 햇과일로 차례를 지내고, 성묘를 했습니다.

추석에는 송편과 토란국을 먹었으며, 마을 사람들이 모여 강강술래, 줄다리기 등의 놀이를 즐겼습니다.

동지 (12월 22일 무렵)

동지는 일 년 중에 낮이 가장 짧고 밤이 가장 긴 날입니다. 옛날 사람들은 동지를 한 해를 마무리하고 새해를 맞이하는 날로 여겨, '작은 설'이라고도 했습니다. 동짓날에는 새해 달력을 서로 주고받았으며, 부모님이 오래 살기를 기원하며 버선을 드렸습니다.

또 붉은팥이 나쁜 기운을 쫓는다고 믿어 팥죽을 만들어 먹고, 집 안 곳곳에 뿌리기도 했습니다.

● 가로 열쇠와 세로 열쇠를 읽고, 퍼즐을 풀어 보세요.   ● 정답 23쪽

가로 열쇠

❶ 사람이 다른 곳으로 이동하거나 물건을 옮길 때 사용하는 방법이나 도구

❸ 사람과 더불어 살아가며 친밀감과 안정감을 주는 동물

❺ 사람처럼 정보를 익히고 처리하여 다양한 상황에 적응할 수 있는 기능을 가진 컴퓨터 시스템

❼ 인공지능을 활용한 다양한 기술이 사회 전반에 영향을 미치는 현상

세로 열쇠

❷ 사람들이 서로 소식이나 정보를 주고받을 때 사용하는 방법이나 도구

❹ 무선 인터넷을 이용하여 다양한 가전제품과 사물을 연결하여 새로운 서비스를 제공하는 것

❻ 주로 비행기의 이착륙에 사용하는 교통 시설

❽ 수레 위에 실은 무거운 짐을 소나 말이 끌어서 사용한 옛날 교통수단

❾ 한 사회의 사람들이 가지고 있는 공통의 생활 방식

백점

사회 3·2

평가북

- 빠르게 정리하는 **단원 핵심 개념**
- 학교 시험 대비 수준별 **단원 평가**

평가북 구성과 특징

1 **단원 핵심 개념**이 있습니다.
중요 내용을 빠르게 정리할 수 있도록
각 단원별 핵심 개념 제공

2 **수준별 다양한 평가**가 있습니다.
A단계, B단계 두 가지 난이도로 단원 평가 제공

백점

사회 3·2

평가북

❶ 사회 변화로 나타난 일상생활의 모습

(1) 저출산

의미

태어나는 아이의 수가 줄어들어 [①]이 감소하는 현상

대응 방안

아이를 낳고 기르는 데 드는 비용을 지원하고, 부부가 일을 하면서도 아이를 잘 돌볼 수 있도록 제도를 만듦.

(2) 고령화

의미

전체 사람 수에서 노인의 수가 차지하는 비율이 [②] 현상

대응 방안

노인의 건강과 여가 활동을 돕는 복지 제도를 마련하고, 일자리 정보를 제공하여 노인의 사회 활동을 도움.

(3) 지능정보화

의미

[③]을 활용한 다양한 기술이 사회 전반에 영향을 미치는 현상

대응 방안

사이버 범죄 피해를 줄이려고 노력하고, 지능 정보 기술을 유용하게 활용할 수 있도록 교육함.

(4) 세계화

의미

교통·통신수단이 발달하면서 세계 여러 나라가 다양한 분야에서 [④]하고 가까워지는 것

대응 방안

다른 나라 생활 양식의 장단점을 따져 받아들이고, 세계 여러 나라의 문제를 함께 해결하려는 자세를 가짐.

❷ 다양한 문화에 대한 이해와 존중

(1) ⑤

의미	특징
한 사회의 사람들이 가지고 있는 공통의 생활 방식	나라, 지역, 세대 등에 따라 다양하게 나타남.

(2) 문화의 확산이 우리 사회에 미친 영향

외국인 ⑥ 증가	1인 가구 증가	반려동물 양육 증가
• 우리 주변에서 여러 나라의 음식점을 쉽게 찾아볼 수 있음. • 외국인 노동자들이 우리나라의 경제 발전을 도움.	• 혼자 사는 사람에게 알맞은 상품과 서비스가 많아짐. • 혼자 사는 사람들이 함께 모여 취미 활동을 즐김.	• 반려동물과 관련 있는 직업을 가진 사람들이 많아짐. • 반려동물과 여가 활동을 즐기고, 화목한 생활을 하는 데 도움을 얻음.

(3) 다양한 문화의 확산으로 나타난 문제 

편견과 차별

- ⑦ : 다른 사람이나 문화에 대한 정확한 정보 없이 한쪽으로 치우친 생각이나 의견
- 차별: 정당한 이유 없이 어떤 기준을 두어 대상을 구별하고 나와 다르게 대우하는 것

문화의 확산으로 우리 사회에 나타난 문제

- 종교, 언어, 피부색, 출신 지역 등이 다르다는 이유로 부당한 대우를 받음.
- 1인 가구의 건강과 안전 문제가 발생함.
- 버려지는 ⑧ 의 수가 늘어나고 있음.

(4) 나와 다른 문화를 대하는 바람직한 태도

사회 변화와 저출산으로 달라진 생활 모습

1 사회 변화로 달라진 사람들의 생활 모습으로 알맞지 <u>않은</u> 것은 어느 것입니까? (　　　)

① 노인을 위한 시설이나 장소가 많이 생겼다.
② 일하는 할아버지, 할머니가 늘어나고 있다.
③ 옛날에 비해서 학교의 학급 수가 많이 늘었다.
④ 스마트폰을 이용해 물건을 사는 경우가 늘어났다.
⑤ 우리의 생활을 편리하게 해 주는 기술이 생겨나고 있다.

2 다음과 같이 교실의 모습이 달라진 까닭으로 알맞은 것은 어느 것입니까? (　　　)

▲ 옛날의 교실　　　▲ 오늘날의 교실

① 학생 수가 늘어나고 있기 때문에
② 학생 수가 줄어들고 있기 때문에
③ 노인의 수가 줄어들고 있기 때문에
④ 문을 닫는 학교가 줄어들고 있기 때문에
⑤ 다른 나라의 문화를 쉽게 접할 수 있기 때문에

3 다음 (　　) 안에 들어갈 알맞은 말을 쓰시오.

> (　　　　)은/는 태어나는 아이의 수가 줄어들어 출산율이 감소하는 현상을 말합니다.

(　　　　　　　　　　)

4 다음 그래프를 통해 알 수 있는 사회 변화는 무엇입니까? (　　　)

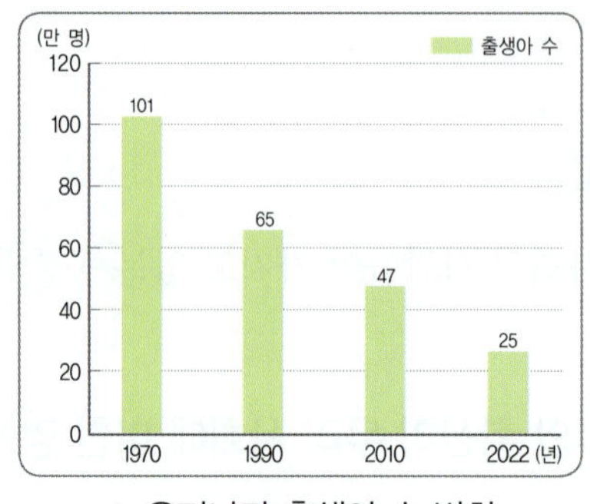

▲ 우리나라 출생아 수 변화

① 고령화　　② 세계화　　③ 자동화
④ 저출산　　⑤ 지능정보화

5 저출산에 대한 설명으로 알맞은 것은 어느 것입니까? (　　　)

① 태어나는 아이의 수가 줄어드는 현상이다.
② 이사 오는 아이의 수가 늘어나는 현상이다.
③ 전체 인구에서 노인이 차지하는 비율이 높아지는 현상이다.
④ 전체 인구에서 노인이 차지하는 비율이 낮아지는 현상이다.
⑤ 한 사회에서 14세 이하 인구와 65세 이상 인구가 같아지는 현상이다.

고령화로 달라진 생활 모습

| 6~7 | **다음 그래프를 보고, 물음에 답하시오.**

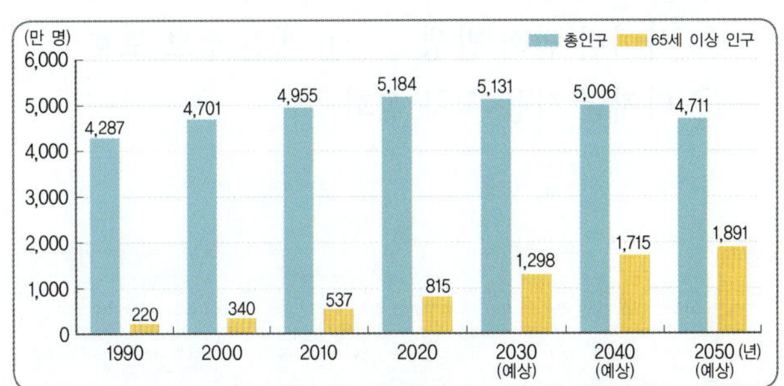

▲ 우리나라 총인구와 65세 이상 인구의 변화

6 위 그래프와 같이 전체 인구 중 65세 이상 인구가 차지하는 비율이 높아지는 현상을 무엇이라고 하는지 쓰시오.

( )

7 위 그래프를 보고, ㉠과 ㉡에 들어갈 알맞은 말을 골라 각각 ○표 하시오.

> 위 그래프를 보면 2030년에는 1,200만 명 이상이 ㉠ (14세 이하 인구 , 65세 이상 인구)일 것으로 예상됩니다.
> 전체 인구 중에서 65세 이상 인구가 차지하는 정도가 점점 ㉡ (커지고 , 작아지고) 있습니다.

8 생활 속에서 노인이 겪는 어려움에 대한 설명으로 알맞은 것에 ○표 하시오.

(1) 몸을 움직이는 것이 불편해서 혼자 생활하기 어렵습니다. ( )

(2) 생산 가능 인구가 줄어들어 우리나라 경제에 영향을 줍니다. ( )

9 다음 신문 기사를 읽고 알 수 있는 내용이 <u>아닌</u> 것은 어느 것입니까? ( )

☆☆신문　　　　　　　　20△△년 △△월 △△일

고령화 현상 심화, 일하는 60대 인구가 20대 인구 넘어서

우리 사회의 고령화 현상이 갈수록 심해지면서 일하는 60대 인구가 20대 인구보다 많아졌다. 현재 60대 인구 10명 중 6명은 일을 하고 있다. 60대가 계속 일하고 싶은 이유는 사회 활동을 계속하고 싶고, 생활비를 벌기 위해서라고 답하였다. 우리 사회의 고령화 현상이 계속되면, 노인을 위한 일자리가 더 많아질 것으로 보인다.

① 일하는 노인들이 많아지고 있다.
② 노인 인구가 계속 줄어들고 있다.
③ 노인들을 위한 일자리가 더 많아질 것이다.
④ 고령화로 변화하는 사회의 모습을 알 수 있다.
⑤ 일하는 60대 인구가 20대 인구보다 많아졌다.

10 고령화로 달라진 사회 모습으로 알맞지 <u>않은</u> 것은 어느 것입니까? ( )

① 노인을 위한 일자리가 늘어난다.
② 노인 전문 병원이 줄어들고 있다.
③ 노인정, 요양원 등의 시설이 늘어난다.
④ 노인을 위한 복지 제도가 마련되고 있다.
⑤ 노인을 대상으로 하는 산업이 늘어나고 있다.

11 지능 정보 기술과 이에 대한 설명을 선으로 알맞게 연결하시오.

(1) 사물 인터넷 • • ㉠ 박물관에 직접 가지 않고도 전시물을 볼 수 있음.

(2) 메타버스 • • ㉡ 집 밖에서 가전제품을 켜거나 끌 수 있음.

(3) 자율 주행 • • ㉢ 운전자가 운전하지 않아도 목적지에 도착할 수 있음.

12 지능정보화의 긍정적 영향으로 알맞은 것을 (보기)에서 모두 골라 기호를 쓰시오.

(보기)
㉠ 사용자에게 맞춤화된 정보를 얻을 수 있다.
㉡ 인공지능으로 거짓 정보를 만들고 퍼뜨릴 수 있다.
㉢ 가상 현실 기술을 통해 다양한 경험을 해 볼 수 있다.
㉣ 사람이 하던 일을 대신하거나 도우면서 생활이 편리해진다.
㉤ 지능 정보 기술을 잘 다루는 사람과 어려워하는 사람들 간에 격차가 생긴다.

( )

13 지능정보화로 발생하는 문제가 <u>아닌</u> 것은 어느 것입니까? ( )
① 일자리 감소   ② 거짓 정보 확산
③ 사이버 범죄 발생   ④ 개인 정보 보호
⑤ 디지털 사용 격차 심화

14 다음 ( ) 안에 들어갈 알맞은 사회 변화를 쓰시오.

( )은/는 교통·통신수단이 발달하면서 세계 여러 나라들이 다양한 분야에서 교류하고 가까워지는 것을 말합니다.

( )

15 세계화의 영향으로 알맞지 <u>않은</u> 것은 어느 것입니까? ( )
① 세계 곳곳을 빠르게 갈 수 있다.
② 각 나라의 전통 생활 양식이 강해지고 있다.
③ 세계 여러 나라의 다양한 문화를 접할 수 있다.
④ 다른 나라에서 온 물건을 마트에서 쉽게 살 수 있다.
⑤ 우리나라의 생활 양식이 다른 나라에 알려지기도 한다.

---

16 저출산을 해결하기 위한 노력에는 '저', 고령화에 대비하기 위한 노력에는 '고'라고 쓰시오.

(1) 육아 휴직 제도를 운영합니다. (　　)

(2) 아이 돌봄 서비스를 지원합니다. (　　)

(3) 노후 준비 지원 센터를 만듭니다. (　　)

17 저출산과 고령화에 대응하는 방안으로 알맞지 <u>않은</u> 것은 어느 것입니까? (　　)

① 육아 휴직 제도를 확대한다.
② 여성의 사회 진출을 막는다.
③ 노인들을 위한 복지 제도를 늘린다.
④ 노인들이 사회 활동을 할 수 있도록 지원한다.
⑤ 안정적인 노후 생활을 미리 준비하고 계획한다.

18 지능정보화에 대응하기 위한 노력을 <u>잘못</u> 말한 친구를 골라 이름을 쓰시오.

(　　　　　　　　)

19 지능정보화에 대응하는 방안으로 알맞지 <u>않은</u> 것은 어느 것입니까? (　　)

① 사이버 범죄를 감시한다.
② 지능 정보 기술 활용 교육을 한다.
③ 스마트폰 사용을 법으로 금지한다.
④ 다른 사람의 창작물을 허락 없이 내려받지 않는다.
⑤ 지능 정보 기술을 잘못된 목적으로 사용하지 못하도록 법을 만든다.

20 세계화에 대응하는 방안을 알맞게 말한 친구를 골라 이름을 쓰시오.

> • 유진: 다른 나라의 생활 양식을 무조건 따라야 해요.
> • 정우: 각 나라의 전통적인 생활 양식을 소중하게 여겨야 해요.
> • 민준: 우리나라의 전통적인 생활 양식만을 소중하게 여겨야 해요.

(　　　　　　　　)

우리 사회의 다양한 문화

1 다음에서 설명하는 것은 무엇인지 쓰시오.

> 한 사회의 사람들이 가지고 있는 공통의 생활 방식으로, 의식주뿐만 아니라 언어, 음악, 미술, 종교, 규범 등을 포함하는 것입니다.

(   )

2 우리 주변에서 나타나는 문화의 모습으로 알맞지 <u>않은</u> 것은 무엇입니까? (   )

① 사람들의 나이
② 사람들의 인사법
③ 사람들의 옷차림
④ 사람들이 함께하는 놀이
⑤ 사람들이 사는 집의 모습

3 각 지역에서 볼 수 있는 집의 모습을 선으로 알맞게 연결하시오.

(1) 덥고 비가 많이 오는 지역 •

• ㉠

(2) 건조하고 초원이 많은 지역 •

• ㉡

4 문화에 대한 설명으로 알맞지 <u>않은</u> 것은 어느 것입니까? (   )

① 언어, 미술, 음악, 종교, 규범 등을 포함한다.
② 사람들이 가지고 있는 공통의 생활 방식이다.
③ 한 사회 안에서도 문화는 다양하게 나타난다.
④ 사람들이 음식을 먹는 방법은 포함되지 않는다.
⑤ 문화는 서로 비슷한 모습을 가지고 있기도 하지만 다른 모습을 가지고 있기도 하다.

5 문화의 특징에 대해 알맞게 말한 친구를 골라 ○표 하시오.

(1)   (2)

(   )   (   )

문화의 확산이 우리 사회에 미친 영향

| **6~7** | 다음 〈보기〉를 보고, 물음에 답하시오.

6 위 〈보기〉에서 외국인 이주민 증가에 따른 영향으로 알맞은 것을 모두 골라 기호를 쓰시오.

( )

7 다음 그래프를 통해 알 수 있는 사회 변화의 영향을 위 〈보기〉에서 골라 기호를 쓰시오.

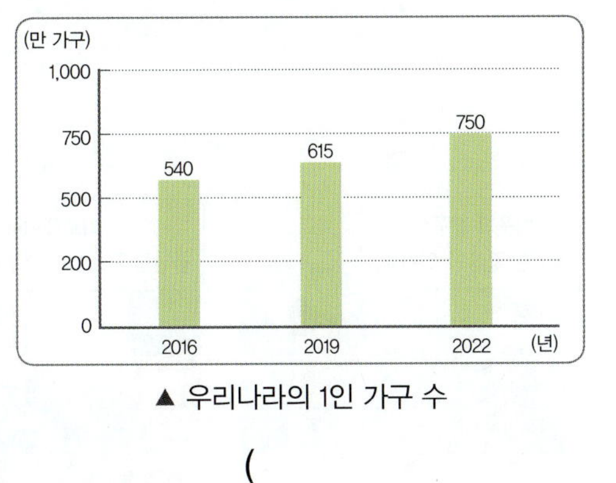

▲ 우리나라의 1인 가구 수

( )

8 다음에서 설명하는 것은 무엇인지 쓰시오.

> 사람과 더불어 살아가며 친밀감과 안정감을 주는 동물을 말합니다.

( )

9 우리나라에 반려동물과 함께 사는 사람이 많아진 까닭으로 알맞은 것에 ○표 하시오.

(1) 반려동물과 관련 있는 직업이 많아졌기 때문에
( )

(2) 1인 가구가 늘어나고 생활 수준이 높아졌기 때문에
( )

(3) 우리나라에 공부하러 온 외국인 이주민이 많아졌기 때문에
( )

10 우리 사회에 다양한 문화가 함께하면 좋은 점을 알맞게 말한 친구를 골라 이름을 쓰시오.

( )

다양한 문화의 확산으로 나타난 문제

11 다음 ㉠, ㉡에 들어갈 알맞은 말을 쓰시오.

> (㉠)(이)란 정확한 정보 없이 한쪽으로 치우친 의견이나 생각을 말하고, (㉡)은/는 정당한 이유 없이 어떤 기준을 두어 대상을 구별하고 다르게 대우하는 것을 말합니다. (㉠) 때문에 (㉡)이/가 나타납니다.

㉠ (   ), ㉡ (   )

12 다음 그림에 나타난 차별의 모습은 무엇입니까?
(   )

① 나이에 대한 차별   ② 남녀에 대한 차별
③ 장애에 대한 차별   ④ 종교에 대한 차별
⑤ 출산에 대한 차별

13 다음 그림은 문화의 확산으로 나타난 어떤 문제인지 알맞게 말한 친구를 골라 이름을 쓰시오.

- 우석: 외국인 이주민에 대한 편견을 가지고 있어.
- 지민: 비혼을 선택하는 사람에 대한 편견을 가지고 있어.

(   )

14 다음 (   ) 안에 공통으로 들어갈 말은 어느 것입니까? (   )

> (   )은/는 부모나 자녀, 형제 등과 같이 살지 않고 혼자 사는 경우를 말합니다. 우리 사회에 (   )이/가 증가하면서 (   )의 건강과 안전 문제가 발생합니다.

① 노인   ② 어린이
③ 청소년   ④ 1인 가구
⑤ 외국인 이주민

15 우리 사회의 다양한 문화의 확산으로 나타난 문제를 선으로 알맞게 연결하시오.

(1) 1인 가구의 증가

(2) 반려동물 양육의 증가

㉠

㉡

다양한 문화를 존중하는 방법

16 외국인 이주민과 함께 살아가기 위한 노력으로 알맞은 것을 모두 골라 ○표 하시오.

(1) 한국어에 서툰 외국인을 차별하는 법을 만듭니다. ( )

(2) 학교에서 다양한 문화를 이해하는 교육을 합니다. ( )

(3) 다문화 축제와 같이 서로 다른 나라의 문화를 즐길 기회를 제공합니다. ( )

17 혼자 사는 사람들이 안전하고 편안하게 살 수 있도록 지원하는 방법을 알맞게 말한 친구의 이름을 쓰시오.

> • 아름: 혼자 사는 사람이 사회에서 소외되지 않도록 반려동물을 제공해요.
> • 현수: 혼자 병원에 가기 어려운 사람들을 위한 병원 동행 서비스를 제공해요.

( )

18 반려동물을 키우는 사람들과 함께 살아가기 위한 노력으로 알맞은 것을 (보기)에서 골라 기호를 쓰시오.

> (보기)
> ㉠ 길에서 만난 반려동물을 함부로 만진다.
> ㉡ 공원에서 산책할 때는 사람이 많은 곳에서만 반려견의 목줄을 채운다.
> ㉢ 보호가 필요한 동물을 보살필 수 있는 기관을 운영한다.

( )

19 나와 다른 문화를 대하는 바람직한 태도로 알맞지 <u>않은</u> 것은 어느 것입니까? ( )

① 나와 다른 문화를 소중히 대한다.
② 나와 다른 문화를 차별하지 않는다.
③ 나와 다른 문화를 편견을 가지고 바라본다.
④ 서로 다른 문화의 차이를 인정하고 이해한다.
⑤ 서로 다른 문화를 존중하는 태도가 필요하다.

20 다양한 문화를 대하는 올바른 태도를 <u>잘못</u> 말한 친구는 누구입니까? ( )

①
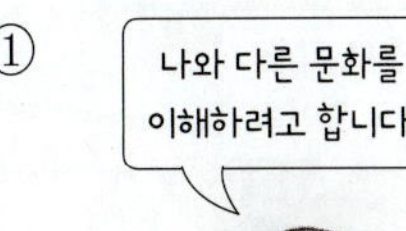

②
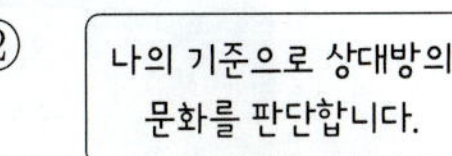

③

④

1 우리 사회의 변화된 생활 모습을 <u>잘못</u> 말한 친구를 골라 이름을 쓰시오.

> • 수영: 옆 동네에 노인 전문 병원이 새로 생겼어요.
> • 진웅: 일하는 할아버지, 할머니가 줄어들고 있어요.
> • 지현: 우리의 생활을 편리하게 해 주는 기술이 생겨나고 있어요.

(　　　　　　)

2 다음과 같은 현상이 나타나는 까닭으로 알맞은 것은 어느 것입니까? (　　)

① 노인의 수가 늘어났기 때문에
② 통신수단이 발달했기 때문에
③ 다른 나라와의 교류가 증가했기 때문에
④ 인공지능 기술이 사회에 영향을 미치기 때문에
⑤ 옛날보다 태어나는 아이의 수가 점점 줄어들고 있기 때문에

3 다음과 같이 일상생활의 모습이 변화하는 원인이 된 사회 변화를 세 글자로 쓰시오.

> • 우리나라 총인구에서 65세 이상 인구가 차지하는 비율이 점점 늘어나고 있습니다.
> • 노인 건강 관리, 의료 기기 개발 등 노인 관련 산업이 늘어나고 있습니다.

(　　　　　　)

| 4~5 | 다음 (보기)를 보고, 물음에 답하시오.

(보기)
> ㉠ 가족의 구성원 수가 줄어들고 있다.
> ㉡ 학생 수가 줄어드는 학교가 늘어나고 있다.
> ㉢ 안정적인 노후 생활에 대한 관심이 늘어나고 있다.
> ㉣ 노인들이 행복하고 건강하게 살아갈 수 있도록 돕는 복지 제도가 마련되고 있다.

4 위 (보기)에서 저출산으로 변화된 일상생활의 모습을 모두 골라 기호를 쓰시오.

(　　　　　　)

5 위 (보기)에서 고령화로 변화된 일상생활의 모습을 모두 골라 기호를 쓰시오.

(　　　　　　)

6
우리 사회에서 다음과 같은 변화가 나타난 까닭은 무엇인지 쓰시오.

____

____

7 지능정보화의 부정적 영향으로 알맞지 <u>않은</u> 것은 어느 것입니까? (   )

① 디지털 사용 격차가 발생한다.
② 개인 정보를 안전하게 관리할 수 있다.
③ 인공지능 기술로 만든 가짜 뉴스가 확산한다.
④ 인공지능으로 인해 사람의 일자리가 줄어든다.
⑤ 사람들의 인터넷이나 스마트폰 과의존이 심해진다.

8 세계화가 우리 생활에 미친 긍정적 영향을 두 가지 고르시오. (   )

① 우리의 전통 문화가 점점 사라진다.
② 서로의 문화를 이해하지 못해 다툰다.
③ 세계 여러 나라의 문화를 접할 수 있다.
④ 세계 여러 나라의 물건을 쉽게 살 수 있다.
⑤ 무조건 우리의 전통문화가 뛰어나다고 여긴다.

9 지능정보화 사회의 문제점을 해결하기 위한 방안으로 알맞지 <u>않은</u> 것은 어느 것입니까? (   )

① 개인 정보가 유출되지 않도록 조심한다.
② 다른 사람의 저작물을 소중하게 생각한다.
③ 인터넷과 휴대 전화의 사용 규칙을 정한다.
④ 인터넷이나 휴대 전화로 대화할 때 예의를 지킨다.
⑤ 걱정없이 아이를 낳아 키울 수 있도록 나라에서 지원을 한다.

10 사회 변화에 대응하는 방안을 <u>잘못</u> 짝지은 것은 어느 것입니까? (   )

① 고령화 – 노인들을 위한 복지 제도를 늘린다.
② 저출산 – 반려동물을 키우는 가정을 지원한다.
③ 고령화 – 세대 간 소통하고 배려하는 태도를 가진다.
④ 지능정보화 – 사이버 범죄를 감시하고 피해를 줄이려고 노력한다.
⑤ 세계화 – 세계 여러 나라의 문제를 함께 해결하려고 노력하는 자세를 가진다.

11 다음 ( ) 안에 공통으로 들어갈 말을 쓰시오.

> • ( )은/는 한 사회의 사람들이 가지고 있는 공통의 생활 방식입니다.
> • ( )은/는 나라, 지역, 세대 등에 따라 그 모습이 다양하게 나타납니다.

( )

서술형

12 다음 그림을 보고 알 수 있는 문화의 의미를 쓰시오.

13 다음 중 추운 지역에 사는 사람들이 추위를 이겨 내기 위한 옷차림의 모습을 골라 ○표 하시오.

(1)

(2)

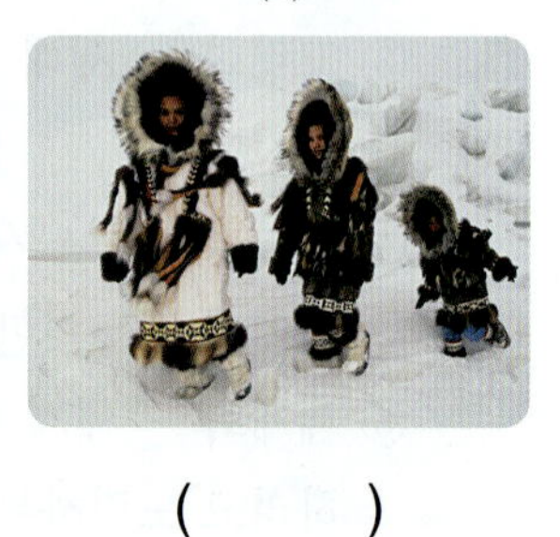

( ) ( )

14 다음과 같은 사회 변화가 나타난 까닭으로 알맞은 것을 두 가지 고르시오. ( )

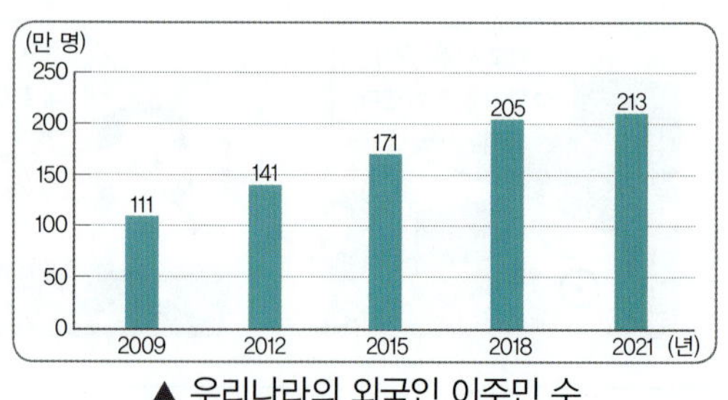

▲ 우리나라의 외국인 이주민 수

① 혼자 사는 노인의 수가 많아졌기 때문에
② 반려동물을 좋아하는 사람이 많아졌기 때문에
③ 외국인이 우리나라 사람과 결혼을 했기 때문에
④ 외국인이 우리나라에서 일자리를 얻었기 때문에
⑤ 1인 가구가 늘어나고 생활 수준이 높아졌기 때문에

15 우리 사회에 다양한 문화의 확산으로 나타난 모습을 잘못 말한 친구는 누구입니까? ( )

16 다음에서 설명하는 말로 알맞은 것은 어느 것입니까? (   )

> 다른 사람이나 문화에 대한 정확한 정보 없이 한쪽으로 치우친 생각이나 의견

① 긴장　　　② 대화　　　③ 평등
④ 타협　　　⑤ 편견

17 다음과 같이 정당한 이유 없이 어떤 기준을 두어 대상을 구별하고 다르게 대우하는 것을 무엇이라고 하는지 쓰시오.

자신과 다른 옷차림을 보고 수군거리거나 옆자리를 피합니다.

(　　　　　　　　　)

18 편견과 차별의 문제점을 한 가지만 쓰시오.

____

____

19 다음 (   ) 안에 공통으로 들어갈 말을 쓰시오.

> • (　　　)은/는 부모나 자녀, 형제 등과 같이 살지 않고 혼자 사는 경우를 말합니다.
> • (　　　)을/를 위한 취미 생활, 요리, 운동 등의 프로그램을 운영합니다.
> • 혼자 병원에 가기 어려운 (　　　)을/를 위한 병원 동행 서비스를 제공합니다.

(　　　　　　　　　)

20 다음 글의 밑줄 친 '노력'으로 알맞지 <u>않은</u> 것은 어느 것입니까? (   )

> 서로 다른 문화를 가진 다양한 사람들이 함께 어우러져 살아가기 위해서는 여러 가지 <u>노력</u>이 필요합니다.

① 나와 다른 문화를 편견 없이 바라본다.
② 나와 다른 문화를 구별하고 다르게 대한다.
③ 나와 다른 문화를 가진 사람들의 어려움에 관심을 가진다.
④ 서로 다른 나라의 문화를 체험해 볼 수 있는 행사를 개최한다.
⑤ 다양한 문화를 존중하는 태도를 기를 수 있도록 공익 광고를 만든다.

단원 핵심 개념

① 옛날과 오늘날의 풍습

(1) 

의미

옛날부터 전해져 내려오는 고유한 생활 모습이나 습관

옛날과 오늘날의 풍습 변화

옛날부터 오늘날까지 이어져 내려오는 풍습	옛날 풍습 중 오늘날 사라져 가는 풍습
백일잔치, 폐백, 회갑 잔치, 생일 등	금줄 치기, 관례 등

(2) 옛날과 오늘날의 세시 풍속

세시 풍속의 의미

② 　　　　에 하는 일, 먹는 음식, 입는 옷, 즐기는 놀이 등 해마다 일정한 때에 반복하는 우리 고유의 풍습

옛날의 세시 풍속

설날	웃어른께 세배드리기, 떡국 먹기, 윷놀이, 연날리기
정월 대보름	오곡밥과 나물 먹기, 부럼 깨 먹기, 달집태우기, 쥐불놀이
단오	수리취떡과 앵두화채 먹기, ③ 　　　　에 머리 감기, 그네뛰기, 씨름
삼복	농사일을 잠시 쉬며 닭백숙, 육개장 등 먹기
추석	조상들께 차례를 지내고 성묘하기, 송편과 토란국 먹기, 강강술래, 줄다리기
동지	팥죽 먹기, 부모님이 오래 살기를 기원하며 버선 드리기

옛날과 오늘날의 세시 풍속 비교하기

공통점	오늘날 세시 풍속은 달라졌지만, 가족이나 이웃과 기쁨을 함께 나누는 것은 변함없음.
차이점	옛날에는 주로 ④ 　　　　와 관련된 세시 풍속을 즐겼고, 오늘날에는 설날, 추석 등 큰 명절을 중심으로 한 세시 풍속이 이어져 오고 있음.

② 교통의 변화로 달라진 생활 모습

(1) 옛날과 오늘날의 교통수단 

옛날의 교통수단	오늘날의 교통수단
말, 달구지, 가마, 나룻배, 돛단배 등	승용차, 버스, 전철, 자전거, 비행기 등

(2) 교통의 발달로 달라진 생활 모습

- 사람들이 먼 곳으로 빠르고 편리하게 갈 수 있게 되었습니다.
- 다른 지역이나 나라와의 ⑤ [   ] 가 늘어났고, 사람들의 ⑥ [   ] 공간이 넓어졌습니다.

(3) 교통이 발달하며 나타난 문제점

- 소음 문제
- 환경 오염
- 교통사고 증가
- 교통 체증

③ 통신수단의 변화로 달라진 생활 모습

(1) 옛날과 오늘날의 통신수단 

옛날의 통신수단	오늘날의 통신수단
서찰, 방, 파발, 신호 연, 봉수, 북, 나발 등	휴대 전화, 컴퓨터, 텔레비전, 라디오, 신호등 등

(2) 통신수단의 발달로 달라진 생활 모습 

- 언제 어디서나 ⑦ [   ] 를 쉽고 빠르게 주고받을 수 있습니다.
- 장소에 직접 가지 않고도 할 수 있는 일이 많아지면서 생활이 편리해졌습니다.

(3) 통신수단의 발달로 나타난 문제점

- 개인 정보 유출 문제
- ⑧ [   ] 폭력 문제
- 스마트폰 과의존

옛날의 일상생활 속 풍습

1 다음 (　　) 안에 공통으로 들어갈 말을 쓰시오.

> (　　　)은/는 옛날부터 전해져 내려오는 고유한 생활 모습이나 습관을 말합니다. (　　　)에는 해마다 일정한 때에 되풀이하는 세시 풍속도 있습니다.

(　　　　　　　　　　)

2 다음과 같이 아이가 태어난 지 1년이 되는 날에 많은 사람이 모여 축하해 주는 풍습을 무엇이라고 하는지 쓰시오.

(　　　　　　　　　)

3 돌잔치 상에 올라가는 물건에 담긴 소망을 선으로 알맞게 연결하시오.

(1) 돈	•	• ㉠	오래 살기를 바라는 마음
(2) 쌀	•	• ㉡	경제적으로 여유롭게 살길 바라는 마음
(3) 실	•	• ㉢	잘 먹고 건강하게 살길 바라는 마음

4 옛날의 일상생활 속 풍습에 대한 설명으로 알맞은 것을 (보기)에서 모두 골라 기호를 쓰시오.

> (보기)
> ㉠ 아기가 태어나면 대문에 금줄을 쳤다.
> ㉡ 관례는 성인이 된 남자와 여자가 부부가 되는 예식이다.
> ㉢ 두레와 품앗이 등 농사일이나 집안일을 서로 도우며 살았다.
> ㉣ 부모님이 60년 동안 건강하게 사신 것을 축하하기 위해 돌잔치를 했다.

(　　　　　　　　　)

옛날과 오늘날의 풍습 비교하기

5 옛날과 오늘날 결혼식의 공통점으로 알맞지 <u>않은</u> 것은 어느 것입니까? (　　　)

① 신부는 신랑의 집으로 가서 폐백을 드린다.
② 신랑과 신부가 서로를 지켜 줄 것이라고 약속한다.
③ 부부가 되어 새로운 가정을 이루는 중요한 의식이다.
④ 신랑과 신부가 부부가 된 것을 많은 사람에게 알린다.
⑤ 가족과 친척들이 모여 신랑과 신부의 행복한 미래를 축복해 준다.

6 오늘날 결혼식 모습으로 알맞지 <u>않은</u> 것은 어느 것입니까? (   )

① 주로 신부의 집에서 결혼식을 한다.
② 신랑과 신부는 결혼반지를 주고받는다.
③ 결혼식 후 보통 신랑과 신부는 신혼여행을 간다.
④ 주로 신랑은 턱시도, 신부는 웨딩드레스를 입는다.
⑤ 결혼식장, 정원, 공원 등 다양한 장소에서 결혼식을 한다.

7 옛날과 오늘날의 풍습 변화에 대한 설명으로 알맞은 것에 ○표, 알맞지 <u>않은</u> 것에 ×표 하시오.

⑴ 옛날에는 아기가 태어나면 집 앞에 금줄을 쳐서 나쁜 기운을 막았습니다. (   )
⑵ 오늘날에도 폐백은 신랑 집안 어른들에게만 드립니다. (   )
⑶ 회갑 잔치는 아기가 태어난 지 100일이 되는 날에 했던 잔치입니다. (   )

8 다음에서 설명하는 오늘날 사라져 가는 풍습은 무엇인지 쓰시오.

> 옛날에는 어른이 될 때 남자는 상투를 틀고 관을 썼으며, 여자는 머리를 올리고 비녀를 꽂았습니다.

(   )

---

9 다음 (   ) 안에 들어갈 알맞은 말을 쓰시오.

> 명절에 하는 일, 먹는 음식, 입는 옷, 즐기는 놀이 등 해마다 일정한 때에 반복하는 우리 고유의 풍습을 말합니다.

(   )

10 정월 대보름의 세시 풍속으로 알맞지 <u>않은</u> 것은 어느 것입니까? (   )

① 쥐불놀이   ② 달집태우기
③ 부럼 깨물기   ④ 오곡밥 먹기
⑤ 부채 선물하기

11 다음 그림과 같은 세시 풍속을 즐겼던 명절은 언제인지 쓰시오.

(   )

12 다음 (   ) 안에 들어갈 알맞은 말에 ○표 하시오.

⑴ (한식 , 단오)에는 불을 사용하지 않고 찬 음식을 먹는 풍속이 있습니다.

⑵ (삼복 , 중양절)에는 농사일을 잠시 쉬며 영양이 풍부한 닭백숙, 육개장 등을 먹었습니다.

⑶ 동지에는 나쁜 기운을 쫓는다는 의미로 (팥죽 , 토란국)을 먹었습니다.

옛날과 오늘날의 세시 풍속 비교하기

13 옛날 추석의 세시 풍속으로 알맞은 것을 (보기)에서 골라 기호를 쓰시오.

(보기)
㉠ 친척들과 떡국을 만들어 먹었다.
㉡ 민속촌에 가서 세시 풍속을 체험했다.
㉢ 올게심니를 매달아 두고 다음 해의 풍년을 빌었다.
㉣ 복조리를 걸거나, 복주머니를 차고 복이 들어오기를 빌었다.

(   )

14 오늘날 설날에 볼 수 있는 세시 풍속으로 알맞지 <u>않은</u> 것은 어느 것입니까? (   )

① 차례를 지낸다.
② 어른들께 세배를 드린다.
③ 여러 가지 전통 놀이를 체험한다.
④ 떡국과 맛있는 음식을 나누어 먹는다.
⑤ 강강술래를 하며 마을의 풍년을 기원한다.

---

15 옛날과 오늘날의 세시 풍속에 대해 알맞게 말한 친구의 이름을 쓰시오.

(   )

16 옛날에 다음과 같은 세시 풍속이 있었던 계절은 언제인지 쓰시오.

곡식과 과일을 거두고, 수확의 기쁨을 함께 나눴습니다.

(   )

오늘날의 교통수단

6 오늘날 교통수단의 모습으로 알맞지 <u>않은</u> 것을 골라 ○표 하시오.

(1)   (2)

(   )   (   )

(3)   (4)

(   )   (   )

7 오늘날 교통수단의 특징으로 알맞은 것은 무엇입니까? (   )

① 기계의 힘을 빌리지 않는다.
② 교통수단의 종류가 줄어들었다.
③ 한 번에 무거운 짐을 옮기기 힘들다.
④ 주로 사람의 힘을 이용해서 움직인다.
⑤ 한 번에 많은 사람을 실어 나를 수 있다.

8 오늘날 교통수단을 이용하는 모습으로 알맞은 것은 어느 것입니까? (   )

① 배를 타고 산을 오른다.
② 자전거를 타고 바다를 건넌다.
③ 전철을 타고 해외로 출장을 간다.
④ 기차를 타고 할머니를 뵈러 간다.
⑤ 트럭을 타고 친구들과 함께 현장 체험 학습을 간다.

9 오늘날 교통수단이 발달하는 데 영향을 준 것은 무엇입니까? (   )

① 자연환경의 변화
② 과학 기술의 발달
③ 다양한 언어의 사용
④ 사람들의 옷차림 변화
⑤ 교통수단을 이용하는 목적의 변화

10 교통수단의 발달에 따라 생겨난 시설을 선으로 알맞게 연결하시오.

(1) 해상 교통 •   • ㉠ 공항, 활주로, 관제탑

(2) 항공 교통 •   • ㉡ 선착장, 여객선 터미널, 등대

(3) 철도 교통 •   • ㉢ 기차역, 지하철역

교통의 발달로 달라진 생활 모습

11 다음 그림을 보고 알 수 있는 교통의 변화로 달라진 오늘날 생활 모습을 알맞게 말한 친구를 고르시오.

- 영현: 예전에는 가기 어려웠던 곳을 편리하게 갈 수 있어.
- 수진: 한 번에 먼 곳까지 무거운 짐을 옮길 수 있게 되었어.

(   )

12 교통의 발달로 달라진 생활 모습으로 알맞지 <u>않은</u> 것은 어느 것입니까? (   )

① 다른 나라와의 교류가 늘어났다.
② 사람들의 생활 공간이 좁아졌다.
③ 먼 곳으로 빠르게 갈 수 있게 되었다.
④ 먼 곳으로 편리하게 갈 수 있게 되었다.
⑤ 여가 생활을 즐기는 모습이 다양해졌다.

13 교통의 발달로 나타난 변화에 대한 설명으로 알맞지 <u>않은</u> 것을 (보기)에서 골라 기호를 쓰시오.

(보기)
㉠ 해외로 여행을 가는 사람들이 많아졌다.
㉡ 누구나 교통 약자 택시를 타고 이동할 수 있다.
㉢ 통근버스를 타고 먼 곳에 있는 회사에 출근한다.

(   )

|14~15| 다음 자료를 보고, 물음에 답하시오.

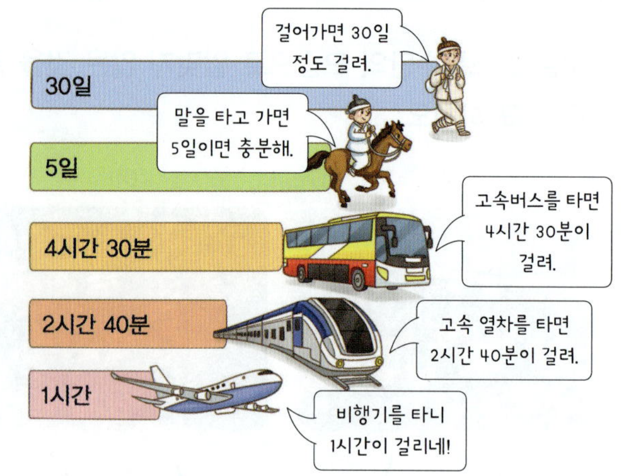

▲ 서울에서 부산까지 갈 때 걸리는 시간

14 위 자료에 대한 설명으로 알맞은 것에 ○표 하시오.

(1) 서울에서 부산까지 고속버스를 타고 가는 것이 고속 열차를 타고 가는 것보다 빠릅니다.

(   )

(2) 서울에서 부산까지 고속 열차를 타고 가는 것보다 비행기를 타는 것이 더 빠릅니다. (   )

15 위 자료를 보고 알 수 있는 점으로 알맞은 것은 어느 것입니까? (   )

① 서울에서 부산까지 걸어갈 수 없다.
② 서울에서 부산까지 갈 때 이용할 수 있는 교통수단은 한 가지이다.
③ 교통수단이 발달하면서 목적지까지 가는 데 걸리는 시간이 줄어들었다.
④ 서울에서 부산까지 갈 때 증기 기관차를 이용하는 것이 가장 안전하다.
⑤ 서울에서 부산까지 가는 가장 빠른 방법은 고속 열차를 이용하는 방법이다.

16 도로 교통의 발달로 생긴 직업을 (보기)에서 모두 골라 기호를 쓰시오.

┌─(보기)─────────────────────┐
ㄱ 택배 기사   ㄴ 철도 역무원
ㄷ 항공 정비사   ㄹ 자동차 정비사
└───────────────────────────┘

(   )

교통의 변화와 미래의 생활 모습

17 다음과 같은 해결 방안은 어떤 문제점을 해결하기 위한 것인지 고르시오. (   )

스마트 횡단보도, 어린이 보호구역 등 보행자 를 보호하는 장치를 마련합니다.

① 교통 체증
② 소음 문제
③ 주차 문제
④ 환경 오염
⑤ 교통사고 증가

18 다음과 같이 동물이 안전하게 이동할 수 있도록 마련한 장치를 무엇이라고 하는지 쓰시오.

(   )

19 다음에서 설명하는 미래의 교통수단으로 알맞은 것은 어느 것입니까? (   )

┌───────────────────────────┐
• 터널을 통해 비행기보다 빠른 속도로 움직이 는 친환경 교통수단입니다.
• 터널 안에서 달리기 때문에 소음이 적고, 매연 이 나오지 않아 환경 오염 문제를 줄일 수 있 습니다.
└───────────────────────────┘

① 드론   ② 웨어러블 로봇
③ 태양열 자동차   ④ 자율 주행 자동차
⑤ 초고속 자기 부상 열차

2 단원
A단계

20 미래의 교통수단 모습으로 알맞지 <u>않은</u> 것을 (보기) 에서 골라 기호를 쓰시오.

┌─(보기)─────────────────────┐
ㄱ 하늘을 빠르게 나는 비행기
ㄴ 매연이 나오지 않아 환경 오염이 적은 태양 열 자동차
ㄷ 몸이 불편한 사람들의 이동을 돕는 자율 주 행 휠체어
ㄹ 사람이 무거운 물건을 쉽게 들고 이동할 수 있게 도와주는 웨어러블 로봇
└───────────────────────────┘

(   )

1 다음에서 설명하는 것은 무엇인지 쓰시오.

> • 휴대 전화, 컴퓨터, 텔레비전과 같은 도구를 말합니다.
> • 사람들이 서로 소식이나 정보를 주고받을 때 사용하는 방법이나 도구를 말합니다.

(   )

2 다음 그림과 같이 옛날 사람들이 안부나 소식을 적어 보내는 글을 무엇이라고 하는지 쓰시오.

(   )

3 옛날 사람들이 적이 쳐들어왔을 때 다음과 같은 통신수단을 이용했던 까닭은 무엇입니까? (   )

① 적에게 경고를 해야 하기 때문에
② 자주 연락을 주고받아야 하기 때문에
③ 많은 정보를 자세히 전달해야 하기 때문에
④ 적이 알지 못하게 몰래 알려야 하기 때문에
⑤ 큰 소리를 내면 많은 사람들이 알 수 있기 때문에

4 옛날 통신수단의 특징으로 알맞은 것을 두 가지 고르시오. (   )

① 날씨의 영향을 받았다.
② 한 번에 많은 소식을 전할 수 없었다.
③ 주로 기계를 이용하여 소식을 전했다.
④ 실시간으로 정보를 주고받을 수 있었다.
⑤ 멀리 떨어진 사람들과 소식을 빠르게 주고받았다.

5 이동하면서 통화를 하거나 밖에서도 여러 친구와 문자 대화를 주고받을 수 있는 통신수단은 무엇입니까? (   )

① 
▲ 편지

② 
▲ 휴대 전화

③ 
▲ 텔레비전

④ 
▲ 컴퓨터

6 다음 (　　) 안에 공통으로 들어갈 말을 쓰시오.

버스 정류장 디지털 안내판의 (　　　)
을/를 보고 버스 도착 시각을 확인할 수 있습니다.

(　　　　　　　　　)

7 오늘날 통신수단의 특징을 잘못 말한 친구를 골라 이름을 쓰시오.

(　　　　　　　　　)

8 통신수단의 발달로 달라진 사람들의 생활 모습으로 알맞지 <u>않은</u> 것은 어느 것입니까? (　　　　)

① 통신수단을 이용하여 생활이 편리해졌다.
② 직접 만나서 이야기하는 경우가 늘어났다.
③ 정보를 빠르고 편리하게 주고받을 수 있다.
④ 병원에 직접 가지 않고 진료를 받을 수 있다.
⑤ 모바일 메신저로 사람들과 실시간으로 소통할 수 있다.

9 통신수단의 발달로 달라진 생활 모습으로 알맞은 것에 ○표 하시오.

(1)　　　　　　　　　　(2)

(　　　　)　　　　　　(　　　　)

10 다음 ㉠~㉣을 전화기의 변화 과정 순서에 맞게 기호를 쓰시오.

㉠ 유선 전화　　　　　㉡ 초기의 전화기
㉢ 휴대 전화(스마트폰)　㉣ 초기의 휴대 전화

(　　　) → (　　　) → (　　　) → (　　　)

11 다음 그림에 나타난 전화에 대한 설명으로 알맞지 <u>않은</u> 것은 어느 것입니까? (   )

▲ 휴대 전화(스마트폰)

① 이동하면서 전화할 수 있다.

② 얼굴을 보면서 전화할 수 있다.

③ 통신 기기 하나로 다양한 기능을 이용할 수 있다.

④ 교환원이 연결해 주어야 상대방과 통화할 수 있다.

⑤ 다양한 응용 프로그램을 설치하여 사용할 수 있다.

통신수단의 변화와 미래의 생활 모습

12 통신수단의 발달로 나타난 문제점으로 알맞지 <u>않은</u> 것은 어느 것입니까? (   )

① 스마트 기기에 지나치게 의존하는 경우가 많다.

② 병원에 직접 가지 않고도 진료를 받을 수 있다.

③ 개인 정보가 밖으로 새어 나가는 경우가 발생한다.

④ 인터넷에서 상대방을 괴롭히고 따돌리는 사이버 폭력이 나타난다.

⑤ 공공장소에서 통신수단을 이용할 때 지켜야 할 예절을 제대로 지키지 않는다.

---

13 통신수단을 올바르게 이용하는 방법과 예절으로 알맞은 것을 (보기)에서 모두 골라 기호를 쓰시오.

(보기)

㉠ 공공장소에서 큰 소리로 통화한다.

㉡ 다른 사람을 사진 촬영할 때는 허락을 받는다.

㉢ 횡단보도를 건널 때 휴대 전화를 사용하지 않는다.

㉣ 다른 사람에게 상처를 주는 댓글을 인터넷에 써도 된다.

(   )

14 사물 인터넷에 대해 알맞게 설명한 친구를 골라 ○표 하시오.

(1)

(   )

(2)

(   )

15 다음에서 설명하는 미래의 통신수단은 무엇인지 쓰시오.

사람의 생각만으로 여러 장치를 조작하여 사람들과 소통하거나 물건을 옮길 수 있는 통신수단입니다.

(   )

단원 평가 Ⓑ 단계

2. 옛날과 오늘날의 생활 모습 맞은 개수 　/20

1 옛날의 일상생활 속 풍습에 대한 설명으로 알맞은 것에 ○표, 알맞지 <u>않은</u> 것에 ×표 하시오.

(1) 회갑에는 부모님이 60년 동안 건강하게 사신 것을 축하하기 위해 생신상을 차려 잔치를 했습니다. 　　　　　(　　)

(2) 첫 번째 생일인 첫돌 때는 아기가 아프지 않고 오래 살기를 바라는 마음으로 대문에 금줄을 쳤습니다. 　　　　　(　　)

2 돌잡이 물건에 담긴 소망과 관련 있는 물건을 〈보기〉에서 골라 기호를 쓰시오.

〈보기〉
ㄱ 쌀　　　　ㄴ 실　　　　ㄷ 붓과 벼루

(1) 오래 살기를 바라는 마음 　　　　(　　)
(2) 잘 먹고 건강하게 살길 바라는 마음 　(　　)
(3) 지혜롭고 현명한 사람이 되길 바라는 마음 　　　　　　　　　(　　)

3 옛날과 오늘날 결혼식의 공통점으로 알맞은 것은 어느 것입니까? 　　　　(　　)

① 결혼식을 하는 장소가 같다.
② 결혼식을 하는 방법이 같다.
③ 결혼식 후에 하는 일이 같다.
④ 결혼식을 할 때 입는 옷이 같다.
⑤ 사람들에게 두 사람이 부부가 된 것을 알린다는 점이 같다.

서술형

4 옛날 설날의 세시 풍속을 두 가지 쓰시오.

____

____

5 옛날 사람들이 삼복에 더위를 이겨 내려고 먹었던 음식을 〈보기〉에서 모두 골라 기호를 쓰시오.

(　　　　　)

6 다음 ( ) 안에 공통으로 들어갈 말을 쓰시오.

> • 옛날에는 주로 ( )을/를 짓고 살았기 때문에 계절마다 농사와 관련된 세시 풍속이 다양했습니다.
> • 날씨와 계절의 변화는 ( )을/를 짓는 데 매우 중요합니다.

( )

7 옛날에 우리 조상들이 봄에 즐겼던 세시 풍속을 〈보기〉에서 골라 기호를 쓰시오.

> 〈보기〉
> ㉠ 곡식과 과일을 거두고, 수확의 기쁨을 나눴다.
> ㉡ 농사가 잘되기를 바라며 성묘를 하고 농사일을 시작했다.
> ㉢ 새해의 첫 보름달을 보며 한 해의 풍년을 바랐다.
> ㉣ 더위를 피해 농사일을 쉬며, 영양이 풍부한 음식을 먹었다.

( )

8 윷놀이에 대한 설명으로 알맞지 <u>않은</u> 것은 어느 것입니까? ( )

① 주로 단오에 즐기던 놀이다.
② 남녀노소 누구나 즐길 수 있다.
③ 장소에 크게 영향을 받지 않는다.
④ 윷을 던져 나온 결과에 따라 윷말을 옮긴다.
⑤ 옛날에는 마을 사람들이 함께 윷놀이를 하면서 마을의 평안과 풍년을 빌었다.

9 다음 사진의 옛날 교통수단에 대한 설명으로 알맞은 것은 어느 것입니까? ( )

① 기계의 힘을 이용했다.
② 강에서 이용했던 교통수단이다.
③ 먼 곳까지 빠르게 이동할 수 있었다.
④ 많은 사람이 한꺼번에 이용할 수 있었다.
⑤ 수레 위에 실은 무거운 짐을 소나 말이 끌었다.

10 다음 사진의 교통수단에 대해 <u>잘못</u> 말한 친구를 골라 이름을 쓰시오.

▲ 증기 기차

▲ 연아　　　▲ 세형

( )

11 다음에서 설명하는 교통수단은 무엇인지 쓰시오.

- 오늘날 사람들이 이용하는 교통수단입니다.
- 도로나 자전거 도로를 이용해 빠르게 이동할 수 있습니다.

(   )

서술형

12 다음 제시된 시설들의 공통점은 무엇인지 쓰시오.

• 터널　　• 주유소　　• 휴게소　　• 정비소

____

____

---

13 교통의 변화로 달라진 사람들의 생활 모습으로 알맞은 것에 ○표, 알맞지 <u>않은</u> 것에 ×표 하시오.

(1) 교통의 발달로 새로운 직업이 생겨났습니다.

(   )

(2) 교통의 발달로 옛날보다 생활 공간이 좁아졌습니다.

(   )

(3) 안전한 교통을 위한 여러 가지 신호와 약속을 지킵니다.

(   )

---

14 해상 교통의 발달로 생긴 직업으로 알맞지 <u>않은</u> 것은 어느 것입니까? (   )

① 선장
② 도선사
③ 등대 관리원
④ 항공 관제사
⑤ 해양 경찰관

---

15 다음과 같은 문제점을 해결하기 위한 방안으로 알맞은 것은 어느 것입니까? (   )

① 생태 통로 설치
② 소음 방지 터널 설치
③ 스마트 횡단보도 설치
④ 친환경 교통수단 개발
⑤ 실시간 교통 정보 제공

| 16~17 | 다음 옛날의 통신수단을 보고, 물음에 답하시오.

16 위 ㉠, ㉡ 통신수단의 이름을 각각 쓰시오.

㉠ (   ), ㉡ (   )

17 위 ㉠, ㉡ 중 옛날에 어떤 일을 널리 알리려고 사람들이 많이 모이는 곳에 써 붙이는 글을 골라 기호를 쓰시오.

(   )

18 다음과 같이 실시간으로 연락을 주고받을 수 있는 오늘날의 통신수단은 무엇입니까? (   )

① 우편   ② 신문   ③ 라디오
④ 무전기   ⑤ 길도우미

19 다음과 같이 전화기가 발달하면서 달라진 사람들의 생활 모습을 두 가지 쓰시오.

▲ 초기의 전화기   ▲ 유선 전화

▲ 초기의 휴대 전화   ▲ 휴대 전화(스마트폰)

____

____

20 통신수단의 발달로 나타난 문제점으로 알맞지 <u>않은</u> 것은 어느 것입니까? (   )

① 사이버 폭력 문제가 나타난다.
② 통신 예절을 지키지 않는 사람이 생긴다.
③ 나의 개인 정보를 다른 사람이 알 수 없다.
④ 휴대 전화 이용을 멈추기 어려운 사람이 늘어나고 있다.
⑤ 스마트 기기에 지나치게 의존하는 사람들이 늘어나고 있다.

하루 4쪽, 공부 효율 1등
초등 공부는 백점

22 개정 교육과정 완벽 반영

국어 | 1~6학년 1, 2학기

수학 | 1~6학년 1, 2학기

사회 | 3~6학년 1, 2학기

과학 | 3~6학년 1, 2학기

자기주도학습을 위한
하루 4쪽 학습

문해력 강화를 위한
교과 어휘 학습

학교 시험 대비
수준별 단원 평가

백점 **사회** 3·2

초등학교　　　학년　　　반　　　번　　　이름

백점

사회 3·2

해설북

- 한눈에 보이는 **정확한 답**
- 한번에 이해되는 **자세한 풀이**

모바일
빠른 정답

동아출판

○ 해설북 구성과 특징

1 다양한 보충 설명이 있습니다.
문제 관련 내용을 깊이 있게 이해할 수 있도록 '문제 속 개념', '왜 답이 아닐까' 등의 보충 설명 제시

2 자세한 서술형 풀이가 있습니다.
편리한 서술형 문제 채점을 위해 '채점 기준'과 '채점 TIP', '이런 답도 가능해' 등의 구체적인 풀이 제시

○ 차례

○ 백점 사회 빠른 정답
QR코드를 찍으면 **정답과 풀이**를 쉽고 빠르게 확인할 수 있습니다.

1. 사회 변화로 나타난 일상생활의 모습

1회 문제 학습 10~11쪽

1 사회 변화 **2** 수명 **3** 저출산 **4** 생산 가능 인구

5 ③ **6** 노인 **7** ⑩ 일하는 할아버지, 할머니가 늘어나고 있습니다. 학생 수가 줄어들며, 학급 수도 함께 줄어들고 있습니다. **8** ㉠, ㉡ **9** 저출산 **10** 생산 가능 인구 **11** 늘어나면서 **12** ⑴ ○ **13** 소연

5 ③ 오늘날 사람들의 평균 수명의 증가로 사회가 변화하였습니다.

7 이 밖에도 우리의 생활을 편리하게 해 주는 새로운 기술이 생겨나고 있습니다. 노인을 위한 시설이나 장소가 많아지고 있습니다.

채점 기준	상	사회 변화로 달라진 오늘날 사람들의 생활 모습을 두 가지 모두 알맞게 쓴 경우
	중	사회 변화로 달라진 오늘날 사람들의 생활 모습을 한 가지만 알맞게 쓴 경우

8 오늘날에는 옛날보다 교실 한 반에 있는 학생의 수가 적고, 옛날과 달리 텔레비전과 컴퓨터가 있습니다.

9 저출산은 태어나는 아이의 수가 줄어들어 출산율이 감소하는 현상을 말합니다.

10 제시된 그래프는 우리나라의 생산 가능 인구를 나타냅니다. 생산 가능 인구는 생산 활동을 할 수 있는 15~64세에 해당하는 인구를 말합니다.

11 결혼하지 않거나, 결혼 후 아이를 기르는 것에 부담을 느끼는 사람이 늘어나면서 저출산이 심해졌습니다.

12 제시된 기사는 초등학생의 수가 매년 감소하고 있다는 내용입니다. ⑵ 신입생이 없는 학교는 계속 늘어나고 있습니다.

13 계속된 저출산으로 일할 사람이 줄어들고 있으며, 이는 우리나라의 경제에도 영향을 미칩니다.

2회 문제 학습 14~15쪽

1 고령화 **2** 늘어나고 **3** 노후 **4** 노인

5 고령화 **6** ⑴ ○ ⑵ × **7** 진영 **8** 많아지고 **9** ⑴ 연도 ⑵ 인구 **10** 늘어날 **11** ④ **12** 단아 **13** ⑩ 몸을 움직이는 것이 불편해서 혼자 생활하기가 어렵습니다.

5 제시된 글은 고령화로 달라진 사회 모습에 대한 설명입니다. 우리 사회는 고령화 현상으로 인해 안정적이고 행복한 노후 생활에 대한 관심이 늘어나고 있으며, 노인을 위한 시설이 늘어나고 있습니다.

6 ⑵ 고령화는 전체 사람 수에서 노인의 수가 차지하는 비율이 높아지는 현상을 말합니다.

7 2010년에 69,237개였던 노인 복지 생활 시설의 수는 2020년에 82,544개로 증가하였습니다.

8 고령화는 전체 사람 수에서 노인의 수가 차지하는 비율이 높아지는 것으로, 오늘날 의료 기술의 발달 등으로 65세 이상 노인 인구가 많아지며 나타난 사회 변화입니다.

9 제시된 그래프를 살펴보면 총인구에서 65세 이상 인구가 차지하는 비율이 점점 늘어나고 있습니다.

10 오늘날 의료 기술이 발달하고 생활 수준이 높아지면서 우리 사회에서 65세 이상 인구가 많아지고 있습니다.

11 신문 기사의 내용을 통해 고령화의 영향으로 노인을 위한 일자리가 늘어난다는 것을 알 수 있습니다.

12 고령화의 영향으로 노인 관련 산업이 늘어나고, 안정적이고 행복한 노후 생활에 대한 관심이 늘어나고 있습니다. 모든 노인이 생활에 어려움을 겪는 것은 아닙니다.

13 제시된 그림은 몸이 불편한 노인과의 대화입니다.

채점 tip 노인이 몸을 움직이기 불편해 생활에 어려움을 겪고 있다는 내용을 알맞게 썼으면 정답으로 합니다.

(3회 문제 학습   18~19쪽

1 지능정보화   **2** 사물 인터넷   **3** 세계화
4 전통

5 지능정보화   **6** (1) ×   (2) ○   **7** ②
8 예 인공지능으로 거짓 정보를 만들고 퍼뜨려서 사람들에게 피해를 줍니다. 지능 정보 기술을 잘 다루는 사람들과 어려워하는 사람들 간에 격차가 생길 수 있습니다.   **9** ③   **10** ②   **11** 세계화
12 ㉡, ㉢, ㉣   **13** ③

5 제시된 글은 지능정보화의 의미입니다. 사물 인터넷, 인공지능, 자율 주행, 메타버스 등의 지능 정보 기술로 인해 편리해진 점도 있지만, 예전에는 보기 어려웠던 새로운 문제가 나타나기도 합니다.

6 인공지능이 사람이 하던 일을 대신하거나 도우면서 생활이 편리해 집니다. (1) 인공지능이 사람의 모든 일자리를 대신하는 것은 알맞지 않습니다.

8 이 밖에도 개인 정보가 새어나가서 사생활 침해를 당할 수 있습니다.

채점 기준	상	지능정보화의 부정적인 영향을 두 가지 모두 알맞게 쓴 경우
	중	지능정보화의 부정적인 영향을 한 가지만 알맞게 쓴 경우

9 제시된 신문 기사는 지식정보화로 인한 문제점을 다루고 있습니다. 인공지능 기술로 거짓 정보를 만들고 퍼뜨려서 사람들에게 피해를 줍니다.

10 ② 인공지능의 발달으로 인공지능이 사람의 일자리를 대신하여 일자리가 감소하는 문제가 발생합니다.

11 제시된 글은 세계화의 긍정적 영향입니다. 인터넷 등 통신수단의 발달로 세계 여러 나라의 소식을 바로 알 수 있습니다. 교통수단이 발달하면서 세계 곳곳을 빠르게 갈 수 있습니다.

12 ㉠ 디지털 교과서로 수업을 하는 것은 지능 정보 기술의 발달으로 달라진 생활 모습입니다.

13 ①, ④, ⑤는 저출산의 영향이고, ②는 지능정보화의 영향입니다.

(4회 문제 학습   22~23쪽

1 비용   **2** 복지   **3** 범죄   **4** 장단점
5 저출산   **6** (2) ○   **7** ②   **8** 유현
9 (1) ㉠, ㉡   (2) ㉢, ㉣   **10** (1) ○   **11** ④
12 예 우리나라와 다른 나라의 전통적인 생활 양식을 소중하게 여깁니다.   **13** (2) ○

5 제시된 글과 관련 있는 사회 변화는 태어나는 아이의 수가 줄어드는 현상인 저출산입니다. 저출산에 대응하기 위해 우리 사회는 여러 가지 지원을 하고 제도를 마련합니다.

6 저출산에 대응하기 위해서 육아 휴직 제도를 운영하고, 임산부와 아이를 키우는 가정을 배려하는 태도를 가져야 합니다. (2)는 고령화에 대응하기 위한 방안입니다.

7 ②는 저출산에 대응하기 위한 방안입니다.

9 아이를 낳고 기르는 데 드는 비용을 양육비라고 합니다. ㉠과 ㉡은 저출산에 대응하기 위한 방안이고, ㉢과 ㉣은 고령화에 대응하기 위한 방안입니다.

10 제시된 글은 우리 사회의 변화 중 지능정보화에 대한 설명입니다. 지능정보화에 대응하기 위해 지능 정보 기술 활용 교육을 실시하고, 사이버 범죄를 감시하여 피해를 줄이려고 노력합니다.

11 ④ 다른 사람이 만든 창작물을 소중하게 여기고 허락 없이 내려받지 않습니다.

12 이 밖에도 각 나라의 전통적인 생활 양식을 소중하게 여겨야 합니다. 세계 여러 나라 사람이 건강을 지키기 위한 수칙을 잘 따라야 합니다.

> 채점 **tip** 제시된 예시 답안 중 한 가지를 알맞게 쓴 경우 정답으로 합니다.

13 문화 획일화는 한 지역의 문화적 특성이 다른 지역에도 비슷하거나 똑같이 나타나 세계의 문화가 비슷해지는 현상을 말합니다. 이러한 문제를 해결하기 위해서 각 나라의 전통적인 생활 양식을 소중하게 여기고, 다른 나라의 생활 양식의 장단점을 따져 받아들여야 합니다.

1 문화   **2** 의식주   **3** 다양하게   **4** 교류
5 의식주   **6** ③   **7** (1) ㉢ (2) ㉠   **8** (1) ○
9 (1) ○ (2) ×   **10** ㉢   **11** (2) ○
12 (2) ○   **13** ⑩ 오늘날 다른 나라와의 교류가 활발해지고 있기 때문입니다.

1 이주민   **2** 1인 가구   **3** 반려동물   **4** 문화
5 늘어나고   **6** ⑩ 우리 주변에서 여러 나라의 음식점을 쉽게 찾아볼 수 있습니다.   **7** ④
8 민주   **9** (2) ○   **10** 반려동물   **11** ㉠, ㉢   **12** ④   **13** (1) × (2) ○

6 ③ 의식주와 관련된 생활 모습뿐만 아니라 인사법이나 놀이, 여가 활동을 즐기는 방법 등도 문화라고 할 수 있습니다.

7 추운 지역에서는 털모자와 털옷 등을 입고, 햇볕이 강한 지역에서는 온몸을 감싸는 긴 옷을 입습니다. 지역의 환경에 따라 사람들의 생활 방식이 다양하게 나타납니다.

8 (1)은 덥고 비가 많이 오는 지역의 수상 가옥 모습이고, (2)는 건조하고 초원이 많은 지역의 이동식 집의 모습입니다.

9 오늘날 사람들의 생활 모습은 점점 다양해지고 있습니다. (2) 오늘날 우리 사회에는 외국인 이주민, 반려동물과 함께 사는 사람, 1인 가구가 증가하면서 다양한 문화가 확산되고 있습니다.

10 세계 여러 나라의 문화는 서로 비슷한 점도 있고, 다른 점도 있습니다. ㉠ 오늘날 세계 여러 나라의 학교 문화는 다양합니다. ㉢ 미국에서는 선생님께 인사할 때 선생님의 이름을 부르며 악수를 합니다.

11 같은 사회에서 살아가는 사람들도 즐기는 음식, 놀이, 옷차림 등이 서로 다를 수 있습니다. (1) 오늘날 우리 사회에는 다양한 문화가 나타납니다.

12 오늘날 우리 사회에는 다양한 문화가 나타납니다. (1) 외국인 이주민이 증가하면서 다른 나라의 음식이나 공연을 즐길 기회가 늘어났습니다.

13 오늘날 사람들의 생활 모습이 점점 다양해지고 있기 때문입니다.

채점 기준	상	다른 나라와의 교류가 활발하다고 썼거나, 오늘날 사람들의 생활 모습이 다양해지고 있다고 쓴 경우
	중	오늘날은 옛날과 생활 모습이 다르다 등 다소 모호하게 쓴 경우

5 2018년 이후 우리나라에 사는 외국인 이주민의 수는 200만 명이 넘습니다. 세계화의 영향으로 우리나라의 외국인 이주민 수는 계속 늘어나고 있습니다.

6 이 밖에도 외국인 노동자들이 우리나라에서 일하면서 경제 발전을 돕습니다. 외국인 이주민이 참여하는 다양한 행사에서 세계 여러 나라의 문화를 체험할 수 있습니다.

채점 tip 제시된 예시 답안 중 한 가지를 알맞게 쓴 경우 정답으로 합니다.

7 제시된 글은 우리나라의 1인 가구 수가 늘어나는 까닭에 대한 설명입니다. 1인 가구는 부모나 자녀, 형제 등과 같이 살지 않고 혼자 사는 경우를 말합니다.

8 1인 가구가 증가하면서 혼자 사는 사람들이 함께 모여 취미 활동을 즐기고 관계를 형성합니다. 외국에서 온 사람들이 우리나라에서 일자리를 구하는 것은 외국인 이주민 증가에 따른 영향입니다.

9 제시된 웹툰의 내용은 우리 사회에 1인 가구가 증가하면서 볼 수 있는 모습입니다. 오늘날에는 혼자 사는 사람에게 알맞은 상품과 서비스가 많아졌습니다.

11 수의사, 반려동물 훈련사, 반려동물 미용사 등 반려동물과 관련 있는 직업을 가진 사람들이 많아졌습니다. ㉢ 반려동물에게서 정서적 안정과 위로를 얻는 사람이 많아졌습니다.

12 ④ 다른 나라의 문화를 무조건 따르지 않고, 장단점을 따져보아야 합니다.

13 최근 우리 사회에는 1인 가구의 수가 늘어나고 있습니다. (1) 우리나라의 1인 가구 수는 점점 늘어나고 있으며, 2020년을 기준으로 1인 가구는 우리나라에서 가장 많은 가구 형태입니다.

(7회) 문제 학습 34~35쪽

1 편견 **2** 다르다 **3** 1인 가구 **4** 늘어나고

5 ⑤ **6** ② **7** (예) 편견과 차별은 우리가 함께 어울려 살아가는 것을 어렵게 합니다.

8 종교 **9** 편견 **10** 현진 **11** (2) ○

12 (2) ○ **13** ⑤

5 다른 사람이나 문화에 대한 정확한 정보 없이 한쪽으로 치우친 생각을 편견이라고 하는데, 편견 때문에 차별이 나타납니다.

6 ② 나와 다르다고 해서 차별하는 것이 아니라, 나와 다른 모습을 그대로 인정하고 받아들이려는 노력이 필요합니다.

7 편견을 가지고 차별을 하면 사람들이 자신의 능력을 발휘하지 못하고 사회 발전이 늦어지는 문제가 발생합니다.

> 채점 tip 편견과 차별로 인한 문제점을 알맞게 한 가지 썼으면 정답으로 합니다.

8 제시된 그림은 종교적인 이유로 돼지고기를 먹지 않는 것을 편식한다며 비난하는 차별의 모습입니다.

9 제시된 그림은 다양한 문화의 확산으로 낯선 문화에 대한 편견을 가지는 모습입니다. 서로의 문화를 편견과 차별 없이 바라보아야 합니다.

10 1인 가구가 증가하면서 혼자 사는 사람들의 건강과 안전 문제가 발생하기도 합니다.

11 1인 가구의 증가로 비혼을 선택한 사람들을 편견의 시선으로 바라보는 문제가 있습니다.

12 제시된 글은 반려동물 양육 증가로 나타난 문제를 다루는 뉴스 대본입니다. 우리나라의 반려동물 양육은 증가하고 있지만, 그만큼 버려지는 반려동물의 수도 늘어나고 있습니다.

13 반려동물 양육 증가로 반려동물이 사람을 공격하거나 물건을 파손하는 문제, 버려지는 반려동물의 수가 늘어나는 문제 등이 발생합니다. ⑤ 반려동물로부터 정서적 안정과 위로를 얻는 것은 반려동물 양육 증가에 따른 긍정적 영향입니다.

(8회) 문제 학습 38~39쪽

1 언어 **2** 동행 **3** 법 **4** 존중

5 교육 **6** 영우 **7** (2) ○ **8** ㉠, ㉢

9 (2) ○ **10** (예) 반려견과 산책할 때는 목줄을 채우고, 입마개를 착용시킵니다. **11** 존중

12 공익 광고 **13** 은지

5 한 사회에 안에서 다양한 문화가 잘 어우러지도록 우리 사회에서는 다양한 교육 활동 및 캠페인을 벌입니다.

6 한국어에 서툰 외국인 이주민이 생활하는 데 도움을 주기 위해 다양한 언어로 정보를 제공하거나, 원활한 의사소통을 지원합니다.

7 우리 사회는 혼자 사는 사람들이 안전하고 편안하게 살 수 있도록 지원합니다. ⑴은 외국인 이주민과 함께 살아가기 위한 노력입니다.

8 ㉢ 다양한 사람들이 함께하는 데 도움을 줄 수 있는 지원을 하고, 필요한 제도와 법을 마련합니다.

9 버려진 반려동물이 새로운 주인을 만날 수 있도록 돕는 동물 보호 센터를 운영합니다. ⑴은 혼자 병원에 가기 어려운 1인 가구를 위한 지원입니다.

10 이 밖에도 길에서 만난 반려동물을 함부로 만지지 않습니다.

채점	상	반려동물 산책 예절을 정확하게 한 가지 쓴 경우
기준	중	반려동물 산책 예절을 썼으나 다소 정확하지 않은 경우

11 제시된 글은 나와 다른 문화를 대하는 바람직한 태도에 대한 설명입니다. 나와 다른 문화에 대한 편견을 갖지 않고 차별하지 않아야 합니다.

12 우리 사회의 시민들이 다양한 문화를 존중하는 태도를 기르기 위해 공익 광고를 만듭니다.

13 다양한 문화를 존중한다는 것은 다른 문화를 편견 없이 바라보고, 나의 문화와 마찬가지로 다른 문화를 소중히 대하는 것을 말합니다. 나와 다른 문화를 대할 때 나의 기준으로 상대방의 문화를 함부로 판단하지 않습니다.

9회 마무리 평가 40~43쪽

1 ④　**2** (1) ○　**3** ⑤　**4 예** 우리 사회의 고령화 현상이 심해지고 있습니다.　**5** ⑤
6 인공지능(AI)　**7** (2) ○　**8** ④, ⑤
9 (2) ○　**10** ㉢　**11** (1) ○　**12 예** 오늘날 사람들의 생활 모습이 점점 다양해지고 있기 때문입니다.　**13** 나연　**14** 1인 가구　**15** 반려동물
16 ④, ⑤　**17** ③　**18** (1) ○ (2) × (3) ○
19 (1) ㉠ 연도 ㉡ 인구 (2) 고령화　**20 예** 노인 전문 병원이나 요양 시설 등 노인을 위한 시설이 늘어나고 있습니다.

1 ④ 오늘날에는 태어나는 아이의 수가 줄어들어 옛날보다 학교의 학년당 학생 수와 학급 수가 함께 줄어들고 있습니다.

문제 속 개념
사회 변화로 달라진 사람들의 생활 모습

일하는 할아버지, 할머니가 늘어나고 있음.

학생 수 줄어들며, 학급 수도 함께 줄어들고 있음.

우리의 생활을 편리하게 해 주는 새로운 기술이 생겨나고 있음.

노인을 위한 시설이나 장소가 많아지고 있음.

2 저출산이란 태어나는 아이의 수가 줄어드는 현상으로, 우리나라는 오늘날 출생아 수가 예전에 비해 많이 줄어들고 있어 저출산이 심해지고 있습니다.

3 저출산은 태어나는 아이의 수가 줄어들어 출산율이 감소하는 현상을 말합니다. 우리나라에서 태어나는 아이의 수는 점점 줄어들고 있습니다.

4 이 밖에도 고령화의 영향으로 노인을 위한 일자리가 늘어난다는 점을 알 수 있습니다.

문제 속 개념
고령화에 대응하는 방안

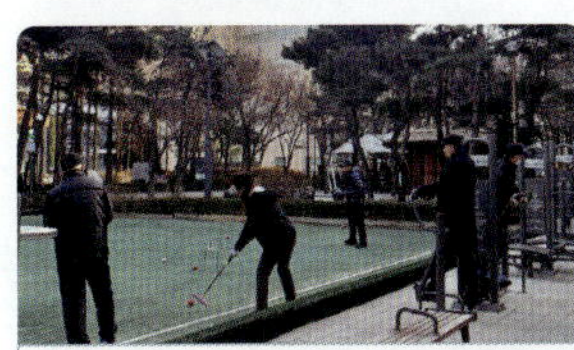

노인의 건강과 여가 활동을 돕는 복지 제도를 마련함.

일자리 정보를 제공하여 노인의 사회 활동을 도움.

안정적인 노후 생활을 미리 준비하고 계획함.

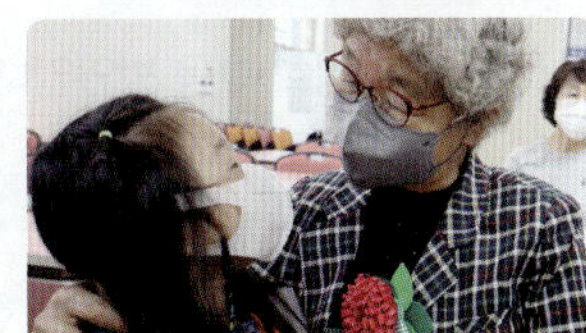
세대 간 소통하고 배려하는 태도를 가져야 함.

5 저출산은 태어나는 아이의 수가 줄어들어 출산율이 감소하는 현상이고, 고령화는 전체 사람 수에서 노인의 수가 차지하는 비율이 높아지는 현상입니다. ①, ②, ③, ④는 저출산 현상으로 달라진 우리 사회의 모습입니다. ⑤는 고령화로 인해 달라진 우리 사회의 모습입니다.

6 제시된 글은 인공지능(AI)에 대한 설명입니다. 지능정보화는 인공지능을 활용한 다양한 기술이 사회 전반에 영향을 미치는 현상을 말합니다. 지능정보화로 오늘날 생활 모습이 변화하였습니다.

문제 속 개념
지능정보화로 달라진 모습

7 지능정보화는 인공지능과 같은 지능 정보 기술의 발달로 정보가 중심이 되어 사회의 발전을 이끌어 나가는 것을 말합니다.

왜 답이 아닐까?

⑴은 고령화로 달라진 우리 사회의 모습입니다.

8 사회 변화에 대응하려면 여러 분야에서 다양한 노력이 필요합니다.

왜 답이 아닐까?

① 은 고령화 대응 방안입니다.
②, ③ 은 지능정보화 대응 방안입니다.

9 제시된 글은 고령화 현상에 대한 설명입니다. 우리 사회는 고령화에 대응하기 위해 여러 가지 복지 제도를 마련하여 노인들을 지원합니다.

문제 속 개념

고령화에 대응하는 방안
- 노인의 건강과 여가 활동을 돕는 복지 제도를 마련합니다.
- 일자리 정보를 제공하여 노인의 사회 활동을 돕습니다.
- 안정적인 노후 생활을 미리 준비하고 계획합니다.
- 세대 간 소통하고 배려하는 태도를 가져야 합니다.
- 노인 일자리 설명회를 개최합니다.
- 노후 준비 지원 센터를 만듭니다.
- 노인을 위한 교육 프로그램을 마련합니다.
- 노인을 대상으로 하는 다양한 물건을 개발합니다.
- 노인을 위한 교육 프로그램을 마련합니다.

10 세계화에 대응하기 위해 다른 나라의 생활 양식을 무조건 따르기보다는 장단점을 따져 받아들여야 합니다. 세계 여러 나라의 문제에 관심을 갖고 함께 해결하려고 노력하는 자세를 가져야 합니다.

11 의식주뿐만 아니라 인사법이나 놀이, 여가 활동을 즐기는 방법 등도 문화라고 할 수 있습니다.

왜 답이 아닐까?

⑵ 배가 고파서 밥을 먹는 것, 졸려서 잠을 자는 것과 같이 본능에 따른 행동은 문화라고 볼 수 없습니다.

12 이 밖에도 오늘날 다른 나라와의 교류가 활발해지고 있기 때문입니다.

채점 tip 다른 나라와의 교류가 활발해지고 있기 때문이라고 썼거나 오늘날 사람들의 생활 모습이 다양해지고 있다고 썼으면 정답으로 합니다.

문제 속 개념

우리 사회의 다양한 문화 모습

- 외국인 이주민, 반려동물과 함께 사는 사람, 1인 가구가 증가하면서 우리 사회에는 다양한 문화가 확산되고 있습니다.
- 같은 사회에 살아가는 사람들도 즐기는 음식, 놀이, 옷차림 등이 서로 다를 수 있습니다.

13 우리나라의 외국인 이주민 수는 늘어나고 있습니다. 이 영향으로 외국인 이주민이 참여하는 다양한 행사에서 여러 나라의 문화를 체험할 수 있게 되었습니다.

문제 속 개념

우리나라에 사는 외국인 이주민이 늘어난 까닭
- 우리나라에서 일자리를 얻었거나 얻기 위해 온 경우가 많아졌기 때문입니다.
- 우리나라에서 공부하기 위해 온 사람들이 많아졌기 때문입니다.
- 우리나라 사람과 결혼을 하였기 때문입니다.

14 제시된 글은 1인 가구에 대한 설명입니다. 우리나라의 1인 가구 수는 점점 늘어나고 있으며, 2020년을 기준으로 우리나라에서 가장 많은 가구 형태입니다.

15 제시된 글은 반려동물에 대한 설명입니다. 우리나라의 반려동물 양육이 증가하면서 이와 관련한 문화가 확산되었습니다.

반려동물 양육 증가에 따른 영향

반려동물과 관련 있는 직업을 가진 사람들이 많아졌음.	반려동물과 여가 활동을 즐기고, 화목한 생활을 하는 데 도움을 얻음.

16 제시된 그림은 문화에 대한 편견과 차별의 모습입니다. 편견을 가지고 차별을 하면 사람들이 자신의 능력을 발휘하지 못하고 사회 발전이 늦어질 수 있습니다.

편견과 차별의 의미

편견	다른 사람이나 문화에 대한 정확한 정보 없이 한쪽으로 치우친 생각이나 의견
차별	정당한 이유 없이 어떤 기준을 두어 대상을 구별하고 다르게 대우하는 것

17 우리 사회에는 종교, 언어, 피부색, 출신 지역 등이 다르다는 이유로 부당한 대우를 받는 사람들이 있습니다.

문화에 대한 편견

- 편견은 서로의 입장을 이해하는 것을 방해합니다.
- 문화는 문화마다 고유한 가치가 있으므로 서로의 문화를 편견과 차별 없이 바라보아야 합니다.

18 다른 문화를 이해하고 존중하기 위해서는 더 좋거나 나쁜 문화가 있다고 생각하지 않아야 합니다.

다양한 문화를 대하는 올바른 태도

다양한 문화를 존중하기 위해서는 서로 다른 문화의 차이를 인정하고 이해하는 태도를 가져야 합니다.

19 제시된 자료는 우리 사회의 고령화 현상을 보여주는 그래프입니다. 가로축은 연도를 나타내고, 세로축은 인구를 나타냅니다.

20 제시된 자료를 통해 우리 사회의 고령화 현상을 알 수 있습니다. 고령화로 인해 노인을 위한 복지 제도가 마련되고, 노인 관련 산업이 늘어나고 있습니다.

채점 기준	상	고령화로 달라진 사회 모습을 정확하게 쓴 경우
	중	고령화로 달라진 사회 모습을 썼으나 다소 모호한 경우

- 노인이 건강하게 살아갈 수 있도록 돕는 복지 제도가 마련되고 있습니다.
- 노인 건강 관리, 의료 기기 개발 등 노인 관련 산업이 늘어나고 있습니다.
- 일하는 노인이 많아지고 있습니다.
- 노인이 생활에 어려움을 겪기도 합니다.
- 안정적이고 행복한 노후 생활에 대한 관심이 늘어나고 있습니다.

10회 마무리 평가 — 44~47쪽

1 (1) ○　(2) ×　　**2** ④　　**3** ②, ⑤
4 고령화　　**5** 예 노인 전문 병원이나 요양 시설 등 노인을 위한 시설이 늘어나고 있습니다. 일하는 노인이 많아지고 있습니다.　　**6** 지능정보화
7 ㉠, ㉣　　**8** ②　　**9** ㉢　　**10** ㉣
11 문화　　**12** ⑤　　**13** 예 지역의 환경에 따라 사람들의 생활 방식이 다양하게 나타납니다.
14 (1) ○　(2) ×　(3) ○　　**15** ④　　**16** ③
17 ㉡, ㉣　　**18** (2) ○　(4) ○　　**19** (1) 지능정보화　(2) 예 지능정보화의 영향으로 개인 정보가 인터넷에 새어나가서 사생활을 침해당할 수 있습니다.
20 예 개인 정보를 보호하고, 지능 정보 기술을 잘못된 목적으로 사용하지 못하도록 필요한 법을 만듭니다.

1 (2) 인공지능 등 새로운 기술의 등장으로 우리의 생활은 편리해지고 있습니다.

2 태어나는 아이의 수가 줄어들어 출산율이 감소하는 현상을 저출산이라고 합니다. 저출산으로 생산 가능 인구가 줄어들면 일할 사람이 부족해져서 경제에 영향을 줄 수 있습니다.

문제 속 개념

우리나라 출생아 수 변화 그래프

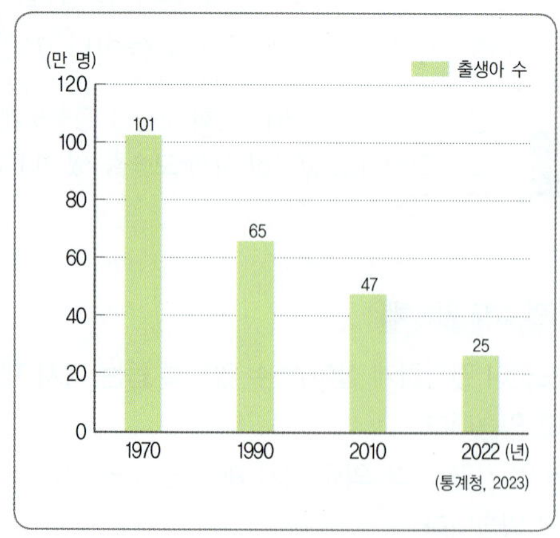

▲ 우리나라 출생아 수 변화

- 우리나라에서 1990년에 태어난 아이의 수는 65만 명입니다.
- 우리나라에서 2010년에 태어난 아이의 수는 47만 명입니다.
- 우리나라에서 태어나는 아이의 수가 점점 줄어들고 있습니다.

3 ② 저출산으로 학생 수가 줄어드는 학교가 늘어나고 있고, 문을 닫는 학교가 생기고 있습니다. ⑤ 계속된 저출산으로 일할 사람이 줄어들고 있으며, 우리 경제에도 영향을 미치고 있습니다.

문제 속 개념

우리나라 생산 가능 인구

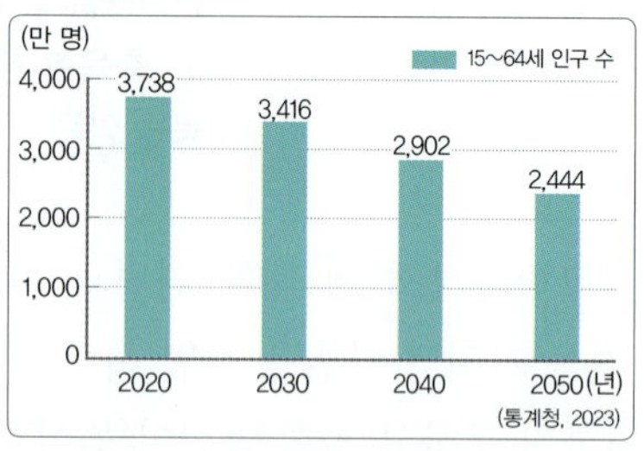

저출산으로 생산 가능 인구가 줄어들면 일할 사람이 부족해져서 경제에 영향을 줄 수 있습니다.

4 제시된 신문 기사는 우리 사회의 고령화 현상에 대한 글입니다. 고령화는 전체 사람 수에서 노인의 수가 차지하는 비율이 높아지는 현상을 말합니다.

문제 속 개념

우리나라 총인구와 65세 이상 인구의 변화 그래프

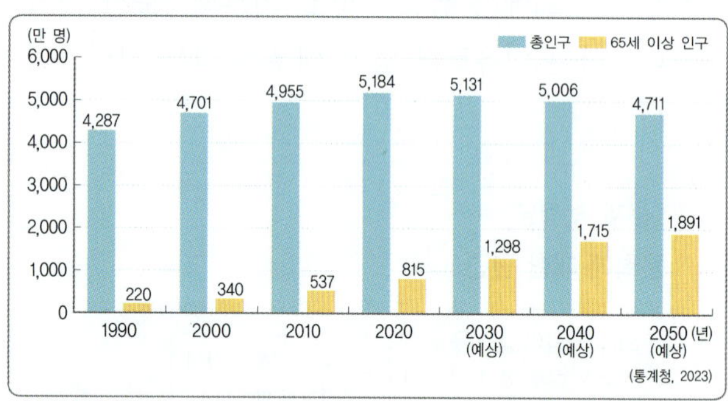

▲ 우리나라 총인구와 65세 이상 인구의 변화

- 총인구에서 65세 이상 인구가 차지하는 비율이 점점 늘어나고 있습니다.
- 2030년 이후에는 65세 이상 인구는 더욱 늘어날 것으로 예상됩니다.

5 고령화의 영향으로 노인 건강 관리, 의료 기기 개발 등 노인 관련 산업이 늘어나고 있습니다. 노인들이 생활에 어려움을 겪기도 하고, 노인들이 건강하게 살아갈 수 있도록 돕는 복지 제도가 마련되고 있습니다.

채점 기준		
	상	고령화로 달라진 사회 모습을 두 가지 모두 알맞게 쓴 경우
	중	고령화로 달라진 사회 모습을 한 가지만 알맞게 쓴 경우

고령화로 달라진 사회 모습

노인이 건강하게 살아갈 수 있도록 돕는 복지 제도가 마련되고 있음.

노인 건강 관리, 의료 기기 개발 등 노인 관련 산업이 늘어나고 있음.

일하는 노인이 많아지고 있음.

노인이 생활에 어려움을 겪기도 함.

안정적이고 행복한 노후 생활에 대한 관심이 늘어나고 있음.

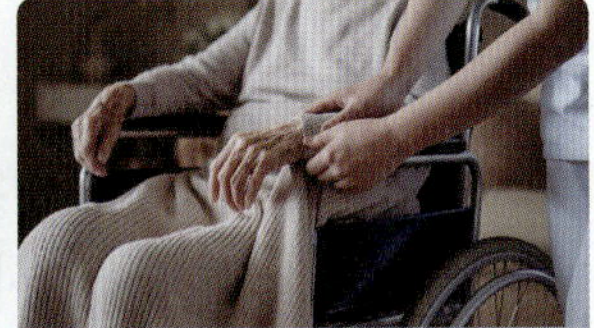

노인 전문 병원이나 요양 시설 등 노인을 위한 시설이 늘어나고 있음.

6 제시된 그림은 지능정보화로 달라진 생활 모습을 보여줍니다. 지능정보화가 발전하면서 인공지능이 사용자의 취향을 분석하여 좋아할 만한 음악을 추천해 줍니다.

지능정보화의 영향

긍정적 영향	• 사용자에게 맞춤화된 정보를 빠르게 얻을 수 있음. • 가상 현실 기술을 통해 다양한 경험을 해 볼 수 있음. • 사람이 하던 일을 대신하거나 도우면서 생활이 편리해짐.
부정적 영향	• 개인 정보가 새어나가서 사생활을 침해당할 수 있음. • 인공지능으로 거짓 정보를 만들고 퍼뜨려서 사람들에게 피해를 줌. • 지능 정보 기술을 잘 다루는 사람들과 어려워하는 사람들 간에 격차가 생길 수 있음. • 인공지능이 사람의 일자리를 대신하여, 사람들이 일자리를 구하지 못하는 경우가 생김.

7 세계화는 교통·통신수단이 발달하면서 세계 여러 나라가 다양한 분야에서 교류하고 가까워지는 것을 말합니다. ㉡, ㉢은 세계화의 부정적 영향입니다.

세계화의 영향

긍정적 영향	• 교통수단이 발달하면서 세계 곳곳을 빠르게 갈 수 있음. • 우리나라의 생활 양식이 다른 나라 사람들에게 알려지기도 함. • 우리나라에서 만든 물건이 세계 여러 나라에서 팔리고, 우리나라의 회사가 전 세계로 진출함.
부정적 영향	• 여러 나라를 이동하는 사람이 많아지면서 감염병이 전 세계로 빠르게 퍼질 수 있음. • 전 세계 사람들의 생활 양식이 비슷해지면서 각 나라의 전통 생활 양식이 약해지고 있음.

8 고령화에 대응하기 위해서 세대 간 소통하고 배려하는 태도를 가져야 합니다. ②는 저출산 문제 대응 방안입니다.

9 육아 휴직 제도를 운영하고, 양육 비용을 지원하는 것은 저출산 대응 방안입니다.

저출산에 대응하는 방안

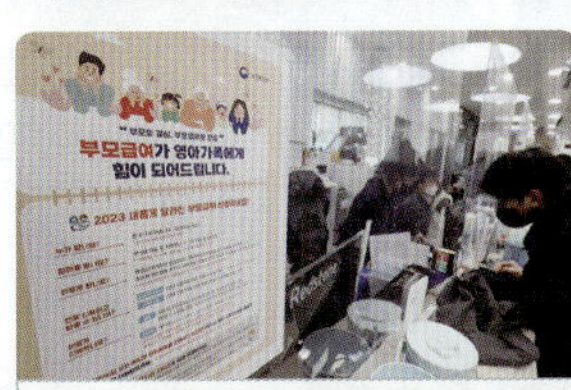

아이를 낳고 기르는 데 드는 비용을 지원함.

임산부와 아이를 키우는 가정을 배려하는 태도를 가져야 함.

아이가 안전하게 생활할 수 있는 시설을 마련함.

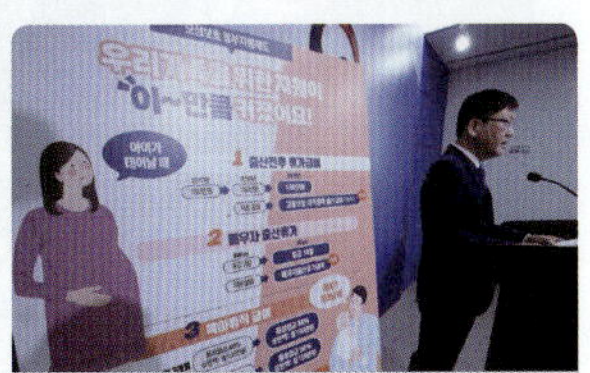

부부가 일을 하면서도 아이를 잘 돌볼 수 있도록 제도를 만듦.

10 제시된 글은 지능정보화에 대응하기 위한 노력입니다. 지능정보화에 대응하여 개인 정보가 새어나가지 않도록 안전하게 관리하고, 함부로 개인 정보를 인터넷에 공유하지 않습니다.

지능정보화에 대응하기 위한 노력

- 인터넷에 주어진 정보가 정확한지 확인하는 습관을 가집니다.
- 다른 사람이 만든 창작물을 소중히 여기고 허락 없이 내려받지 않습니다.
- 정해진 규칙에 따라 인터넷이나 태블릿 컴퓨터를 사용합니다.
- 개인 정보가 새어나가지 않도록 안전하게 관리하고, 함부로 개인 정보를 인터넷에 공유하지 않습니다.

11 제시된 글은 문화에 대한 설명입니다. 문화는 의식주뿐만 아니라 언어, 미술, 음악, 종교, 규범 등을 포함합니다.

12 ⑤ 문화에는 사람들의 옷차림, 음식을 먹는 방법, 집의 모습 등이 포함됩니다.

여러 나라의 의식주 문화

- 옷차림

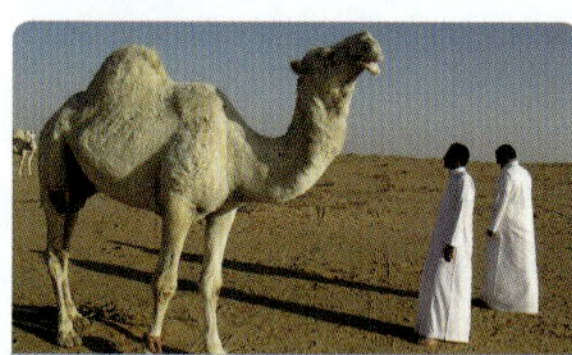

사막과 같이 햇볕이 강한 지역에 사는 사람들은 천으로 된 긴 옷을 입음.

추운 지역에 사는 사람들은 동물의 가죽이나 털로 만든 옷을 입고 생활함.

- 음식을 먹는 방법

숟가락과 젓가락을 사용하여 음식을 먹음.

포크와 나이프를 사용하여 음식을 먹음.

- 집의 모습

덥고 비가 많이 오는 지역에서는 더위와 습기를 피하기 위해서 수상 가옥에서 생활함.

건조하고 초원이 많은 지역에서는 나무와 천으로 만든 이동식 집에서 생활함.

13 옷차림, 음식을 먹는 방법, 집의 모습 등 여러 나라의 의식주 문화를 살펴보면 환경에 따라 다른 문화의 모습을 찾을 수 있습니다.

채점 tip 세계 여러 나라에는 서로 다른 문화가 있다는 내용을 썼으면 정답으로 합니다.

14 고령화 사회로 들어서면서 혼자 사는 노인의 수가 많아졌고, 가족으로부터 독립하여 사는 사람들의 수가 늘어나면서 1인 가구가 늘어나고 있습니다. ⑵ 세계화의 영향으로 우리나라에서 사는 외국인 이주민의 수는 늘어나고 있습니다.

15 ㉠과 ㉢은 다양한 문화의 확산으로 나타난 문제점입니다.

16 차별은 어떤 기준을 두어 대상을 구별하고 다르게 대우하는 것을 말합니다. 편견 때문에 차별이 나타납니다.

17 우리 사회는 1인 가구와 함께 살아가기 위해 혼자 사는 사람들이 사회에서 소외되지 않도록 프로그램을 운영하고, 안전하고 편안하게 살 수 있도록 지원합니다.

㉠은 외국인 이주민과 함께 살아가기 위한 노력입니다. ㉢은 반려동물을 키우는 사람들과 함께 살아가기 위한 노력입니다.

18 ⑴ 다른 문화에 대한 편견을 갖지 않고 차별하지 않습니다. ⑶ 나와 다른 문화를 가진 사람들의 어려움에 관심을 가져야 합니다. 외국인 이주민이 생활하는 데 도움을 주기 위해 다양한 언어로 정보를 제공해야 합니다.

19 제시된 신문 기사는 지능정보화로 인한 문제점을 다루고 있습니다. 지능정보화로 인한 문제점으로는 사이버 범죄, 거짓 정보 확산, 스마트폰 과의존, 일자리 감소, 디지털 사용 격차 등이 있습니다.

20 이 밖에도 개인 정보가 새어나가지 않도록 안전하게 관리하고, 함부로 개인 정보를 인터넷에 공유하지 않습니다.

채점	상	제시된 예시 답안 중 한 가지를 알맞게 쓴 경우
기준	중	개인 정보를 잘 보호한다라고만 쓴 경우

2. 옛날과 오늘날의 생활 모습

1 풍습   **2** 세시 풍속   **3** 첫돌   **4** 회갑

5 풍습   **6** 김장   **7** 금줄   **8** ⑴ ㉡ ⑵ ㉠

9 ⑵ ○   **10** ⑤   **11** ⑴ 첫돌 ⑵ 관례

12 ⑴ ○   **13** 예 기쁨과 슬픔을 나누며 서로 돕고 살았던 우리 조상들의 마음이 담겨 있습니다.

5 생일날 미역국을 먹는 것, 결혼식이나 돌잔치에 많은 사람이 모여 축하해 주는 것은 오늘날 우리가 경험하는 일상생활 속 풍습입니다.

6 김장은 우리가 경험한 일상생활 속 풍습입니다. 제시된 그림은 김장을 하는 모습입니다.

7 출생은 아기가 태어난 것을 말합니다. 아기가 태어나면 산모와 아기의 건강을 바라며 대문에 금줄을 쳐서 나쁜 기운을 막았습니다.

8 ㉠은 품앗이에 대한 설명, ㉡은 두레에 대한 설명입니다. 옛날 사람들은 농사일이나 집안일을 하면서 여러 사람의 힘이 필요할 때는 서로 도우며 살았습니다.

9 돌잡이는 돌잔치를 할 때 돌상에 올라간 물건을 하나를 골라잡게 하여 아이의 장래를 점치는 것을 말합니다.

10 ① 돈에는 경제적으로 여유롭게 살길 바라는 마음, ② 실에는 오래 살기를 바라는 마음, ③ 백설기에는 깨끗하고 순수하게 자라길 바라는 마음, ④ 붉은 경단에는 아이로부터 나쁜 기운을 쫓는 마음이 담겨 있습니다.

11 ⑴ 백일은 아기가 태어난 지 100일이 되는 날을 말합니다. ⑵ 혼례는 성인이 된 남자와 여자가 부부가 되는 예식을 말합니다.

12 회갑은 부모님이 60년 동안 건강하게 사신 것을 축하하는 날을 말합니다. ⑵는 장례에 대한 설명입니다.

13 우리 조상들은 기쁜 일이나 슬픈 일이 있을 때 축하하거나 위로하며 서로 마음을 나누고 돕고 살았습니다.

> 채점 tip 우리 조상들이 서로 마음을 나누며 돕고 살았다고 썼으면 정답으로 합니다.

1 나무 기러기   **2** 전통 혼례복   **3** 회갑
4 금줄

5 ㉡ → ㉢ → ㉠ → ㉣   **6** ②   **7** ④

8 ㉠ 말 ㉡ 가마   **9** ③, ⑤   **10** ⑤

11 예 회갑 잔치, 만 60세가 되는 해의 생일에 잔치를 합니다.   **12** ⑵ ○   **13** 관례

5 옛날에는 신부의 집에서 결혼식을 했으며, 혼례가 끝나면 부부는 신랑의 집으로 가 폐백을 드렸습니다.

6 폐백은 신부가 처음으로 신랑 부모나 신랑 쪽 어른들을 뵐 때 큰절을 올리는 것을 말합니다. 오늘날에는 전통 혼례복을 입고 양쪽 집안 어른들께 폐백을 드리기도 합니다.

7 기러기는 죽을 때까지 사랑을 지키는 새로 알려져 있습니다. 나무 기러기는 부부가 오래도록 함께 행복하게 사는 것을 의미합니다.

8 옛날에는 신부의 집에서 혼례를 치르고 며칠을 지낸 후 신랑과 신부는 각각 말과 가마를 타고 신랑의 집으로 갔습니다.

9 가족과 친척이 모여 신랑과 신부의 행복한 미래를 축복해 주는 것도 옛날과 오늘날 결혼식의 공통점입니다.

10 ⑤ 옛날과 오늘날의 결혼식 모습은 달라도 신랑과 신부를 축하해 주는 마음은 같습니다.

11 이 밖에도 옛날부터 오늘날까지 이어져 내려오는 풍습에는 백일잔치, 폐백, 생일 등이 있습니다.

채점 기준		
	상	옛날부터 오늘날까지 이어져 내려오는 풍습과 그날에 하는 일을 모두 알맞게 쓴 경우
	중	옛날부터 오늘날까지 이어져 내려오는 풍습만 알맞게 쓴 경우

12 옛날 풍습은 조금씩 변화하면서 전해지고 있습니다. 옛날 풍습 중 오늘날 사라져 가는 풍습도 있습니다.

13 제시된 글은 관례에 대한 설명입니다. 관례와 금줄 치기 등은 옛날 풍습 중 오늘날 사라져 가는 풍습입니다.

3회 문제 학습　60~61쪽

1 세시 풍속　　**2** 명절　　**3** 단오　　**4** 동지

5 ④　　**6** ④　　**7** (1) ㉡ (2) ㉢ (3) ㉠

8 (1) ◯　　**9** ㉣　　**10 예** 조상의 산소를 찾아가 풍년을 빌며 성묘를 했습니다.　　**11** ①

12 강강술래　　**13** (1) ◯ (2) × (3) ◯

5 세시 풍속은 명절에 하는 일과 놀이, 먹는 음식, 입는 옷 등 해마다 일정한 때에 반복하는 우리 고유의 풍습을 말합니다.

6 ④ 어린이날은 어린이들이 올바르고 슬기로우며 씩씩하게 자라도록 제정한 법정 기념일입니다.

7 조상들은 계절에 맞는 세시 풍속을 즐기고, 음식을 먹었습니다. 우리 조상들은 삼복에는 닭백숙을 먹었고, 추석에는 송편과 토란국, 동지에는 팥죽을 먹었습니다.

8 설날에는 윷놀이, 연날리기, 제기차기 등의 놀이를 합니다. (2) 쥐불놀이는 정월 대보름에 나쁜 기운을 쫓기 위해 하던 놀이입니다.

9 우리 조상들은 정월 대보름에 풍년을 바라며 오곡밥을 먹고, 부럼을 깨 먹었습니다. 그리고 나쁜 기운을 쫓기 위해 달집태우기, 쥐불놀이를 했습니다. ㉣ 동지에 웃어른께 버선을 드리며 오래 살기를 기원하였으므로 정월 대보름 행사 상품으로 적절하지 않습니다.

10 이 밖에도 한식에는 불을 사용하지 않고, 차가운 음식을 먹었습니다.

채점 기준	상	옛날 사람들이 풍년을 기원하며 한식에 즐겼던 세시 풍속을 정확하게 쓴 경우
	중	옛날 사람들이 한식에 즐겼던 세시 풍속을 알맞게 썼으나, 풍년을 기원한다고 쓰지 않은 경우

11 제시된 글은 단오의 세시 풍속입니다. 우리 조상들은 음력 5월 5일, 날씨가 무더워지는 시기인 단오에 다양한 세시 풍속으로 건강하게 생활하였습니다.

13 동지는 일 년 중 밤이 가장 길고, 낮이 가장 짧은 날입니다. 옛날 사람들은 동지를 새해의 시작이라고 생각하여, '작은 설'이라고 불렀습니다. (2)는 중양절의 세시 풍속입니다.

4회 문제 학습　64~65쪽

1 추석　　**2** 세시 풍속　　**3** 명절　　**4** 농사

5 ㉢, ㉣　　**6** 올게심니　　**7** 소먹이놀이

8 (1) ◯　　**9** (3) ◯　　**10** ㉠ 옛날 ㉡ 오늘날

11 예 오늘날에는 직업의 종류가 다양해지면서 농사를 짓는 사람들이 많이 줄었기 때문입니다.

12 ㉢　　**13** (2) ◯

5 ㉠, ㉡은 옛날 설날의 세시 풍속입니다.

6 올게심니는 추석에 방문이나 벽, 기둥에 매달아 놓는 벼, 수수, 조 등의 곡식을 말합니다.

7 소먹이놀이는 소로 꾸민 사람들이 여러 집을 다니며 음식을 얻고 복을 빌어주는 놀이입니다. 옛날에는 추석에 마을 사람들과 소먹이놀이를 하였습니다.

9 제시된 글은 오늘날 설날의 세시 풍속을 담은 일기입니다.

10 옛날에는 주로 농사를 짓고 살았었지만, 오늘날에는 직업의 종류가 다양해지면서 농사를 짓는 사람들이 많이 줄어들어서 세시 풍속이 달라졌습니다.

11 이 밖에도 오늘날에는 계절별로 하던 세시 풍속을 언제든지 체험할 수 있기 때문입니다.

채점 기준	상	제시된 예시 답안 중 한 가지를 알맞게 쓴 경우
	중	오늘날에는 생활 모습이 달라졌다고만 쓴 경우

12 조상들은 가을에 곡식과 과일을 거두고, 수확의 기쁨을 함께 나눴습니다.

13 옛날에는 주로 농사를 짓고 살았기 때문에 계절마다 농사와 관련된 세시 풍속이 다양했습니다.

문제 속 개념

계절에 따른 옛날의 세시 풍속

겨울	새해의 첫 보름달을 보며 한 해의 풍년을 바랐음.
봄	농사가 잘되기를 바라며 성묘를 하고 농사일을 시작했음.
여름	더위를 피해 농사일을 쉬며, 영양이 풍부한 음식을 먹었음.
가을	곡식과 과일을 거두고, 수확의 기쁨을 함께 나눴음.

1 자치기	2 연	3 씨름	4 윷놀이
5 제기차기	6 고누	7 ㉢	8 ㉡

9 (1) ○　(2) ×　　10 ⑩ 나쁜 기운을 쫓고, 복이 들어오기를 바라는 마음으로 연을 날렸습니다.

11 윷놀이　12 (2) ○　13 유진

5 제시된 그림은 제기차기를 하는 모습입니다. 제기차기는 제기가 바닥으로 떨어지지 않도록 한 발 또는 양발로 툭툭 차는 놀이입니다.

6 고누는 말판에 돌을 놓고, 상대방의 말을 포위하여 움직이지 못하게 하는 놀이입니다. 제시된 그림은 고누 놀이를 할 때 사용하는 말판입니다.

7 제시된 설명은 강강술래에 대한 것입니다. 강강술래는 여러 사람이 함께 손을 잡고 원을 그리며 빙빙 돌면서 춤을 추고 노래를 부르는 놀이입니다.

8 제시된 그림은 팽이치기를 하는 모습입니다. 팽이치기는 나무로 만든 팽이를 채로 쳐서 돌리는 놀이입니다.

9 씨름은 단오나 추석과 같은 명절에 주로 남자들이 하던 놀이입니다.

10 연날리기는 설날부터 정월 대보름까지 주로 즐기던 놀이였습니다. 옛날에는 놀이를 하며 마을의 평안과 풍년을 빌었습니다.

　채점 tip 나쁜 기운을 쫓고 복이 들어오기를 바라는 마음이 담겨있다고 썼으면 정답으로 합니다.

11 제시된 그림은 윷놀이를 하는 모습을 나타내고 있습니다. 옛날에는 마을 사람들이 함께 윷놀이를 하며 마을의 평안과 풍년을 빌었습니다.

12 윷놀이는 설날과 정월 대보름 사이에 여럿이 함께 즐기던 놀이입니다. (1) 윷을 던져서 윷이나 모가 나오면 윷을 한 번 더 던질 수 있습니다.

13 옛날에는 놀이 도구를 직접 만들거나 주변에서 구했고, 오늘날에는 주로 만들어진 놀이 도구를 사서 씁니다. 옛날에는 농사와 관련된 여럿이 함께 하는 놀이가 많았고, 오늘날에는 실내에서 하는 놀이가 많습니다.

1 교통수단	2 달구지	3 자연	4 전차
5 ①	6 ③	7 (2) ○	8 달구지

9 ㉣　10 (2) ○　11 ⑩ 사람이나 동물, 자연의 힘을 이용하여 움직였습니다. 사람이나 물건을 한 번에 많이 옮기기 어려웠습니다.　12 (1) ○

13 ④

2 단원
개념북

5 다른 곳으로 이동하거나 물건을 옮길 때 이용하는 승용차, 기차, 버스 등이 교통수단입니다.

6 여객선, 지하철, 케이블카, 구조 헬기는 교통수단입니다. ③ 스마트폰은 교통수단이 아닌 통신수단입니다.

7 교통로는 교통에 이용하는 길을 말합니다. 교통로는 도로, 철도, 수로, 항공로 등이 있습니다. (1)은 철도의 모습입니다.

8 제시된 사진은 달구지를 이용하는 모습입니다. 수레 위에 실은 무거운 짐을 소나 말이 끌었습니다.

9 옛날 사람들은 돛단배를 이용하여 사람이나 짐을 옮겼습니다.

　왜 답이 아닐까?
㉠은 가마, ㉡은 말, ㉢은 뗏목을 이용하는 모습입니다.

10 가마는 사람을 태우고 여러 사람이 가마를 들거나 메고 이동하였던 교통수단입니다. (1) 주로 물건을 옮길 때 사용한 것은 달구지입니다.

11 이 밖에도 여러 사람이 함께 이용하기 어려웠고, 힘이 많이 들었습니다. 나무와 풀의 줄기 등 자연에서 쉽게 구할 수 있는 재료로 만들어졌습니다.

　채점 tip 제시된 예시 답안 중 하나를 알맞게 썼으면 정답으로 합니다.

12 (2) 자동차는 기계의 힘을 이용하여 움직이는 교통수단입니다.

13 제시된 사진은 증기선의 모습입니다. 과학 기술의 발달로 기계의 힘을 이용한 교통수단이 등장하면서 물건이나 사람의 이동이 빠르고 편리해졌습니다.

7회 문제 학습 76~77쪽

1 오늘날 **2** 연료 **3** 교통 시설 **4** 해상
5 (2) ○ **6** 전철 **7** (1) ㉢ (2) ㉠
8 ① **9** ⑤ **10 예** 오늘날에는 기계의 힘을 이용하는 교통수단이 많습니다. **11** ④
12 ⑤ **13** 재윤

5 (1)은 돛단배, (2)는 버스의 모습입니다. 돛단배는 옛날에 주로 이용하던 교통수단입니다.

6 제시된 글과 그림은 전철에 대한 것입니다. 과학 기술의 발달로 오늘날 다양한 교통수단을 이용할 수 있습니다.

7 화물선은 다른 나라로 한 번에 많은 물건을 보낼 때 이용하고, 개인형 이동 장치는 도로나 자전거 도로를 이용해 짧은 거리를 빠르게 이동할 때 이용하는 교통수단입니다.

8 오늘날 교통수단은 주로 기계의 힘을 이용합니다. ① 달구지는 옛날에 무거운 짐을 옮길 때 주로 이용하던 교통수단입니다.

9 ⑤는 옛날 교통수단의 특징입니다.

10 오늘날 교통수단은 대부분 석유, 가스, 전기 등을 연료로 사용합니다.

채점 기준	상	옛날과 다른 오늘날 교통수단의 특징을 정확하게 쓴 경우
	중	교통수단을 이용해서 다른 장소로 갈 수 있다고만 쓴 경우

11 버스 정류장은 도로 교통과 관련된 교통 시설, 선착장은 해상 교통과 관련된 교통 시설, 주유소는 도로 교통과 관련된 교통 시설입니다. ④ 통신 위성은 통신수단의 발달에 따라 생겨난 시설입니다.

12 도로 교통과 관련된 시설은 터널, 도로, 주유소, 정비소, 휴게소, 주차장 등이 있습니다. ⑤ 활주로는 항공 교통과 관련된 시설입니다.

13 활주로와 관제탑은 항공 교통, 선착장과 등대는 해상 교통과 관련 있는 교통 시설입니다.

8회 문제 학습 80~81쪽

1 빠르고 **2** 교류 **3** 넓어 **4** 직업
5 (2) ○ **6** 어린이 보호 구역 **7** ⑤
8 예 통근버스를 타고 먼 곳에 있는 회사에 출근합니다. **9** 하은 **10** 줄어들었습니다
11 진수, 태리 **12** ③ **13** ㉠, ㉢

5 오늘날 교통의 발달로 사람들은 먼 곳으로 빠르게 이동할 수 있게 되었고, 무거운 짐을 한 번에 먼 곳까지 옮길 수 있게 되었습니다. (1)은 옛날 교통수단을 이용하는 사람들의 생활 모습입니다.

6 제시된 설명은 어린이 보호 구역에 대한 것입니다.

7 교통수단이 발달하면서 옛날에 없던 다양한 직업이 생기기도 합니다.

8 이 밖에도 이동하는 것이 불편한 사람들이 교통 약자 택시를 타고 이동하고, 해외로 여행을 가는 사람들이 많아졌습니다.

채점 tip 제시된 예시 답안 중 한 가지를 알맞게 쓴 경우 정답으로 합니다.

9 제시된 블로그는 교통 약자 택시를 이용한 경험을 담고 있습니다. 오늘날에는 교통수단과 교통 시설의 발달로 사람들의 생활 공간이 넓어졌습니다.

10 제시된 글은 서울에서 부산까지 이동 시간의 변화에 대한 내용을 담고 있습니다. 오늘날에는 교통의 발달로 이동 시간이 줄어들었고, 편하고 빠르게 이동할 수 있습니다.

11 교통수단의 발달로 새로운 직업이 생기기도 했지만, 직업이 사라지기도 했습니다.

12 ③ 인력거꾼은 인력거에 사람을 태워 이동해 주는 일을 하며, 옛날 교통수단과 관련된 직업입니다.

13 교통이 변화로 가마꾼, 뱃사공과 같은 직업이 사라졌거나 사라져 가기도 합니다.

왜 답이 아닐까?

㉡ 택배 기사는 도로 교통의 발달로 생긴 직업입니다.
㉣ 항공 정비사는 항공 교통의 발달로 생긴 직업입니다.

1 환경 오염　　**2** 교통사고　　**3** 친환경　　**4** 미래

5 교통 체증　　**6** 예 자동차, 기차, 비행기에서 발생하는 소음으로 생활이 불편해졌습니다.
7 ㉠, ㉡, ㉢　　**8** 소음 문제　　**9** ⑤
10 (1) ○　(2) ×　　**11** 초고속 자기 부상 열차
12 ④　　**13** ④

5 오늘날 교통의 발달로 출퇴근 시간에 교통 체증 문제가 발생합니다.

6 교통이 발달하면서 소음 문제, 환경 오염, 교통사고 증가, 교통 체증 등의 문제가 발생합니다.

채점 기준	상	교통수단에서 발생하는 소음으로 생활이 불편해졌다고 쓴 경우
	중	소음 문제가 발생했다고만 쓴 경우

7 석유와 같은 화석 연료 대신 전기나 수소, 태양열의 힘으로 움직이는 자동차를 이용하면 환경 오염을 줄일 수 있습니다.

8 방음벽이나 소음 방지 터널을 설치하여 교통 발달로 인한 소음 문제를 해결하려고 노력합니다.

9 제시된 글은 초등학교 앞 교통사고 문제를 해결하기 위한 방안에 대한 내용입니다. 오늘날 교통의 발달로 교통사고가 증가하는 문제가 발생하였고, 스마트 횡단보도, 어린이 보호 구역 등 보행자를 보호하는 장치를 만들어 문제를 해결하려고 노력합니다.

10 (2) 미래의 친환경 교통수단은 환경을 보호하며, 환경 오염을 줄일 것입니다.

11 제시된 글은 초고속 자기 부상 열차에 대한 설명입니다. 교통이 발달하며 생긴 문제점을 해결하는 과정에서 환경을 보호하며 새로운 기능을 갖춘 교통수단이 등장하기도 합니다.

12 웨어러블 로봇, 자율 주행 휠체어 등 미래의 교통수단은 몸이 불편한 사람들이 편하게 이동할 수 있도록 도울 것입니다.

13 ④ 비행기를 타고 해외를 가는 모습은 오늘날에도 볼 수 있는 생활 모습입니다.

---

1 서찰(편지)　　**2** 북　　**3** 시간　　**4** 동물

5 방　　**6** ④　　**7** ②, ⑤　　**8** 나발
9 ㉡　　**10** ㉣　　**11** 예 한 번에 많은 내용을 전달하기 힘들었습니다.　　**12** 정화
13 ㉠, ㉡

5 옛날 사람들은 많은 사람이 볼 수 있도록 글을 써서 붙이는 방이라는 통신수단을 사용했습니다.

> **문제 속 개념**
>
> **옛날 사람들이 소식이나 정보를 주고 받을 때 이용했던 통신수단**
>
> | 서찰 (편지) | • 서찰은 안부나 소식 등을 적어 보내는 글을 말함.
• 일상생활에서 소식이나 안부를 전할 때 글을 적어서 사람이 직접 전달했음. |
> |---|---|
> | 방 | 방은 어떤 일을 널리 알리려고 사람들이 많이 모이는 곳에 써 붙이는 글을 말함. |

7 옛날 사람들은 소식을 전하기 위해 먼 곳까지 직접 가거나 편지를 보냈습니다.

8 제시된 글은 나발에 대한 설명입니다. 옛날에는 위급한 상황일 때 나발과 같은 악기를 불어 신호를 보냈습니다.

9 옛날 사람들은 북을 쳐서 큰 소리를 내 위급한 상황을 알렸습니다.

10 봉수는 위급한 상황에 따라 횃불이나 연기의 수를 다르게 피웠습니다.

11 이 밖에도 옛날의 통신수단은 소식을 자세히 전하기 어려웠고, 소식을 전하기까지 시간이 많이 걸려 먼 곳에 있는 사람과 자주 연락을 주고받기 어려웠습니다.

채점 기준	상	예시 답안과 같이 옛날 통신수단의 불편한 점을 한 가지 쓴 경우
	중	옛날 통신수단은 이용하기 불편했다고만 쓴 경우

12 옛날에 처음 전화가 들어왔을 때 전화를 걸면 전화 교환원이 받는 사람을 직접 연결해 주어야 했습니다.

13 ㉢ 옛날 통신수단은 한 번에 많은 소식을 정확하게 전달하기가 어려웠습니다.

11회 문제 학습   92~93쪽

1 휴대 전화   **2** 과학 기술   **3** 오늘날   **4** 정보

5 휴대 전화(스마트폰)   **6** 무전기   **7** ②

8 텔레비전   **9** 버스 정보 시스템, 길도우미

10 ⑵ ○   **11 예** 글, 사진, 동영상 등 다양하고 많은 양의 정보를 한 번에 주고받을 수 있습니다.

12 리안   **13** ⑤

5 오늘날 사람들은 휴대 전화로 전화 통화를 할 뿐만 아니라 모바일 메신저 이용, 정보 검색 등 다양하게 이용합니다.

6 제시된 그림은 경찰관과 소방관이 무전기를 사용하는 모습입니다.

7 ② 파발은 옛날 사람들이 이용했던 통신수단입니다.

8 오늘날에는 텔레비전으로 다양한 소식을 확인할 수 있습니다.

9 제시된 글에 등장하는 통신수단은 버스 정보 시스템과 길도우미입니다. 버스, 승용차 등은 교통수단에 해당합니다.

10 오늘날 통신수단은 정보를 실시간으로 빠르게 전달할 수 있습니다. ⑴은 옛날 통신수단의 특징입니다.

11 오늘날 통신수단을 이용하면 한 번에 많은 양의 정보를 주고받을 수 있습니다.

채점 tip 제시된 단어를 모두 포함하여 예시 답을 썼으면 정답으로 합니다.

12 제시된 그림은 텔레비전 뉴스 방송을 통해 여러 사람에게 실시간으로 정보를 전달하는 모습입니다.

13 오늘날 통신수단을 이용하면 멀리 있는 여러 사람과 동시에 소식을 주고받을 수 있습니다.

문제 속 개념

오늘날 통신수단의 특징
- 여러 사람에게 실시간으로 정보를 전달할 수 있습니다.
- 직접 만나지 않고도 멀리 있는 사람들과 정보를 주고받을 수 있습니다.
- 다양하고 많은 양의 정보를 한 번에 주고받을 수 있습니다.
- 통신 기기 하나로 다양한 기능을 이용할 수 있습니다.

12회 문제 학습   96~97쪽

1 오늘날   **2** 동영상   **3** 직업   **4** 공중전화

5 종우   **6** ⑴ ○   **7 예** 병원에 직접 가지 않고 진료를 받을 수 있습니다.   **8** 시설

9 ②   **10** ㉢, ㉣   **11** ⑵ ○ ⑶ ○

12 ㉠ → ㉢ → ㉡   **13** 정현

5 오늘날에는 통신수단이 발달하여 장소에 직접 가지 않고도 할 수 있는 일이 많아졌습니다.

6 오늘날에는 은행에 직접 가지 않아도 인터넷을 이용해 은행 거래를 할 수 있습니다.

문제 속 개념

통신수단의 발달로 달라진 사람들의 생활 모습
- 직접 관찰하기 어려운 내용을 동영상을 보며 배울 수 있습니다.
- 어디서나 물건을 사고 은행 거래를 할 수 있습니다.
- 병원에 직접 가지 않고 진료를 받을 수 있습니다.
- 컴퓨터를 이용해 자료를 주고받을 수 있습니다.

7 제시된 그림은 환자가 직접 병원에 오지 않고도, 의사가 진료를 하는 모습입니다.

채점 tip 병원에 직접 가지 않아도 진료를 받을 수 있다고 썼으면 정답으로 합니다.

8 통신수단이 발달하면서 통신을 위한 새로운 시설이 생겨났고, 통신수단과 관련된 새로운 직업이 생겨났습니다.

9 ② 공항은 교통수단의 발달로 만들어진 새로운 시설입니다.

10 통신수단의 발달로 학교에 가기 어려울 때는 집에서 수업을 듣고, 직접 관찰하기 어려운 내용을 동영상을 보며 배우기도 합니다.

11 휴대 전화의 등장으로 이동하면서 전화를 쓸 수 있게 되었습니다.

12 ㉠은 초기의 전화기, ㉡은 휴대 전화(스마트폰), ㉢은 유선 전화의 모습입니다.

13 편지를 직접 우체통에 넣어서 보내는 모습은 통신수단이 발달하여 달라진 생활 모습이 아닙니다.

1 통신수단　　**2** 공공장소　　**3** 사물 인터넷
4 홀로그램

---

5 (2) ○　　**6** 인터넷　　**7** 과의존　　**8** 아현
9 예 공공장소에서 큰 소리로 통화하지 않습니다.
인터넷에 다른 사람에게 상처를 주는 댓글을 쓰지
않습니다.　　**10** (1) ㉡　(2) ㉠　　**11** 사물 인터넷
12 (2) ○　　**13** 희준

5 (1) 직접 만나지 않고도 소식을 주고받을 수 있는 것
은 오늘날 통신수단의 편리한 점입니다.

통신수단의 발달로 나타난 문제점
• 개인 정보가 밖으로 새어 나가는 문제가 발생합니다.
• 인터넷에서 상대방을 괴롭히고 따돌리는 사이버 폭력 문제
가 나타납니다.
• 휴대 전화 이용을 멈추기 어렵거나 휴대 전화가 없으면 불안
함을 느끼는 사람들이 늘어나고 있습니다.

6 통신수단을 이용할 때에는 인터넷에 다른 사람에게
상처를 주는 댓글을 쓰지 않습니다.

통신수단을 올바르게 이용하는 방법과 예절

공공장소에서 큰 소리로 통화
하지 않습니다.

인터넷에 다른 사람에게 상처
를 주는 댓글을 쓰지 않습니다.

횡단보도를 건너거나 길을 걸
어 다닐 때 휴대 전화를 사용
하지 않습니다.

다른 사람의 허락 없이 사진
을 촬영하지 않습니다.

7 오늘날 사람들은 스마트 기기에 지나치게 의존하는
경우가 많습니다. 과의존은 어떤 물건이나 물체에 심
하게 의지하여 존재하는 것을 말합니다.

8 제시된 글은 스마트 기기에 지나치게 의존하는 우리
나라 스마트폰 이용자들에 대한 조사 내용을 담고 있
습니다.

9 이 밖에도 횡단보도를 건너거나 길을 걸어 다닐 때
휴대 전화 사용을 하지 않아야 하고, 다른 사람의 허
락 없이 사진을 촬영하지 않아야 합니다.

채점 기준	상	통신수단을 올바르게 이용하는 방법과 예절을 두 가지 모두 알맞게 쓴 경우
	중	통신수단을 올바르게 이용하는 방법과 예절을 한 가지만 알맞게 쓴 경우

통신수단을 올바르게 이용하는 방법
• 통신수단을 필요한 시간에만 사용합니다.
• 통신 예절과 통신수단 사용 규칙을 지킵니다.
• 개인 정보가 새어 나가지 않도록 보안에 유의합니다.

10 미래에는 다양한 형태의 의료기기, 사물 인터넷 등이
사람들의 생활을 더욱 편리하게 만들 것입니다. ㉠은
뇌파 통신, ㉡은 홀로그램 통신에 대한 설명입니다.

11 오늘날 활용되고 있는 사물 인터넷 기술은 미래에 더
다양한 물건에 활용되어 사람들의 생활을 편리하게
만들어줄 것입니다.

사물 인터넷

• 사물 인터넷은 무선 인터넷을 이용하여 다양한 가전제품과
사물을 연결하여 새로운 서비스를 제공하는 것을 말합니다.
• 미래에는 오늘날보다 사물 인터넷 기술이 더 많이 활용되어
사람들의 생활을 편리하게 만들어 줄 것입니다.

12 미래에는 다양한 형태의 의료 기기가 등장하여 몸이
아플 때 빠르게 대처할 수 있을 것입니다.

13 미래에는 더욱 쉽고 빠르게 정보를 전달할 수 있어서
편리하게 생활할 수 있을 것입니다.

14회 마무리 평가 102~105쪽

1 풍습 **2** ⑴ ⓒ ⑵ ⑦ ⑶ ⓔ ⑷ ⓛ

3 ⓒ → ⑦ → ⓔ → ⓛ **4** ⑦ 세시 풍속 ⓛ 명절

5 ⑵ ○ **6** ⓜ **7** ⑩ 가족의 건강과 복을 바라는 마음으로 세시 풍속을 즐깁니다.

8 고누 **9** 뗏목 **10** ⑵ ○ **11** ⑴ ⓛ ⑵ ⑦

12 ④ **13** ⑦, ⓛ **14** ②

15 ④ **16** ⑴ ○ **17** ⑩ 통신 기기 하나로 다양한 기능을 이용할 수 있습니다.

18 ④ **19** ⑴ ⑦, ⓔ ⑵ ⓛ, ⓒ

20 ⑩ 먼 곳까지 빠르게 이동할 수 있습니다. 한 번에 많은 사람과 물건을 실어 나를 수 있어 편리합니다.

---

1 매년 생일날에 미역국을 먹는 것과 김장철이 되면 여럿이 모여 김치를 담그고 나누는 것은 우리가 일상생활 속에서 경험하는 풍습의 모습입니다.

문제 속 개념

우리가 경험한 일상생활 속 풍습

생일	매년 생일날에 미역국을 먹음.
돌잔치	아기가 태어난 지 1년 되는 날에 돌잔치를 열고, 많은 사람이 모여 축하해 줌.
결혼식	결혼식에 많은 사람이 모여 축하해 줌.
김장	겨울이 다가오면 여럿이 모여 겨울 동안 먹을 김치를 담그고 나눔.

2 옛날 사람들은 살아가는 동안 출생, 혼례, 장례와 같이 중요한 일이 있을 때 서로 축하하거나 위로하며 마음을 나눴습니다. 회갑은 만 60세를 이르는 말로, 부모님의 회갑에는 자식들이 생신상을 크게 차리고 잔치를 했습니다.

3 옛날에는 신부의 집에서 결혼식을 했으며 혼례가 끝나면 부부는 신랑의 집으로 가 폐백을 드렸습니다.

4 세시 풍속은 명절에 하는 일, 먹는 음식, 입는 옷, 즐기는 놀이와 같이 해마다 일정한 때에 반복하는 우리 고유의 풍습을 말합니다. 명절의 종류에는 설날, 추석, 한식, 단오 등이 있습니다.

5 일 년 중 가장 더운 시기인 삼복에는 농사일을 잠시 쉬며 영양이 풍부한 닭백숙, 육개장 등을 먹었습니다. ⑴ 팥죽은 나쁜 기운을 쫓는다는 의미로 동지에 먹는 음식입니다.

6 추석에는 마을 사람들이 모여 달맞이, 강강술래, 씨름 등의 놀이를 즐겼습니다. ⓜ 달집태우기는 정월 대보름에 즐기던 세시 풍속입니다.

7 옛날과 오늘날의 세시 풍속은 달라졌지만, 가족이나 이웃과 기쁨을 함께 나누는 것은 변함없습니다.

채점 기준	상	가족의 건강과 복을 바란다거나, 가족이나 이웃과 기쁨을 함께 나눈다고 쓴 경우
	중	옛날과 오늘날 모두 세시 풍속을 즐긴다고만 쓴 경우

문제 속 개념

옛날과 오늘날의 세시 풍속 비교하기

공통점	• 가족의 건강과 복을 바라는 마음으로 세시 풍속을 즐김. • 오늘날의 세시 풍속은 달라졌지만, 가족이나 이웃과 기쁨을 함께 나누는 것은 변함없음.
차이점	• 옛날에는 주로 농사와 관련된 세시 풍속을 즐겼고, 오늘날에는 설날, 추석 등 큰 명절을 중심으로 한 세시 풍속이 이어져 오고 있음. • 옛날에는 날씨와 계절에 따라 세시 풍속을 즐겼지만, 오늘날에는 여러 지역에서 축제나 체험 행사 등을 열어 일정한 날이나 계절에 상관없이 세시 풍속을 즐길 수 있음.

8 제시된 그림과 글은 고누에 대한 설명입니다.

문제 속 개념

여러 가지 옛날 사람들이 즐겼던 놀이

제기차기	제기가 바닥으로 떨어지지 않도록 한발 또는 양발로 툭툭 차는 놀이
고누	말판에 돌을 놓고, 상대방의 말을 포위하여 움직이지 못하게 하는 놀이
자치기	긴 막대기로 짧은 막대기를 튕기거나 치는 놀이
투호	입구가 작은 병에 화살을 던져 넣는 놀이
강강술래	주로 추석에 여러 사람이 손을 잡고 춤을 추고 노래를 부르는 놀이
팽이치기	나무로 만든 팽이를 채로 쳐서 돌리는 놀이
줄다리기	마을 사람들이 모여 줄다리기 시합을 즐기며 협동심을 길렀음.
씨름	단오나 추석과 같은 명절에 주로 남자들이 하던 놀이

9 뗏목은 통나무 여러 개를 이어 붙여 만든 배로 사람이 노를 저어 갔던 옛날의 교통수단입니다.

옛날 사람들이 교통수단을 이용하는 모습

말을 타고 먼 거리를 빠르게 이동할 수 있었음.

수레 위에 실은 무거운 짐을 소나 말이 끌었음.

사람을 태우고 여러 사람이 가마를 들거나 메고 이동하였음.

통나무 여러 개를 이어 붙여 만든 배로 사람이나 짐을 옮길 때 이용하였음.

노를 저어 나루 사이를 오가며 사람이나 짐을 옮길 때 이용하였음.

배에 돛을 달아 바람의 힘으로 움직여 사람이나 짐을 옮길 때 이용하였음.

10 옛날의 교통수단은 사람이나 동물, 자연의 힘을 이용하여 움직였으며, 힘이 많이 들었습니다.

옛날 교통수단의 특징
- 사람이나 동물, 자연의 힘을 이용하여 움직였습니다.
- 나무와 풀의 줄기 등 자연에서 쉽게 구할 수 있는 재료로 만들어졌습니다.
- 여러 사람이 함께 이용하기 어려웠고, 힘이 많이 들었습니다.
- 사람이나 물건을 한 번에 많이 옮기기 어려웠습니다.

11 오늘날에는 다양한 교통수단을 이용하여 다른 곳으로 이동하거나 물건을 운반합니다.

12 등대는 해상 교통과 관련된 시설, 충전소는 전기 자동차와 관련된 시설, 휴게소는 도로 교통과 관련된 시설입니다. ④ 방송국은 통신수단의 발달에 따라 생겨난 시설입니다.

13 ㉢ 교통의 변화로 옛날에 없던 다양한 직업이 새로 생기기도 합니다.

교통의 변화로 달라진 옛날과 오늘날의 생활 모습

사람들이 먼 곳으로 빠르고 편리하게 갈 수 있게 되었습니다.

예전에는 가기 어려웠던 곳을 편리하게 갈 수 있게 되었습니다.

한 번에 먼 곳까지 무거운 짐을 옮길 수 있게 되었습니다.

14 봉수는 위급한 상황에 따라 연기나 불빛의 개수가 달랐습니다.

옛날 사람들이 적이 쳐들어오거나 위급한 상황에서 이용했던 통신수단

파발	사람이 달려가거나 말을 타고 가서 나랏일에 대한 소식을 전했음.
신호 연	연의 색과 무늬로 암호를 정하면 적이 알지 못하기 때문에 연을 띄워서 약속된 신호를 주고받았음.
봉수	낮에는 연기, 밤에는 불빛으로 나라의 위급한 상황을 알렸음.
북	전쟁터에서 북을 크게 쳐서 위급한 상황을 알렸음.
나발	나발을 불어서 소리를 내어 신호를 보냈음.
신호 깃발	깃발을 이용해서 소식을 전하거나 명령을 전달하기도 했음.

15 서찰(편지), 방과 같은 옛날 통신수단은 한 번에 많은 내용을 전달하기 힘들었고, 소식을 전하기까지 시간이 오래 걸렸습니다.

문제 속 개념

옛날 통신수단의 특징
- 사람이 직접 가거나 동물을 타고 소식을 전하러 갔습니다.
- 사람이나 동물이 직접 가기 때문에 날씨의 영향을 받았습니다.
- 같은 내용을 여러 사람에게 각각 써서 전달했습니다.
- 소식을 전하는 데 시간이 오래 걸렸고, 많은 정보를 정확하고 자세하게 전달하기가 어려웠습니다.

16 ⑵는 옛날 사람들이 통신수단을 이용하는 모습입니다.

문제 속 개념

오늘날 사람들이 통신수단을 이용하는 모습

- 오늘날에는 과학 기술이 발달하면서 다양한 통신수단이 생겨났습니다.
- 사람들은 다양한 통신수단을 이용하여 소식과 정보를 주고받습니다.

17 오늘날 통신수단은 과학 기술의 발달로 통신 기기 하나로 다양한 기능을 이용할 수 있습니다.

> **채점 tip** 통신 기기 하나로 다양한 기능을 이용할 수 있다고 썼으면 정답으로 합니다.

문제 속 개념

오늘날 통신수단의 특징

여러 사람에게 실시간으로 정보를 전달할 수 있음.

직접 만나지 않고도 멀리 있는 여러 사람과 동시에 소식을 주고받을 수 있음.

글, 사진, 동영상 등 다양하고 많은 양의 정보를 한 번에 주고받을 수 있음.

통신 기기 하나로 전화, 음악 감상, 누리집 검색 등 다양한 기능을 이용할 수 있음.

18 ④ 다른 사람의 허락 없이 사진을 함부로 촬영하지 않습니다.

19 옛날에는 달구지, 말, 가마, 뗏목, 나룻배, 돛단배 등을 교통수단으로 이용했고, 오늘날에는 과학 기술의 발달로 승용차, 비행기, 배, 기차 등 다양한 교통수단을 이용합니다.

20 오늘날 교통수단을 이용하면 빠르고 편리하게 이동할 수 있습니다.

채점 기준	상	오늘날 교통수단이 옛날과 달라진 점을 두 가지 모두 알맞게 쓴 경우
	중	오늘날 교통수단이 옛날과 달라진 점을 한 가지만 알맞게 쓴 경우

문제 속 개념

교통의 변화로 달라진 생활 모습
- 교통수단의 발달로 빠르게 이동할 수 있게 되면서 다른 지역이나 나라와의 교류가 늘었습니다.
- 교통수단을 이용해 여가 생활을 즐기는 모습이 다양해졌습니다.
- 오늘날에는 교통수단과 교통 시설의 발달로 사람들의 생활 공간이 넓어졌습니다.
- 이동하는 것이 불편한 사람들도 교통 약자 택시를 이용하여 편리하고 안전하게 이동할 수 있습니다.

1 풍습　**2** ③　**3** ⑤　**4** ②　**5** ④
6 예 옛날에는 계절과 날씨에 따라 세시 풍속을 즐겼습니다.　**7** ②　**8** ②, ③　**9** ④
10 ④, ⑤　**11** ④, ⑤　**12** ①
13 ④　**14** ①, ②　**15** ③　**16** 예 어디서나 물건을 사고 은행 거래를 할 수 있습니다.
17 ㄴ → ㄱ → ㄷ → ㄹ　**18** (1) 개인 정보 (2) 사이버 폭력 (3) 과의존　**19** ㄹ　**20** 예 소식을 전하는 데 시간이 오래 걸렸습니다.

1 풍습에는 해마다 일정한 때에 되풀이하는 세시 풍속도 있습니다.

2 ① 돈은 경제적으로 여유롭게 살길 바라는 마음, ② 붓과 벼루는 지혜롭고 현명한 사람이 되길 바라는 마음, ④ 백설기는 깨끗하고 순수하게 자라길 바라는 마음, ⑤ 붉은 경단은 나쁜 기운을 쫓는 마음이 담겨 있습니다.

옛날 돌잔치에 담긴 소망

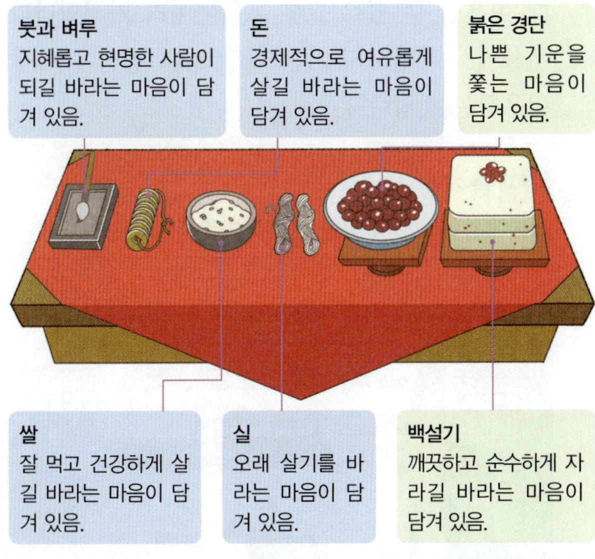

3 나무 기러기는 신랑과 신부가 오래도록 함께 행복하게 사는 것을 의미합니다.

4 ② 명절에는 태극기를 달지 않아도 됩니다. 태극기는 주로 국경일에 답니다.

설날의 세시 풍속 모습

5 ④ 한식에는 차가운 음식을 먹었습니다.

6 옛날에는 날씨와 계절에 따라 세시 풍속을 즐겼지만, 오늘날에는 일정한 날이나 계절에 상관 없이 세시 풍속을 즐길 수 있습니다.

채점 tip 계절과 날씨에 따라 세시 풍속을 즐겼다는 내용을 썼으면 정답으로 합니다.

계절에 따른 옛날의 세시 풍속 모습

7 오늘날에는 교통과 통신, 과학 기술의 발달로 직업이 다양해지면서 세시 풍속의 모습이 많이 바뀌었습니다.

8 강강술래는 주로 추석에 여러 사람이 손을 잡고 춤을 추고 노래를 부르는 놀이입니다. 씨름은 단오나 추석과 같은 명절에 주로 남자들이 하던 놀이입니다.

① 연날리기는 주로 설날부터 정월 대보름까지 즐기던 놀이.
④ 달집태우기는 정월 대보름에 즐기던 놀이입니다.

9 ①, ② 힘이 많이 들고 시간이 오래 걸렸습니다. ③ 날씨의 영향을 많이 받았습니다. ⑤ 여러 사람이 함께 이용하기 어려웠고 많은 물건을 한 번에 옮기기 어려웠습니다.

옛날 교통수단의 특징

- 사람이나 동물, 자연의 힘을 이용하여 움직였습니다.
- 나무와 풀의 줄기 등 자연에서 쉽게 구할 수 있는 재료로 만들어졌습니다.
- 여러 사람이 함께 이용하기 어려웠고, 힘이 많이 들었습니다.
- 사람이나 물건을 한 번에 많이 옮기기 어려웠습니다.

10 ㉠은 달구지, ㉡은 가마의 모습입니다. ③ 가마는 사람의 힘으로 움직였습니다.

11 기계의 힘을 이용한 옛날 교통수단에는 증기 기차, 증기선, 프로펠러 비행기 등이 있습니다.

기계의 힘을 이용한 옛날 교통수단

증기선	수증기의 힘으로 움직이는 배로 바다 건너 먼 나라로 갈 수 있었음.
증기 기차	수증기의 힘을 이용하여 움직이는 기차
자동차	석유와 기계의 힘으로 바퀴를 움직여서 빠르게 이동할 수 있음.
프로펠러 비행기	프로펠러가 공기를 뒤로 내뿜는 힘을 이용해 날아다님.
전차	전기의 힘으로 철길 위를 달려 많은 사람이 함께 이용할 수 있었음.

과학 기술의 발달로 전기, 석유, 증기 기관 등을 이용하여 더 먼 곳까지 쉽게 이동할 수 있게 되었습니다.

12 ① 기지국은 휴대 전화나 컴퓨터의 통신을 원활하게 이루어질 수 있게 돕는 기능을 하는 통신수단 관련 시설입니다.

교통수단의 발달에 따라 생겨난 시설

해상 교통과 관련된 교통 시설	항공 교통과 관련된 교통 시설	철도 교통과 관련된 교통 시설
선착장, 여객선 터미널, 등대 등	공항, 활주로, 관제탑 등	철로, 기차역, 지하철역 등

도로 교통과 관련된 교통 시설
터널, 도로, 주유소, 정비소, 휴게소, 주차장, 버스 정류장, 택시 정류장, 고속버스 터미널, 횡단보도, 자전거 전용 도로 등

13 ① 서울에서 부산까지 걸어가면 약 30일이 걸립니다. ② 말을 타고 가는 것보다 오늘날 교통수단을 타고 가는 것이 더 안전합니다. ③ 서울에서 부산까지 갈 때 이용할 수 있는 교통수단은 여러 가지입니다. ⑤ 서울에서 부산까지 가는 가장 빠른 방법은 비행기를 이용하는 것입니다.

서울에서 부산까지 이동 시간의 변화

14 옛날에는 한 번에 많은 내용을 전달하기 힘들었고, 소식을 전하기까지 시간이 오래 걸렸습니다.

옛날 사람들이 통신수단을 이용했던 모습

- 옛날에는 주로 글이 적힌 편지나 문서를 통해서 소식을 전하였습니다.
- 옛날에는 큰 소리나 연기, 불빛 등을 이용해서 멀리 있는 사람들에게 소식을 전하였습니다.

15 오늘날에는 통신수단이 발달하여 사람들의 생활이 편리해졌지만 개인 정보가 유출되는 등의 문제가 발생하기도 합니다.

오늘날 사람들이 이용하는 통신수단

휴대 전화	이동하면서 통화를 하거나 밖에서도 여러 친구와 문자 대화를 주고받을 수 있음.
컴퓨터	전자 우편을 주고받거나 인터넷에 접속하여 정보를 검색할 수 있음.
텔레비전	뉴스 등에서 다양한 소식을 확인할 수 있음.
신호등	신호등의 신호에 따라 안전하게 횡단보도를 건널 수 있음.
무전기	무전기를 이용하면 실시간 상황을 주고받을 수 있음.

16 사람들은 휴대 전화나 인터넷 등을 이용해 물건을 사고, 은행 거래를 할 수 있습니다.

채점 기준	상	휴대 전화의 발달로 어디서나 물건을 사고 은행 거래도 할 수 있다고 쓴 경우
	중	휴대 전화로 여러 가지 일을 할 수 있다고만 쓴 경우

17 전화기는 '초기의 전화기 → 유선 전화 → 초기의 휴대 전화 → 휴대 전화(스마트폰)'의 순서로 변화했습니다.

18 통신수단의 발달로 개인 정보 유출, 사이버 폭력, 스마트폰 과의존과 같은 문제가 나타나고 있습니다.

통신수단을 올바르게 이용하는 방법과 예절

공공장소에서 큰 소리로 통화하지 않습니다.

인터넷에 다른 사람에게 상처를 주는 댓글을 쓰지 않습니다.

길을 걸어 다닐 때 휴대 전화를 사용하지 않습니다.

다른 사람의 허락 없이 사진을 촬영하지 않습니다.

19 봉수는 연기나 불빛을 이용하기 때문에 아주 먼 곳에 있는 사람도 볼 수 있습니다.

20 옛날 통신수단은 많은 정보를 정확하고 자세하게 전달하기 어려웠습니다. 사람이 직접 가거나 동물을 타고 소식을 전하러 가야했기 때문에 날씨의 영향을 받았습니다.

채점 tip 옛날 통신수단의 불편한 점을 알맞게 썼으면 정답으로 합니다.

용어 퍼즐 **2**학기 용어 되돌아 보기   112쪽

		통					사
		신			반	려	동	물
교	통	수	단				인
		단					터
							넷
				달			
인	공	지	능	구			문
	항			지	능	정	보	화

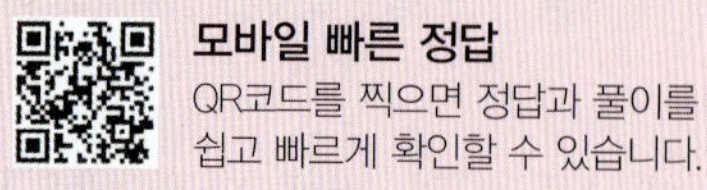

1. 사회 변화와 다양한 문화

단원 핵심 개념 2~3쪽

① 출산율 ② 높아지는 ③ 인공지능 ④ 교류
⑤ 문화 ⑥ 이주민 ⑦ 편견 ⑧ 반려동물

단원 평가 A 단계 4~7쪽

1 ③ **2** ② **3** 저출산 **4** ④ **5** ①
6 고령화 **7** ㉠ 65세 이상 인구 ㉡ 커지고
8 (1) ○ **9** ② **10** ② **11** (1) ㉡ (2) ㉠
(3) ㉢ **12** ㉠, ㉢, ㉣ **13** ④ **14** 세계화
15 ② **16** (1) 저 (2) 저 (3) 고 **17** ②
18 아린 **19** ③ **20** 정우

1 오늘날에는 학생 수가 줄어들며 옛날에 비해 학교의 학년당 학급 수가 줄어들고 있습니다.

2 옛날과 달리 오늘날에는 한 반의 학생 수가 적고, 교실에 컴퓨터와 텔레비전 등이 있습니다.

3 예전보다 아이를 적게 낳거나 낳지 않는 경우가 늘어났고, 결혼하고 아이를 낳아 기르는 것에 부담을 느끼는 사람이 많아진 것이 저출산의 원인입니다.

4 제시된 그래프를 보면 최근 출생아 수가 예전에 비해 많이 줄어들어 저출산 현상이 점점 더 심해지고 있음을 알 수 있습니다.

5 저출산이란 태어나는 아이의 수가 줄어드는 현상으로, 오늘날 출생아 수가 예전에 비해 많이 줄어들고 있어 저출산이 심해지고 있습니다.

6 사람들의 수명이 늘어나면서 전체 인구에서 노인 인구가 차지하는 비율이 점점 높아지고 있습니다.

7 제시된 그래프를 보면 2030년에 예상되는 우리나라의 65세 이상 인구는 1,298만 명입니다.

8 (2)는 저출산으로 인해 우리 사회가 겪는 어려움입니다.

9 제시된 신문 기사는 우리 사회의 고령화 현상이 심화하고 있다는 내용입니다.

10 노인의 수가 늘어나면서 노인을 위한 전문 시설이 생겨나고 노인을 대상으로 하는 산업이 발달하며, 노인을 위한 일자리가 생겨나고 있습니다.

11 사물 인터넷, 인공지능, 자율 주행, 메타버스와 같은 지능 정보 기술의 발달로 일상생활이 편리해졌습니다.

12 지능정보화로 편리해진 점도 있지만, 예전에는 보기 어려웠던 새로운 문제가 나타나기도 합니다.

㉡, ㉤은 지능정보화의 부정적 영향입니다.

13 지능정보화로 인해 개인 정보가 유출되어 사생활 침해를 당하는 문제가 발생합니다.

14 세계화의 영향으로 우리나라에서 만든 물건이 세계 여러 나라에서 팔리고, 우리나라의 회사가 전 세계로 진출하고 있습니다.

15 세계화의 영향으로 전 세계 사람들의 생활 양식이 비슷해지면서 각 나라의 전통 생활 양식이 약해지고 있습니다.

16 저출산을 해결하기 위해 걱정없이 아이를 낳아 키울 수 있도록 다양한 지원이 필요하고, 고령화에 대비하기 위해 노인을 위한 복지 제도를 늘리고 노인들의 사회 활동 참여를 지원하는 것이 필요합니다.

17 저출산 문제에 대응하려면 부부가 일을 하면서도 아이를 잘 돌볼 수 있도록 제도를 만들어야 합니다.

18 지능정보화 사회에서는 주어진 정보가 정확한지 확인하는 습관을 가져야 하며, 개인 정보가 새어나가지 않도록 안전하게 관리하고 함부로 개인 정보를 인터넷에 공유하지 않습니다.

19 정해진 규칙에 따라 인터넷이나 태블릿 컴퓨터 등을 사용해야 합니다.

20 세계화 사회에서는 다른 나라 문화의 좋은 점을 본받고 존중하며, 우리나라의 전통적인 생활 양식을 소중하게 여겨야 합니다.

1 문화　**2** ①　**3** ⑴ ㉡ ⑵ ㉠　**4** ④
5 ⑵ ○　**6** ㉠, ㉣　**7** ㉡　**8** 반려동물
9 ⑵ ○　**10** 해린　**11** ㉠ 편견 ㉡ 차별
12 ④　**13** 우석　**14** ④　**15** ⑴ ㉡ ⑵ ㉠
16 ⑵ ○ ⑶ ○　**17** 현수　**18** ㉢　**19** ③
20 ②

1 제시된 글은 문화에 대한 설명입니다. 의식주와 관련된 생활 모습은 문화에 대한 대표적인 사례입니다.

2 의식주와 관련된 생활 모습뿐만 아니라 인사법이나 놀이, 여가 활동을 즐기는 방법 등도 문화라고 할 수 있습니다. ① 나이는 사람들이 가지고 있는 공통의 생활 방식이 아닙니다.

3 ⑴ 덥고 비가 많이 오는 지역에서는 더위와 습기를 피하기 위해서 수상 가옥에서 생활합니다. ⑵ 건조하고 초원이 많은 지역에서는 나무와 천으로 만든 이동식 집에서 생활합니다.

4 문화에는 사람들의 옷차림, 음식을 먹는 방법, 사는 집의 모습 등이 포함됩니다.

5 ⑴ 사람들은 저마다 즐기는 활동이 다르며, 오늘날 우리 사회에는 다양한 문화가 나타납니다.

6 외국인 이주민은 외국에서 태어나서 살다가 우리나라로 옮겨 와서 사는 사람을 말합니다.

7 제시된 그래프를 통해 우리나라의 1인 가구 수가 점점 늘어나고 있다는 것을 알 수 있습니다. ㉡은 1인 가구 증가에 따른 영향입니다.

1인 가구 증가에 따른 영향
- 혼자 사는 사람에게 알맞은 상품과 서비스가 많아졌습니다.
- 혼자 사는 사람들이 함께 모여 취미 활동을 즐기고 관계를 형성합니다.
- 원룸과 같이 혼자 사는 사람들이 살기 적합한 집이 많아졌습니다.

8 오늘날 우리나라에는 반려동물과 함께 사는 사람들이 많아졌습니다.

9 1인 가구가 늘어나고 생활 수준이 높아지면서 우리나라에 반려동물과 함께 사는 사람이 많아졌습니다. ⑴ 반려동물 양육 증가에 따라서 반려동물과 관련 있는 직업을 가진 사람들이 많아졌습니다.

10 우리 사회에 다양한 문화가 함께하면 우리가 누리고 선택할 수 있는 문화가 많아지고, 우리 사회가 더욱 풍요롭고 성숙해집니다.

11 우리 주변에는 편견과 차별로 피해를 보는 사람들이 있습니다.

12 제시된 그림은 종교적인 이유로 고기를 먹지 않는 것을 편식한다며 차별하는 모습입니다.

13 제시된 그림은 다른 나라 사람이 한국어를 잘하지 못할 것이라고 편견을 가지는 모습입니다.

14 1인 가구는 아프거나 위급한 상황일 때 대처하기 어려울 수 있고, 혼자 살면서 외로움이나 불안감을 느끼는 경우가 있습니다.

15 1인 가구의 증가로 1인 가구의 건강과 안전 문제가 발생하고, 혼자 사는 사람이 외로움이나 불안감을 느끼는 경우가 있습니다. 반려동물 양육의 증가로 반려동물이 사람을 공격하거나 물건을 파손하여 이웃과 갈등이 생기는 경우가 있습니다.

16 ⑴ 한국어에 서툰 외국인에게 도움을 줄 수 있는 지원을 하고, 필요한 제도와 법을 마련해야 합니다.

17 혼자 사는 사람들이 사회에서 소외되지 않도록 1인 가구를 위한 취미 생활, 요리, 운동 등의 프로그램을 운영합니다.

18 ㉠ 길에서 만난 반려동물을 함부로 만지는 행동은 예의에 어긋나는 것이며, 안전을 위해서도 하면 안 되는 행동입니다. ㉡ 반려견과 산책할 때는 항상 목줄을 채워야 합니다.

19 다양한 문화를 존중한다는 것은 다른 문화를 편견 없이 바라보고, 나의 문화와 마찬가지로 다른 문화를 소중히 대하는 것을 말합니다. ③ 나와 다른 문화에 대한 편견을 갖지 않고 차별하지 않습니다.

20 다양한 문화를 존중하기 위해서는 서로 다른 문화의 차이를 인정하고 이해하는 태도를 가져야 합니다. ② 나의 기준으로 상대방의 문화를 함부로 판단하지 않습니다.

1 오늘날에는 일하는 할아버지, 할머니가 늘어나고 있습니다.

사회 변화로 달라진 사람들의 생활 모습

일하는 할아버지, 할머니가 늘어나고 있음.

학생 수가 줄어들며, 학급 수도 함께 줄어들고 있음.

우리의 생활을 편리하게 해 주는 새로운 기술이 생겨나고 있음.

노인을 위한 시설이나 장소가 많아지고 있음.

2 제시된 그림은 저출산으로 초등학생 수가 줄어들고 있는 모습을 나타낸 것입니다. 결혼하고 아이를 낳아 기르는 것에 부담을 느끼는 사람이 많아졌고, 옛날보다 아이를 적게 낳거나 낳지 않는 경우가 늘어난 것이 저출산의 원인입니다.

3 제시된 글은 고령화로 인해 나타난 우리 사회의 변화에 대한 설명입니다. 우리 사회의 고령화 현상은 심해지고 있습니다.

4 이 밖에도 출산을 도와주는 병원이 사라지고 있고, 계속된 저출산으로 일할 사람이 줄어들고 있습니다.

5 이 밖에도 노인 관련 산업이 늘어나고 있으며, 일하는 노인이 많아지고 있습니다.

고령화로 달라진 사회 모습

노인들이 건강하게 살아갈 수 있도록 돕는 복지 제도가 마련되고 있음.

노인 건강 관리, 의료 기기 개발 등 노인 관련 산업이 늘어나고 있음.

일하는 노인들이 많아지고 있음.

노인들이 생활에 어려움을 겪기도 함.

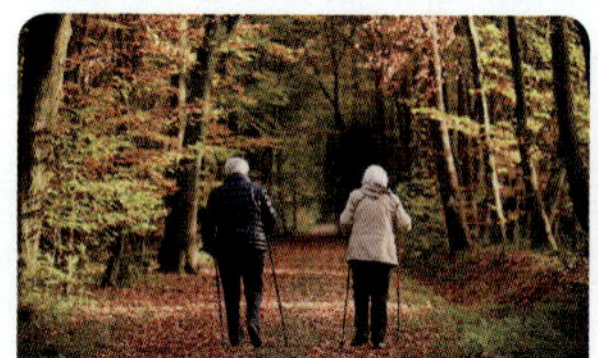
안정적이고 행복한 노후 생활에 대한 관심이 늘어나고 있음.

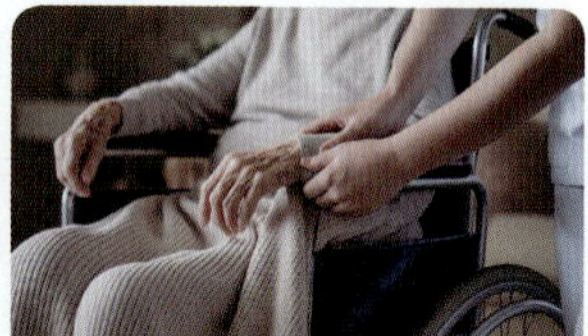
노인 전문 병원이나 요양 시설 등 노인을 위한 시설이 늘어나고 있음.

6 이 밖에도 인공지능을 활용한 다양한 기술이 사회 전반에 영향을 미치는 현상인 지능정보화 때문입니다.
채점 tip 지능정보화로 인해 우리 사회가 변화하였다고 썼으면 정답으로 합니다.

7 ② 지능정보화로 인해 개인 정보 유출 문제가 심각한 문제가 발생합니다.

8 세계화로 인해 세계 여러 나라의 물건을 쉽게 살 수 있으며, 세계 여러 나라의 다양한 문화를 접할 수 있습니다.

9 ⑤는 저출산 문제를 해결하기 위한 방안입니다.

10 ② 저출산에 대응하기 위해서는 아이를 낳고 기르는 데 드는 비용을 지원하고, 부부가 일을 하면서도 아이를 잘 돌볼 수 있도록 제도를 만들어야 합니다.

11 제시된 글은 문화에 대한 설명입니다. 문화는 의식주뿐만 아니라 언어, 미술, 음악, 종교, 규범 등을 포함합니다.

우리 사회의 다양한 문화 모습

외국인 이주민, 반려동물과 함께 사는 사람, 1인 가구가 증가하면서 우리 사회에는 다양한 문화가 확산되고 있습니다.

12 사람들의 인사법, 놀이, 여가 활동을 즐기는 방법도 문화라고 부를 수 있습니다.

> **채점 tip** 놀이, 여가 활동을 즐기는 방법도 문화라고 할 수 있다고 썼으면 정답으로 합니다.

13 추운 지역에 사는 사람들은 동물의 가죽이나 털로 만든 옷을 입고 생활합니다. (1)은 햇볕이 강한 지역에 사는 사람들의 옷차림입니다.

14 세계화의 영향으로 우리나라에 사는 외국인 이주민의 수는 늘어나고 있습니다. 외국인이 우리나라에서 일자리를 얻거나, 외국인이 우리나라 사람과 결혼을 하였기 때문에 외국인 이주민의 수가 늘어났습니다.

15 ④ 우리 사회는 1인 가구가 증가하면서 혼자 사는 사람에게 알맞은 상품과 서비스가 많아졌습니다.

문화의 확산이 우리 사회에 미친 영향

• 외국인 이주민 증가에 따른 영향

주변에서 여러 나라의 음식점을 쉽게 찾아볼 수 있음.	외국인들이 우리나라에서 일하면서 경제 발전을 도움.

• 1인 가구 증가에 따른 영향

혼자 사는 사람에게 알맞은 상품과 서비스가 많아졌음.	혼자 사는 사람들이 함께 모여 취미 활동을 즐김.

• 반려동물 양육 증가에 따른 영향

반려동물과 관련 있는 직업을 가진 사람들이 많아졌음.	반려동물과 여가 활동을 즐기고, 화목한 생활을 하는 데 도움을 얻음.

16 편견과 차별은 우리가 함께 어울려 살아가는 것을 어렵게 합니다.

17 제시된 그림은 문화에 대한 차별의 모습을 나타냅니다.

18 이 밖에도 편견을 가지고 차별을 하면 사람들이 자신의 능력을 발휘하지 못하고 사회 발전이 늦어질 수 있습니다.

> **채점 tip** 자신의 능력을 발휘하지 못하게 된다는 점, 사회 발전이 늦어지거나 모두가 함께 어울려 살아가지 못한다는 점 등을 썼으면 정답으로 합니다.

19 제시된 글은 1인 가구와 함께 살아가기 위한 노력입니다. 혼자 사는 사람들이 안전하고 편안하게 살 수 있도록 지원하고, 사회에서 소외되지 않도록 1인 가구를 위한 프로그램을 운영합니다.

20 ② 다른 문화에 대한 편견을 갖고 차별하는 것은 나와 다른 문화를 대하는 태도로 바람직하지 않습니다.

2. 옛날과 오늘날의 생활 모습

단원 핵심 개념	16~17쪽

❶ 풍습 ❷ 명절 ❸ 창포물 ❹ 농사 ❺ 교류
❻ 생활 ❼ 정보 ❽ 사이버

단원 평가 A 단계	18~21쪽

1 풍습 **2** 돌잔치 **3** (1) ㉡ (2) ㉢ (3) ㉠
4 ㉠, ㉢ **5** ① **6** ① **7** (1) ○ (2) ×
(3) × **8** 관례 **9** 세시 풍속 **10** ⑤
11 단오 **12** (1) 한식 (2) 삼복 (3) 팥죽
13 ㉢ **14** ⑤ **15** 민규 **16** 가을
17 (1) ㉡ (2) ㉠ **18** ② **19** 팽이치기
20 ⑤

1 제시된 글은 풍습에 대한 설명입니다. 생일, 결혼식 등은 우리가 경험한 일상생활 속 풍습입니다.

2 제시된 그림은 아이가 태어난 지 1년 되는 날에 여는 돌잔치의 모습입니다.

3 돌잡이 물건을 살펴보면 사람들의 소망을 알 수 있습니다. (1) 돈은 경제적으로 여유롭게 살길 바라는 마음, (2) 쌀은 잘 먹고 건강하게 살길 바라는 마음, (3) 실은 오래 살기를 바라는 마음이 담겨 있습니다.

4 ㉡ 관례는 남자와 여자가 결혼하기 전에 하던 성인식이고, 성인이 된 남자와 여자가 부부가 되는 예식은 혼례입니다. ㉣ 부모님이 60년 동안 건강하게 사신 것을 축하하는 것은 회갑입니다.

5 ㉠은 옛날의 결혼식 모습입니다. 오늘날에는 결혼식장에 있는 폐백실에서 폐백을 드리기도 합니다.

6 ㉠은 옛날 결혼식의 모습입니다. 옛날에는 신부의 집에서 결혼식을 올렸습니다.

7 (2) 옛날에는 신랑 집안 어른들께 폐백을 드렸지만, 오늘날에는 양쪽 집안 어른들께 폐백을 드리기도 합니다. (3) 아기가 태어난 지 100일이 되는 날에는 백일잔치를 합니다. 회갑 잔치는 만 60세가 되는 해의 생일 잔치를 말합니다.

8 제시된 글은 옛날 풍습 중 오늘날 사라져 가는 관례에 대한 설명입니다. 오늘날에는 관례를 거의 치르지 않습니다.

10 정월 대보름은 음력 1월 15일로 새해의 첫 보름달이 뜨는 날입니다. ⑤ 단오에는 여름을 시원하게 보내라고 부채를 선물하기도 했습니다.

11 단오에 여자들은 주로 그네뛰기를 했고, 남자들은 씨름을 즐겼으며 나쁜 기운을 쫓기위해 창포물에 머리를 감았습니다.

12 (1) 단오에는 나쁜 기운을 쫓는다는 의미로 창포물에 머리를 감았습니다. (2) 중양절에는 단풍 놀이를 하고 국화전을 만들어 먹었습니다. (3) 토란국은 추석에 먹었던 음식입니다.

13 ㉠은 설날에 세시 풍속을 즐기는 모습입니다. ㉢은 오늘날 세시 풍속을 즐기는 모습이며, ㉣은 옛날 설날의 세시 풍속입니다.

14 ⑤ 강강술래를 하며 풍년을 기원하는 모습은 옛날 추석의 세시 풍속입니다.

15 옛날에는 주로 날씨와 계절에 따라 세시 풍속을 즐겼고, 오늘날에는 날씨와 계절에 상관없이 세시 풍속을 즐깁니다.

16 옛날에는 가을에 추수한 곡식과 과일로 차례를 지내고, 맛있는 음식을 나눠 먹기도 하였습니다.

17 자치기는 긴 막대기로 짧은 막대기를 튕기거나 치는 놀이, 고누는 말판에 돌을 놓고 상대방의 말을 포위하여 움직이지 못하게 하는 놀이입니다. ㉠은 고누, ㉡은 자치기를 하는 모습입니다.

18 ② 단오나 추석과 같은 명절에 주로 남자들이 씨름을 즐겼습니다. 강강술래는 주로 추석에 여러 사람이 손을 잡고 춤을 추고 노래를 부르는 놀이이며, 주로 여자들이 하던 놀이입니다.

19 제시된 그림은 팽이치기를 하는 모습입니다. 팽이치기는 나무로 만든 팽이를 채로 쳐서 돌리는 놀이입니다.

20 도는 한 칸, 개는 두 칸, 걸은 세 칸, 윷은 네 칸, 모는 다섯 칸을 움직일 수 있습니다. 윷이나 모가 나오거나, 상대편 윷말을 잡으면 윷을 한 번 더 던질 수 있습니다.

1 (1) ⓛ (2) ㉠	**2** 가마　**3** (1) ○　**4** ②
5 ④　**6** (3) ○　**7** ⑤　**8** ④　**9** ②
10 (1) ⓛ (2) ㉠ (3) ㉢　**11** 영현　**12** ②
13 ⓛ　**14** (2) ○　**15** ③
16 ㉠, ㉣　**17** ⑤　**18** 생태 통로　**19** ⑤
20 ㉠

1 교통은 주로 교통로를 따라 움직이는 교통수단에 의해 이루어집니다. 교통로는 도로, 철도, 수로, 항공로 등 교통에 이용하는 길을 말합니다. ㉠은 교통수단, ⓛ은 교통의 의미입니다.

2 가마는 옛날에 사람을 태우고 여러 명의 가마꾼이 들거나 메고 이동하던 교통수단입니다.

3 나루는 강이나 좁은 바다 사이에 사람들이 배를 타기 위해 만든 곳을 말하며, 나룻배는 노를 저어 나루 사이를 오가는 옛날의 교통수단입니다. (2) 달구지는 수레 위에 실은 무거운 짐을 소나 말이 끌었던 교통수단입니다.

4 옛날의 교통수단은 자연에서 쉽게 구할 수 있는 재료를 사용하여 환경이 오염되지 않았습니다.

5 ④ 뗏목은 통나무 여러 개를 이어 붙여 만든 옛날의 교통수단으로 노를 젓는 사람의 힘을 이용했습니다.

6 증기선은 수증기의 힘으로 움직이는 배로, 기계의 힘을 이용한 옛날 교통수단입니다.

7 오늘날 교통수단은 한 번에 많은 사람과 물건을 실어 나를 수 있습니다.

8 할머니 댁과 같이 먼 곳에 갈 때는 기차를 이용하기도 합니다.

왜 답이 아닐까?
① 산을 오를 때는 케이블카를 이용합니다.
② 바다를 건널 때는 배를 이용합니다.
③ 해외로 출장을 갈 때는 비행기를 이용합니다.
⑤ 반 친구들과 함께 현장 체험 학습을 갈 때는 버스를 이용합니다.

9 과학 기술이 발달하면서 오늘날 다양한 교통수단을 이용할 수 있습니다.

10 교통수단의 발달로 도로, 철도, 역, 터미널 등 다양한 교통 시설이 생겨났습니다.

11 옛날에는 섬에 가기 위해서 해상 교통수단을 이용해야 했지만, 오늘날에는 다리와 같은 교통 시설이 생겨서 자동차로 편리하게 이동할 수 있습니다.

12 교통수단이 발달하면서 사람들의 생활 공간이 넓어졌습니다.

13 ⓛ 이동하는 것이 불편한 사람들이 교통 약자 택시를 이용하여 편리하고 안전하게 이동할 수 있습니다.

14 서울에서 부산까지 고속 열차를 타고 가면 약 2시간 40분이 걸립니다. 비행기를 타면 약 1시간, 고속버스를 타면 약 4시간 30분이 걸립니다.

15 ① 걸어갈 수는 있지만, 시간이 오래 걸립니다. ② 다양한 교통수단을 이용할 수 있습니다. ④ 제시된 자료를 보고 안전성을 알 수는 없습니다. ⑤ 비행기를 타고 가는 것이 부산까지 가는 가장 빠른 방법입니다.

16 도로 교통의 발달로 자동차 정비사, 버스 운전기사, 택배 기사, 주유소 직원, 주차장 관리인 등의 직업이 생겼습니다.

왜 답이 아닐까?
ⓛ은 철도 교통의 발달로 생긴 직업입니다.
㉢은 항공 교통의 발달로 생긴 직업입니다.

17 교통이 발달하면서 교통사고로 사람이나 동물이 다치기도 합니다. 이러한 문제를 해결하기 위해서 보행자 보호 장치를 마련합니다.

18 교통이 발달하면서 교통사고로 사람이나 동물이 다치자, 이를 해결하기 위하여 동물이 안전하게 이동할 수 있는 생태 통로를 설치했습니다.

19 제시된 글은 초고속 자기 부상 열차에 대한 설명입니다. 미래의 교통수단은 환경을 보호하며, 새로운 기능을 갖추고 있을 것입니다.

20 미래에는 과학 기술의 발달로 새로운 교통수단이 등장할 것입니다. ㉠ 비행기는 오늘날에도 볼 수 있는 교통수단입니다.

단원 평가 Ⓐ단계 26~28쪽

1 통신수단 **2** 서찰(편지) **3** ④ **4** ①, ②
5 ② **6** 버스 정보 시스템 **7** 지은 **8** ②
9 (1) ○ **10** ㉡ → ㉠ → ㉣ → ㉢ **11** ④
12 ② **13** ㉡, ㉢ **14** (1) ○ **15** 뇌파 통신

1 통신수단은 휴대 전화, 컴퓨터, 텔레비전과 같은 정보를 전달하는 데 사용하는 방법이나 도구를 말합니다.

2 옛날 사람들은 소식이나 정보를 주고받기 위해 먼 곳까지 직접 가거나 서찰(편지)를 보냈습니다.

3 신호 연은 연의 색과 무늬로 암호를 정하여 약속된 신호를 주고 받았던 옛날의 통신수단입니다.

4 옛날 통신수단은 사람이나 동물이 직접 가기 때문에 날씨의 영향을 받았으며, 같은 내용을 여러 사람에게 각각 써서 전달해야 했습니다.

5 휴대 전화를 이용하여 전화 통화를 하거나 여러 친구와 문자 대화를 주고 받을 수 있습니다.

문제 속 개념
오늘날 사람들이 이용하는 통신수단

휴대 전화	이동하면서 통화를 하거나 밖에서도 여러 친구와 문자 대화를 주고받을 수 있음.
컴퓨터	전자 우편을 주고받거나 인터넷에 접속하여 정보를 검색할 수 있음.
텔레비전	뉴스 등에서 다양한 소식을 확인할 수 있음.
라디오	운전을 하면서 라디오를 들을 수 있음.
신호등	신호등의 신호에 따라 안전하게 횡단보도를 건널 수 있음.
무전기	무전기를 이용하면 실시간 상황을 주고받을 수 있음.

6 오늘날에는 과학 기술이 발달하면서 다양한 통신수단이 생겨났습니다. 제시된 그림은 버스 정보 시스템을 보고 버스 도착 시각을 확인하는 모습입니다.

7 오늘날에는 통신 기기 하나로 다양한 기능을 이용할 수 있습니다.

8 ② 오늘날 통신수단의 발달로 직접 만나지 않고도 다양한 통신수단을 이용하여 소통할 수 있습니다.

9 (2) 시장에 가서 물건을 구매하는 모습은 통신수단이

10 전화기는 '초기의 전화기 → 유선 전화 → 초기의 휴대 전화 → 휴대 전화(스마트폰)'의 순서로 발달했습니다.

11 ④ 초기의 전화기는 교환원이 연결해 주어야 상대방과 통화할 수 있었지만, 오늘날에는 상대방과 직접 통화할 수 있습니다.

12 ② 병원에 직접 가지 않고 진료를 받을 수 있는 것은 통신수단이 발달하면서 편리해진 생활 모습입니다.

13 ㉠ 공공장소에서는 큰 소리로 통화하지 않습니다. ㉣ 인터넷에 다른 사람에게 상처를 주는 댓글을 쓰지 않습니다.

문제 속 개념
통신수단을 올바르게 이용하는 방법과 예절

공공장소에서 큰 소리로 통화하지 않습니다.

인터넷에 다른 사람에게 상처를 주는 댓글을 쓰지 않습니다.

횡단보도를 건너거나 길을 걸어 다닐 때 휴대 전화를 사용하지 않습니다.

다른 사람의 허락 없이 사진을 촬영하지 않습니다.

14 (2) 사물 인터넷은 오늘날에도 활용되고 있으며, 미래에는 사물 인터넷 기술이 더 많이 활용되어 사람들의 생활을 편리하게 만들어 줄 것입니다.

15 제시된 글은 뇌파 통신에 대한 설명입니다.

문제 속 개념
홀로그램 통신과 뇌파 통신

홀로그램 통신	먼 곳에 있는 사람과 한 공간에 있는 것처럼 회의하거나, 자료를 입체적으로 살펴볼 수 있음.
뇌파 통신	사람의 생각만으로 여러 장치를 조작하여 사람들과 소통하거나 물건을 옮김.

1 (1) ○   (2) ×   **2** (1) ㉤   (2) ㉠   (3) ㉢   **3** ⑤
4 ㉬ 조상들께 차례를 지내고 성묘를 했습니다. 윷놀이, 제기차기, 연날리기, 널뛰기 등의 놀이를 즐겼습니다.   **5** ㉤, ㉣   **6** 농사   **7** ㉤
8 ①   **9** ⑤   **10** 세형   **11** 개인형 이동 장치
12 ㉬ 도로 교통과 관련된 교통 시설입니다.
13 (1) ○   (2) ×   (3) ○   **14** ④   **15** ④
16 ㉠ 서찰(편지)   ㉤ 방   **17** ㉤   **18** ④
19 ㉬ 밖에서 이동하면서 전화할 수 있습니다. 얼굴을 보면서 전화할 수 있습니다.   **20** ③

1 (2) 옛날에는 아기가 태어나면 나쁜 기운을 막기 위해 21일 동안 금줄을 쳤습니다.

2 쌀에는 잘 먹고 건강하게 살길 바라는 마음, 실에는 오래 살기를 바라는 마음, 붓과 벼루에는 지혜롭고 현명한 사람이 되길 바라는 마음이 담겨 있습니다.

옛날 돌잔치에 담긴 소망

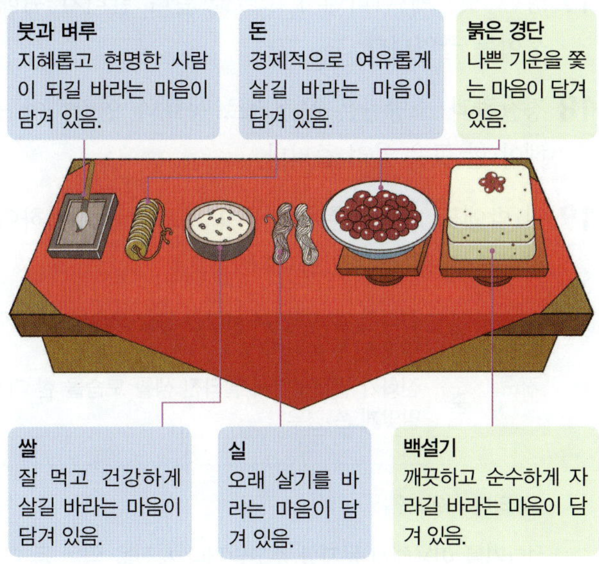

돌잡이에서 아이가 어떤 물건을 손으로 잡느냐에 따라 아이의 미래를 예상했습니다.

3 두 사람이 부부가 된 것을 많은 사람들에게 알리고, 가족과 친척이 모여 신랑과 신부의 행복한 미래를 축복해 준다는 점이 같습니다.

옛날과 오늘날 결혼식 비교하기

	옛날의 결혼식	오늘날의 결혼식
공통점	• 사람들에게 두 사람이 부부가 된 것을 알림. • 가족과 친척이 모여 신랑과 신부의 행복한 미래를 축복해 줌.	
결혼식 장소	신부의 집	결혼식장, 정원, 공원 등
입는 옷	전통 혼례복(한복)	• 신랑: 턱시도 • 신부: 웨딩드레스
주고받는 것	나무 기러기	결혼반지
결혼식 후 하는 일	신랑의 집에서 신랑의 부모님께 폐백을 드림.	• 결혼식장에 있는 폐백실에서 폐백을 드림. • 신혼여행을 감.
폐백 받는 사람	신랑 집안의 어른들	양쪽 집안의 어른들

4 이 밖에도 설날에는 한복을 입고 웃어른께 세배를 드렸으며, 떡국을 먹었습니다.

채점 기준	상	옛날 설날의 세시 풍속을 두 가지 모두 알맞게 쓴 경우
	중	옛날 설날의 세시 풍속을 한 가지만 알맞게 쓴 경우

5 일 년 중 가장 더운 시기인 삼복에는 농사일을 잠시 쉬며 영양이 풍부한 닭백숙, 육개장 등을 먹었습니다.

6 우리 조상들은 주로 농사를 짓고 살았기 때문에 옛날에는 주로 농사와 관련된 세시 풍속을 즐겼습니다.

7 ㉠은 가을, ㉢은 겨울, ㉣은 여름에 볼 수 있었던 계절에 따른 옛날의 세시 풍속입니다.

계절에 따른 옛날의 세시 풍속

8 윷놀이는 옛날부터 설날과 정월 대보름 사이에 주로 하던 놀이로, 옛날에는 마을 사람들이 함께 즐기던 놀이입니다. ① 단오에는 주로 그네뛰기, 씨름 등의 놀이를 즐겼습니다.

9 옛날에는 달구지에 무거운 짐을 싣고 날랐습니다.

왜 답이 아닐까?

① 달구지는 동물의 힘을 이용했습니다.
② 달구지는 땅에서 이용했습니다.
③ 달구지는 이동하는 데 시간이 오래 걸렸습니다.
④ 달구지는 짐을 옮길 때 이용했던 교통수단입니다.

10 제시된 교통수단은 증기 기차입니다. 증기 기차는 철도에서 이용하는 교통수단입니다.

문제 속 개념

기계의 힘을 이용한 옛날 교통수단

증기선	수증기의 힘으로 움직이는 배로 바다 건너 먼 나라로 갈 수 있었음.
증기 기차	수증기의 힘을 이용하여 움직이는 기차
자동차	석유와 기계의 힘으로 바퀴를 움직여서 빠르게 이동할 수 있음.
프로펠러 비행기	프로펠러가 공기를 뒤로 내뿜는 힘을 이용해 날아다님.
전차	전기의 힘으로 철길 위를 달려 많은 사람이 함께 이용할 수 있었음.

11 제시된 내용은 개인형 이동 장치에 대한 설명입니다. 오늘날 사람들은 다양한 교통수단을 이용하여 생활합니다.

12 터널, 주유소, 휴게소, 정비소는 주로 자동차를 타고 다니면서 이용하는 도로 교통과 관련된 교통 시설입니다.

채점 tip 도로 교통과 관련 있는 교통 시설이라는 내용을 썼으면 정답으로 합니다.

13 교통수단의 발달로 빠르게 이동할 수 있게 되면서 다른 지역이나 나라와의 교류가 늘어났습니다. (2) 오늘날에는 교통수단과 교통 시설의 발달로 사람들의 생활 공간이 넓어졌습니다.

14 ④ 항공 관제사는 항공 교통의 발달로 생긴 직업입니다.

15 교통의 발달로 인한 환경 오염을 해결하기 위해서 전기 자동차나 수소 자동차 등 친환경 교통수단을 개발하여 환경 오염을 줄입니다.

문제 속 개념

통신수단을 올바르게 이용하는 방법과 예절

공공장소에서 큰 소리로 통화하지 않습니다.

인터넷에 다른 사람에게 상처를 주는 댓글을 쓰지 않습니다.

횡단보도를 건너거나 길을 걸어 다닐 때 휴대 전화를 사용하지 않습니다.

다른 사람의 허락 없이 사진을 촬영하지 않습니다.

16 옛날 사람들은 소식을 전하기 위해 서찰(편지)을 보내거나 방을 써서 붙였습니다.

17 방은 옛날에 나라에서 소식을 널리 알리기 위해 써 붙이는 글입니다.

18 경찰관과 소방관은 무전기로 동료와 연락하여 출동해야 할 곳을 알려 줍니다.

19 이 밖에도 스마트폰에 응용 프로그램을 설치하여 편리하게 사용할 수 있습니다.

채점 기준	상	전화가 발달하면서 달라진 생활 모습을 두 가지 모두 알맞게 쓴 경우
	중	전화가 발달하면서 달라진 생활 모습을 한 가지만 알맞게 쓴 경우

왜 답이 아닐까?

전화기를 이용해서 문자를 주고받거나 사진을 찍는 등 다양한 기능을 사용할 수 있게 되었습니다. 모바일 메신저로 가족, 친구들과 실시간으로 소통할 수 있습니다. 어디서나 물건을 사고 은행 거래를 할 수 있습니다.

20 ③ 통신수단의 발달로 개인 정보가 밖으로 새어 나가는 문제가 발생합니다.

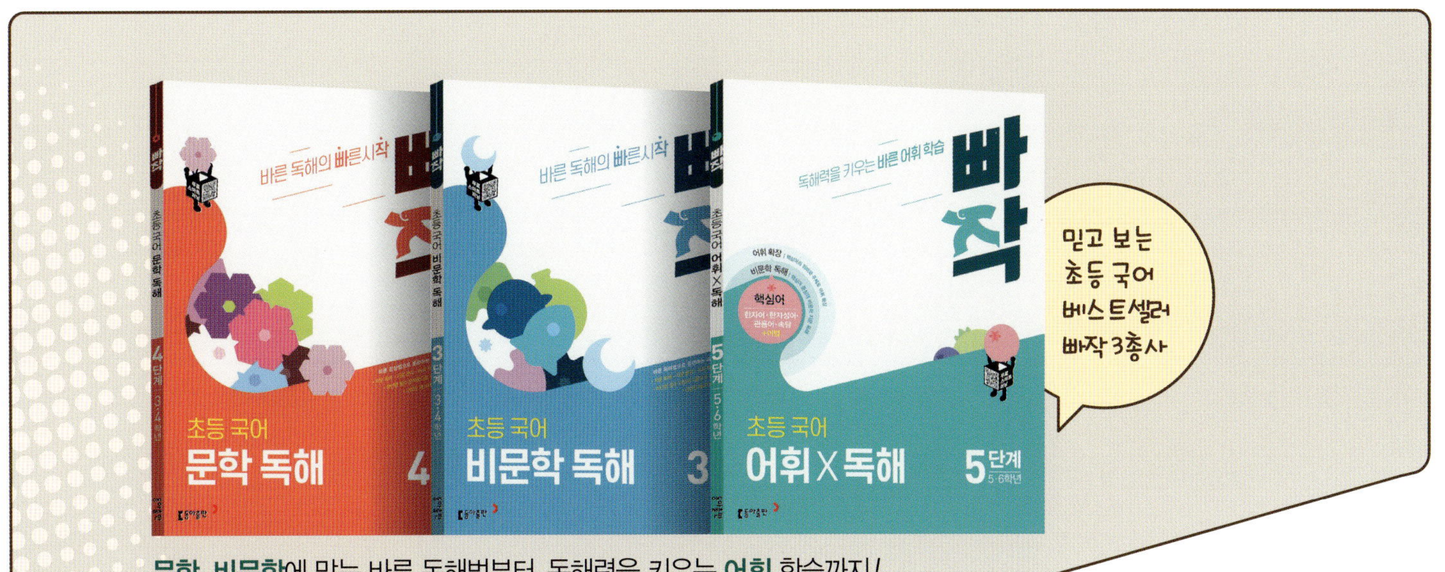

문학, 비문학에 맞는 바른 독해법부터, 독해력을 키우는 어휘 학습까지!

#초등문해력 #완벽라인업
#빠작

비문학 독해에 사회, 과학 교과 개념 더하고!

초등 눈높이에 맞는 문법까지!

해설북

학년　　　반　　　이름

백점 사회 3·2

초등학교　　　학년　　　반　　　번　　　이름

믿고 보는 동아출판
초등 교재

기초학습서부터 교과서 개념 다지기, 과목별 전문서까지!
초등학교 입학 전부터, 예비 중등까지!
초등학생에게 꼭 필요한 영역을 빠짐없이! 동아출판 초등 교재 라인업

2022 개정
교육과정

BEST

초등 1~2학년
공부 단짝
초능력
맞춤법 + 받아쓰기

초등 국어
1·2

쉽고 빠른
맞춤법 학습

받아쓰기
단계별 연습

국어 교과서
어휘 학습

초능력
비주얼씽킹 과학

초능력
비주얼씽킹 조등 한국사

초능력
수학 연산

초능력
급수 한자

초능력
국어 독해

초등 영역별 기초학습서
초능력 국어 / 수학 / 과학 / 한국사 / 한자

초고필
비문학 독해 1

5-6학년
예비 중등

초고필
지금 유리수의 사칙연산
을 해야 할 때

초고필
지금 국어 문법 을 해야 할 때

초고필
지금 국어 어휘
를 해야 할 때

초고필
지금 한국사
를 해야 할 때

적중 반편성
배치고사
+ 진단평가

예비 중등
초고필 국어 / 수학 / 한국사
적중 반편성 배치고사 + 진단평가